근대 한국의 자본가

-대구의 은행 회사를 중심으로-

계명대학교출판부

책머리에

이 책의 출간에는 오랜 시간이 걸렸다. 계명대 한국학총서 지원 사업에 지원하여 선정된 이래 자료를 보강하고 글을 수정·보완하는 과정이 늦어져 제 때 책을 내지 못했다. 게다가 갑작스레 친일반민족행위진상규명위원회에서 일하게 되면서 작업시간이 부족한데다가 게으름으로 인해 더 늦어져 버렸다. 계명대 출판부의 도움으로 수정·보완 작업을 다시 시작할 수 있게 되었고, 구성도 새롭게 조절하는 과정을 거쳐 비로소 책이 나오게 되었다.

본격적으로 역사공부를 시작하면서 우리나라 근현대사의 정치·사상적인 흐름에 관심을 갖게 되었다. 일제강점기 경북 예천을 사례로 민족운동을 살피는 작업을 시작으로 하여 대구·경북지역을 중심으로 한 일제강점기 민족운동사, 나아가 해방후 정치사의 발굴과 해명을 연구의 과제로 삼았다. 그 결과 여전히 부족함을 느끼긴 하지만 지역의 운동사 관련 글을 여러 편 발표하기도 하고, 여러 연구자와 함께하는 공동 작업에도 참여하였다. 자료를 구하기 위해, 증언자를 찾기 위해 현장을 찾아다니면서, 운동사 연구가 우리 역사에서 가장 아픈 때였던 식민지 시대의 그늘을 걷어내고, 당시 활동가들에게 명예로운 '이름'을 되찾게 해주는 무척 의미 있는 일임을 새삼 깨닫기도 하였다.

그 과정에서 일제의 수탈과 식민지 경제구조, 일본인의 지역 경제 장악 정도, 한국인의 경제력과 정치·사회성 등에 대한 해명이 함께 이루어진다면 민족운동 진영의 실천과 전망에 대해 더 깊이 이해할 수 있을 것이라는 문제의식이 생기기 시작했다. 그러나 민족운동 관련 글을 쓰는 것만 해도 흡족하지 못해 불만이 있는 터에 경제 관련 자료를 보고 글을 쓴다는 것이 지나친 욕심이 될 것 같은 불안을 느끼기도 했다. 그렇지만 우리 민족이 동일한 시공간에서 동일한 조건 아래 있다는 점을 고려할 때, 식민지사회의 주요모순인 민족모순을 어떻게 보고 접근했는가에 대한 해명도 가능할 것 같은 느낌이 들었다. 특히, 일제강점기 경제사 연구에서 운동사적인 내용을 고려하면서 지역사회의 경제구조와 흐름에 접근할 수 있는 접근방식과 경로개발이 있게 된다면 지역사회의 핵심을 규명하는 것에 큰 의미가 있을 것으로 보였다. 그리하여 지역 자본가의 형성과 활동을 살펴보기로 하고, 그들이 역점을 두고 자본을 투자하고 운영해 온 주요 회사가 바로 은행이었다는 점에 주목하게 되었다. 그 외 경제사 관련 부분은 추후에 정리하기로 미루었다.

일제강점기 한국사회에 있어 경제적 주요 도시로는 서울을 비롯하여 부산·목포·군산·원산 등 항구 도시, 평양·대구·대전 등 내륙 도시를 꼽을 수 있다. 그 가운데서도 대구는 전통적으로 경상도의 중심 도시로서 위상을 가지고 있다. 조선 후기 대구에는 상업적 농업의 발달과 상품화폐경제의 발달에 힘입어 경북 각 지역에서 생산되는 쌀과 콩 등 곡물류, 면화·대마 등의 의료衣料, 인삼·지황 등의 약재류, 감·밤 등의 과실

류, 연초 등의 상품작물들이 육로와 수로를 통해 모여 들었다. 또 부산 등지에서 생산되는 소금을 포함한 각종 해산물이 낙동강을 통해 유통되고 있었다. 이런 배경에서 대구에는 큰 시장이라 불리는 대시大市가 일찍이 형성되었고, 시장을 기반으로 하는 상인층이 폭넓게 형성되어 큰 부자가 많은 도시로 성장하였다. 뿐만 아니라 대구에는 경상감영과 군대가 주둔하고 있어 행정·군사·관학 등의 중심도시로도 위상을 가지고 있었고, 이는 주변 요건은 상업의 발달을 촉진케 하는 작용을 하였다. 대구의 상업 발달은 일제의 내륙침탈의 상징이었던 경부선 철도의 개통과 경북 주요 지방으로 연결되는 도로가 개통되면서 더욱 심화되었다고 볼 수 있다.

한말·일제초기 대구에는 상업적 발전과 더해서 일제의 침탈이 본격화되면서 시전市錢 등 전통적 금융 거래를 대신하는 식민지적 근대 금융기관이 만들어졌다. 통감부 시기에 수형조합, 농공은행 등이 만들어지는 변화가 생겼는데, 여기에 대구의 상인층들이 적극 대응했을 것으로 생각되었다. 전통적인 대구의 상인층들은 일제의 침탈로 인해 위기로 느끼기에 충분한 큰 변화에 직면하게 되지만 몰락하지 않기 위해 또 경제적 위상을 유지하기 위해 스스로 노력을 기울이지 않을 수 없었다. 그런 점에서 일제에 의해 추진된 어음조합과 농공은행의 설립에 적극 참여하면서 자신의 위상을 유지하면서도 다른 한편으로 상시적 위협

요소인 일제에 대한 저항도 염두에 두지 않을 수 없었을 것으로 생각된다. 이런 점을 고려하면, 대구지역 상인층이 식민지적 근대 금융기관의 주도층으로 변화하는 과정과 당시 일제 침탈에 저항과 근대화 추진 운동에서 보여주는 활동을 추적할 필요가 있을 것으로 보았다.

일제강점 이후 대구의 상인층들은 국권이 상실된 조건에서도 여전히 자신들의 위상을 유지 내지 확대시켜 나갔을 것으로 생각된다. 통감부시기 금융관련 제도를 경험하면서, 일제가 짜놓고자 하는 경제 기반을 익힌 위에서 강점 이후 경제 활동을 펼쳤을 것이다. 이 과정에서 지주경영과 상업 중심의 경제활동의 변화를 크게 느꼈을 것으로 보인다. 그것은 주로 은행회사 등 금융기관 근대적 법인회사의 설립으로 나타날 것이다. 그런 점에서 상인층의 은행 설립 과정과 변동을 통해서 형성된 자본가 집단을 포착하여 통감부시기의 주요 상업자본가와의 연관성을 파악할 수 있을 것으로 보인다. 또한 그들의 은행회사 경영과 금융자본가층이 역점을 두는 사업이 무엇인지를 규명하여, 자본가로서의 속성을 해명할 수 있을 것으로 보인다. 그리고 식민지 사회의 특수한 조건 아래에서 경제 활동을 유지하기 위해 벌이는 사회 활동에도 주목할 필요가 있다.

일제강점기 대구지역 상층자본가들은 은행회사를 통해 경제활동과 사회활동을 전개한 것으로 보인다. 물론, 토지를 기반으로 한 식민지지주제 경영과 미곡 관련 산업 활동도 은행회사를 운영하게 되는 주요 요인이 되는 특징도 볼 수 있다. 이를 통해 일제강점기 금융자본가층의 성장 가능성과 그 정도를 가늠해 볼 수 있다. 그리고 이들 금융자본가층은 식민지 사회의 모순인 민족모순과 민족차별적인 이중적 사회·경제 구조와 결코 무관할 수 없다. 이를 고려할 때, 이들 자본가들도 민족구성원으로서 식민지 사회의 민족모순과 사회·경제적 처지와 직면하게 될 것이다. 이런 점에서 경제적으로는 자본가이면서, 사회적으로는 지역유지의 위상을 갖는 대구지역 부호층의 특징과 성격을 규명할 수 있을 것으로 보인다.

이 책의 내용은 크게 두 부분으로 구성되어 있다. 1부는 은행회사를 중심으로 해서 한말·일제시기 대구지역 자본가층의 특징과 성격을 드러내는데 집중하고 있다. 이를테면 근대 대구지역 자본가의 기원과 대구의 사회경제, 자본가의 은행 회사의 설립과 변동 및 경제활동, 자본가의 사회·정치 활동 등을 살펴보는데 중점을 두고 있다.

2부는 한말·일제시기 대구지역 은행회사의 설립과 경영을 주도한 자본가를 주요 인물별로 살펴보고 있다. 특히, 자본가로서의 성장 계기와 변동 등 경제적 관점을 기반으로 하여 각 인물들의 사회활동을 비롯해 일상생활까지도 다루고 있다. 그런데 이를 한 개인이 아닌 개인이 포함된 가족 또는 집안으로 초점을 넓혀 종적으로는 세대간을 연결시켜 보기도 하고, 횡적으로 형제간으로도 연결시켜 보았다. 이런 점에서 대구지역 주요 자본가들의 경제적 특징과 성격을 비롯하여 다양한 모순이 존재하는 식민지 사회에서 살아가는 방식을 바라볼 수 있다.

이 책이 나오기까지 참으로 많은 사람들의 도움이 있었다. 석사과정 때 역사 공부를 지도하셨던 연세대학교 김도형 선생님과 학문의 길을 이끌어 주셨던 계명대학교 이윤갑 선생님은 근대사를 깊이 있게 이해할 수 있도록 지도해 주셨다. 박사과정 때 우리 역사의 이해를 넓혀 주셨던 성균관대학교의 성대경 선생님과 서중석 선생님의 가르침도 공부의 길이 되었다. 그리고 강의를 통해 역사의 시야를 넓히고 깊이를 느끼게 해 주신 계명대 정만득 선생님, 노중국 선생님, 김무진 선생님, 한충희 선생님, 진원숙 선생님, 김기협 선생님, 성균관대 조동원 선생님, 이장희 선생님, 영남대 배영순 선생님, 이형우 선생님, 김정숙 선생님, 박현수 선생님 등에게 감사를 드린다.

출판 예정을 많이 넘겼음에도 지역사 연구의 진흥을 위해 출간에 많은 지원과 배려를 해 준 계명대와 계명대 출판부에 깊은 감사의 말씀을 드린다. 아울러 이 책을 집필하는 동안 학문적 도움과 귀중한 자료를 제공을 주신 분들, 공부의 현장에서 도움과 신세를 졌던 선후배와 친구들에게도 감사를 표한다. 다만, 도움을 주신 분들이 너무 많아 성함을 열거하지 못해 송구할 따름이다.

결혼 뒤에 공부를 시작해서 석사, 박사학위를 받을 때까지 경제적, 심리적 고통을 감내해 준 아내 지미, 인생 최대의 후원자이자 언제 어디까지라도 함께할 영혼의 친구이다. 석사, 박사과정 대학원생 아빠가 아빠로서 많이 부족했음에도 구김 없이 예쁘고 건강하게 커 준 나현이와 준현에게도 고마울 따름이다. 무엇보다 양가의 부모님은 가장 고마우신 분들이다. 결혼 뒤 딸까지 둔 가장이 공부하겠다고 직장을 그만둘 때 쾌히 승낙은 하셨지만 내심 얼마나 불안했을까. 뒤늦은 장남의 향학열을 지켜봐 주시고 이해해 주시면서, 심적으로 경제적으로 보살펴 주신 양가의 부모님들께 이 책을 바치며, 앞으로도 부족한 공부를 채우는데 전념을 기울일 것을 약속드린다.

2009년 4월
인왕산 자락에서
김일수

차 례

1부

근대 대구지역 자본가의 기원과 사회·경제활동

1장 근대, 대구의 변화와 일본인 사회
2장 은행·회사의 설립과 자본가층의 존재 양상
3장 조선인자본가층의 사회·정치활동

1

근대, 대구의 변화와 일본인 사회

1. 근대, 대구의 변화

1) 대구의 자연지리적 특징

대구는 지형적으로 전형적인 분지에 속하는 도시이다. 우리나라 주요 도시 대부분이 분지이듯이 분지도시가 대구만의 특징은 아니다. 그 가운데서 대구는 지형적으로 낙동강 중류에 합류하는 금호강과 그 금호강이 형성한 평지와 경사지가 넓게 펴져 있다. 시가의 주요부는 분지 중앙에 자리 잡은 금호강의 지류인 신천新川의 범람원으로 형성되었다. 이러한 특징은 대구가 큰 도시로 성장하는데 좋은 지형적 조건으로 작용하였다.

넓은 범위로 대구분지는 동쪽의 금호강 유역분지와 서쪽의 성주군을 중심으로 하는 백천白川 유역 분지를 포함한다. 좁은 범위의 대구분지는 남쪽의 비슬산, 대덕산, 산성산, 법니산, 용지봉 등과 경계를 이루고, 동쪽은 지산동, 황금동, 만촌동의 동쪽으로 이어진다. 북동쪽은 팔공산,

응봉, 응해산, 도덕산 등으로 연결되고, 북서쪽은 도덕산에서 함지산에 이르는 낮은 산줄기로 연결되며, 서쪽은 와룡산으로 막혀 있다.[1)]

대구지역에는 조선조 전국의 주요 도로망인 9대로 중 서울에서 부산까지 이어지는 도로인 영남대로가 관통하였다. 대구의 간선도로인 동명원현東明院峴에서 칠곡의 우암창牛岩倉을 경유하여 금호강을 건너 대구에 이르렀고, 거기서 다시 가창의 오동원梧桐院을 경유하여 팔조령을 넘어 청도군으로 연결되었다.

이를 구체적으로 보면, 금호강에서 나룻배를 이용하여 강을 건넌 다음 원대동에서 오늘날 달성공원 앞길을 통해 서문에 이르렀다. 이 길을 당시에는 '서울 내길'이라 하였다. 거기서 다시 등겨전 골목, 떡전 골목 등을 거쳐 남문에 이르렀다. 서문에서 남문에 이르는 도로 주변에는 난전이 많았다. 남문은 당시 '영남제일관문'이라 하여 대구의 출입문에 해당하며 그 곳에는 종루가 있었는데, 오늘날의 종로는 그에서 연유하는 명칭이다. 남문에서 대봉동 봉덕동을 지나고, 신천을 건너 중동일대와 달성군 가창면을 경유, 팔조령을 넘어 청도로 이어졌다.[2)]

2) 한말 행정과 군사 중심 도시

조선후기 내륙의 주요 상업도시로 성장한 대구는 한말·일제초기를 거치는 동안 행정구역의 변화도 컸다.[3)] 갑오개혁(1895) 때 감영제를 폐지하고 지방제도를 개정하였는데, 그 내용은 전국 8도를 23부로 바꾸는

---

1) 성동환, 「풍수로 보는 대구」, 『조선시대 대구의 모습』, 계명대학교출판부, 2002, 19~22.
2) 우인수, 「도로와 교통수단」, 『조선시대 대구의 모습』, 계명대학교출판부, 2002, 91~92쪽.
3) 한말·일제초기 대구의 행정구역 변화는 『대구시사』2 (대구시사편찬위원회, 1973)를 주로 참고하였다.

것이었다. 1896년에 지방행정이 다시 개정되어 23부를 13도로 하였고, 각도 장관으로서 관찰사가 임명되었다. 그리고 경북의 관할구역은 1등급(경주, 상주)에서 4등급으로 나누어 41군으로 정했는데, 대구는 성주·의성·영천·안동과 더불어 2등급으로 분류되었으며, 대구군수는 경상북도 관찰사 부재 때에 그 직무를 대리하게 되었다.

을사조약 강제 체결 이후인 1906년 2월 서울에는 통감부가 설치되고, 8월에는 대구를 비롯한 서울, 인천, 부산 등 13개 도시에는 이사청이 설치되었다. 1910년 한일병합 당시 경상북도의 관할구역은 변동 없이 종전과 같았고, 도청의 소재지도 그대로 대구에 두었다. 대구는 총독부 지방관제 제17조에 따라 경성, 인천, 군산, 목포, 부산, 마산, 평양, 진남포, 의주, 원산, 청진 등과 함께 부府로 되었다. 대구부의 행정구역은 대구군의 그것과 동일하게 29개 면과 260개 동으로 구성되었다.

1911년 경상북도는 대구의 일본인거류민단과 토지임시조사국 대구출장소의 동상면과 서상면을 폐지하고 새로 대구면을 설치해 줄 것과, 이 면에다 개정된 일본식 동명을 사용해 줄 것을 내용으로 하는 시가지 동명변경신청을 받아들여 경북고시 제38호로 공포하여 시행하였다.

또 1914년에 새로운 부제가 실시됨에 따라 대구부 관할 구역은 대구 성곽이 철거되기 이전의 성내 곧, 동상면과 서상면으로 줄어들었다. 이에 대구부의 행정구역은 52개 정(동)·정목(가)으로 되고, 인구는 호구수 8천 호, 인구 3만 2천명 정도였다. 새로운 부제에 따라 대구부에서 제외된 구역에는 달성군을 설치하였다. 따라서 일제강점 이후 대구의 행정구역은 대한제국 시기에 비해 크게 축소된 셈이며, 인구도 대한제국 시기에 비해 절반 수준에 머물렀다. 일제의 한국 강점 이후 부府제의 실시는 일본인이 많이 거주하는 지역을 대상으로 이루어진 것이다.

조선조 감영이 설치된 이래 행정 중심 도시로 성장한 대구는 관할

행정구역을 방어하는 군사력이 집중되었기에 군사 중심 도시로도 성장하였다. 조선의 지방군대는 갑오개혁 때 근대적 지방군대로 재편되었다. 이때의 김홍집 내각은 육군편제강령을 반포하여 훈련대를 해산하고 육군을 중앙의 친위대와 시위대 연대, 지방의 진위대로 재편하였다.[4)]

1896년 대구지방대가 설치되었는데, 진위대는 1900년 9월 무렵 5개 연대로 재편되었다가 제주진위대가 증설됨으로써 전국이 6개 연대로 편성되었다. 각 연대에는 연대본부와 3개 대대를 두었다. 경상도에는 제3연대를 두고, 그 아래 대구에 1대대·진주에 2대대·경주에 3대대를 설치하였다. 대구는 제3연대의 본부 소재지이자 3연대 1대대가 배치되었고, 1대대 소속 약 천여 명의 병사가 주둔하였다. 이러한 지방군대 조직은 러일전쟁 직후 일제에 의해 18개 대대에서 8개 대대로 크게 감축되었다가 1907년 군대해산으로 강제 해산되고 말았다. 곧 대구의 진위대는 대한제국 군대가 해산되던 1907년 8월 4일 대구에 주둔한 일본군에 의해 강제 해산되었다.

대구에 일본군이 주둔하게 되는 과정은 이러했다. 먼저, 대구에 일본군이 최초로 들어온 것은 청일전쟁 때였다. 1894년 7월에 일본은 청국과 교전상태에 들었음을 각국에 통고하고, 8월 청나라와의 선전 조칙을 발표하였다. 같은 날 대본영의 제2차 동원계획에 따라 제5사단장 노즈野津 중장이 사단 잔류 병력을 이끌고 부산에 상륙하였다. 그 직후 노즈野津는 일부 선발대를 이끌고 대구-문경-충주를 거쳐 서울에 진입하였다. 이때 대구에 들어온 일본군은 달성達城에 주둔하였다. 이후 주력인 제10여단은 4개 부분으로 나누어 육로와 해상을 통해 서울에 이르렀다.

두 번째는 임시헌병대의 주둔이다. 임시헌병대는 1896년 1월에 병력

---

4) 임종국, 『일본군의 조선침략사』 1권, 일월서각, 1989, 참조.

181명과 군마 52필로 편성되어, 2월 중순 무렵 조선으로 왔다. 임시헌병대는 임시육군 전신부의 지휘 밑에서 경부 군용 전선을 경비하였는데, 제1구대가 가흥, 제2구대 낙동, 제3구대와 본부를 대구에 각각 두었다. 각 구대 밑에는 약간의 분견소가 설치되기도 했다. 본부는 같은 해 5월 2일에 서울로 옮기고, 같은 해 7월 13일에는 장교 이하 98명과 군마 13필이 증강되었다.

임시헌병대는 같은 해 9월 2일에 구대를 지부로 개편하였다. 지부 소재지는 경성·송정·가흥·문경·낙동·대구·밀양·부산 등 8곳이며, 그 사이에 7개의 중간 숙사가 배치되었다. 1899년 1월부터는 지부를 구대로 환원하면서, 각 구대 밑에 3개에서 5개의 분견소 또는 중간 숙사를 설치하였다. 같은 해 12월부터 임시헌병대의 편성은 다시 다음과 같이 바뀌었다.

> 제1구대 경성 – 수안보 경비. 본부 가흥, 분견소 경성·송정
> 제2구대 수안보 – 대구 사이. 본부 대구, 분견소 낙동·문경
> 제3구대 대구 – 부산, 본부 부산. 분견소 밀양

임시헌병대는 1903년 12월부터 일본군 주차헌병대로 호칭을 변경하였다. 이들은 일본군 주차대 사령관의 지휘 밑에서 군사경찰과 전신·철도 경비업무를 수행하면서 러일전쟁 개전을 맞았다.

세 번째는 일본군 주둔군(주차군) 편성과 연관된다. 일본 주둔군이 대한제국에 편성되는 계기는 일제의 한국 침략 과정에서 체결된 한일의정서(1904) 제4조에 따른 것이었다. 주둔군은 일본이 러일전쟁을 일으킨 직후인 1904년 3월 일본 도쿄에서 사령부 및 보병 6개 대대 규모로 하여 편성되었고, 4월 초에 서울에 도착하여 대관정大觀亭(현 조선호텔 부근)에

주둔하였다. 주둔군 사령관의 계급은 창설 당시 소장이었으나, 1904년 9월 편제 개정에 따라 대·중장 보임으로 격상되었다.

1905년 10월 중순 일본은 러일강화조약의 비준·공포와 함께 대본영의 주둔군 사령부 편제를 새로이 편성하여, 동부, 북부, 남부경비대를 설치하였다. 이 중 남부경비대는 보병·기병·포병 등으로 구성되어, 황해 일부와 경기·강원·전라·경상·충청 등을 관구로 관할하였고, 부대는 대구를 비롯한 서울·개성·인천·해주·김화·춘천·부산·전주 등에 배치하였다.

이후 대구에는 1907년 일본군 제12여단 아래 제14여대와 제10중대가 설치되었다. 같은 해 7월에 제12여단이 임시조선파견대사령부로 대치되면서 대구에는 임시조선파견대 보병 제2연대 본부 및 동 보병 제3연대 3대대본부가 각각 주둔하게 되었다. 일제가 한국을 강제 합병한 뒤인 1915년에 조선에 일본군 2개 사단병력의 배치를 결정하였고, 이에 대구에도 1916년 4월에 보병 제80연대가 설치되었다. 보병 80연대는 제2차 세계대전 때에 연합군의 한반도 상륙에 대비한 군사작전 수행을 위해 경북방위군 24부대로 개편되어 일제 패망 때까지 주둔하였다.[5)]

네 번째는 주둔군 헌병대와 연관된다. 헌병대는 1905년 10월 러일전쟁 강화조약을 계기로 편성되었다. 이때 주둔군 헌병대는 대구를 비롯한 서울·부산·원산·인천·의주·평양·안주·개성·임명·수성·전주 등 12개 지역에 헌병대 분대를 설치하고, 그 밑에 56개의 헌병분견소를 두었다. 헌병대는 1906년 3월말의 일본 육군대신 통달 「제한 주차 각 부대 요원 정리의 건」에 따라 분견소를 32개로 축소하였다. 같은 해 10월말 헌병조례가 개정되면서 주둔군 헌병대는 제14헌병대로 개편되었다. 이

5) 대구시사편찬위원회, 『대구시사』 1권, 1995, 950~951.

것은 편제상 일본에서 분견된 형식이었다. 제14헌병대 대장은 중좌 보임이었으며, 본부 및 7개 분대를 전국에 배치하였다. 이때 대구는 제3분대로 배치되었고 마산과 부산에 분견소를 설치하였다.

제14헌병대는 한일신협약(정미7조약, 1907. 7.) 직후인 1907년 10월에 다시 주둔군헌병대로 환원되었는데, 이때 헌병대의 주요 목적과 역할은 치안경찰에 있었다. 곧 일제는 한국의 '합병'을 위해 무력기반을 갖추는 것이었다. 헌병대는 본부를 서울에 두고 천안·영산포·평양·함흥·부산·용정촌에는 분대를 설치하였으며, 분대 밑에 분견소를 두었다. 1907년말 주둔군헌병대의 규모는 460여개 분견소에 2천 4백 명 정도의 병력이었다. 이때 대구는 부산 분대에 속했으나 1908년 3월 부산헌병대가 폐지되고 대구헌병분대가 신설됨으로써 대구에도 헌병대가 주둔하게 되었다. 이후 대구헌병분대는 일제의 한국 강제 합병 이후에도 계속 주둔하면서, 식민통치의 무력적 기반이 되었다.

이처럼 대구에는 일본 주둔군과 헌병대가 주둔하면서, 일제의 한국침략을 비롯한 전쟁정책을 수행하였다. 특히, 통감부시기 대구의 일본군은 경상도 일원에서 활발하게 전개되던 의병전쟁을 탄압하고, 나아가 치안이란 명목으로 일제의 조선에 대한 강제 합병과 통치의 무력 기반이 되었다.

3) 일제의 내륙침탈과 제국주의 경제기반 시설 구축

근대의 대표적 교통시설인 철도는 자본주의 산업 발달에 매우 중요한 수단이 되었다. 이것은 한국에도 똑같이 적용되는 것인데, 가장 대표적인 것이 경부선이다. 경부선은 일본에 의해 추진되었는데, 이것을 구상하기 시작한 때는 일본내 한국침략론이 증대한 1880년대부터였다.[6] 일본의 한국철도 관련 정책은 그들이 표방한 「국방공위 경제공통國防共衛

經濟共通」에 압축되어 있다. 곧 그 본질이 군사적·경제적 침략과 지배에 있었다. 다시 말해 일본의 경부철도 구상은 일본군부의 육상 병참운송로의 확보론이 주축을 이루었고, 정상자본가들의 경제적 실권 장악론이 그에 종속하였다. 이는 경부철도의 노선 선정 과정에서도 잘 드러난다. 일본은 군·관·민 합동으로 다섯 차례 답사를 한 결과 노선이 결정되었는데, 오늘날 노선과 거의 유사하다. 이는 일본이 경부철도 부설을 통해 한국 남부지역의 정치·군사·사회·경제를 한꺼번에 지배하고, 나아가서 일본과 만주를 시간적·공간적으로 최대한 밀착시키려는 데 그 목적이 있었기 때문이다.

경부선의 주요 노선의 하나인 대구는 철도역의 개통과 함께 큰 변화를 겪게 되었다. 그 가운데서도 대구역의 위치 선정은 일본의 경제적 침탈이라는 일정한 목적과 의도에서 비롯되었다. 대구읍성을 중심으로 놓고 볼 때, 부산에서 서울로 가는 전통적인 교통로는 남쪽으로부터 북쪽으로 이어지는 길이었다. 그렇지만 대구를 관통하는 철도 노선과 대구역은 이것과 다르게 설치되었다. 곧 대구역을 경유하는 경부선은 경산군 고모역에서 그대로 남문 밖으로 직행하지 않고 일부러 대구의 동쪽을 크게 돌아 북문 밖에 설치되었다. 이로 인해 대구의 중심이 남문 방향에서 북문 방향으로 전환해 나간 계기가 되었다. 이 때문에 예로부터 경부가도의 중심에 있던 남부가 일시에 쇠퇴케 되고, 반면 생활공간으로서 적절치 못했던 북부지역이 급속도로 성장하게 되었다. 당시 읍성의 중심지였던 남쪽보다는 북문 또는 북쪽에 역의 위치를 설정됨으로써 일본이 보다 수월하게 대구를 침탈할 수 있게 되었다.

---

6) 정재정, 『일제침략과 한국철도(1892~1945)』, 서울대학교 출판부, 1997, 34쪽, 경부철도 부설과 관련된 서술 내용 가운데 특별한 전거가 없는 것은 이 책을 참조한 것이다.

경부선의 개통은 대구에 일본인이 크게 유입되는 계기가 되었고, 거기에는 1907년 조사 보고와 같이 대구 일원의 경제적 효과로 나타났다. 대구 일원에는 대구 평야가 있어 곡물은 물론 과수 및 채소가 많이 생산되었고, 수륙 교통의 편이성으로 인해 큰 시장이 형성될 수 있었다.7) 이것은 당시 대구에 일찍부터 이주해 온 일본인의 말에서도 확인할 수 있다.

> "…이 땅의 상업현황은 이 역시 한반도 중에서 드물게 보이지만 년 2회의 영시令市에는 8도의 상인이 구름같이 모이고 따라서 거래고도 심히 거액을 이룬다 한다. 대구는 경상북도의 정치적 중심으로 관아·공서 등 정치적 기관의 형식적 구비를 보면 한국정부 역시 이 땅을 옛날부터 중요한 요충지로 인정해 왔음이 분명하다. 현재는 교통의 편의와 더불어 더욱 발전하고 있으며 아울러 일본 민족이 큰 날개를 펴고 활동하며, 비약하려는데 가장 적당한 지반이 될 것인즉 달리 어디서 이런 땅을 구할 수 있으랴 …"8)

대구 거주 일본인이 펼친 주요 사업은 양잠업, 제지업, 제연업, 연초제조업 등이었다.9) 곧 1910년대까지 대신동과 원대동에 정미소, 동인동(대구제사), 대봉동(편창제사), 태평로(조선제사) 등에 제사공장이, 칠성동에 조선방적이, 태평로에 연초공장이 자리 잡았다.

둘째, 철로에 인접한 공간에 공영가로가 설치되고 공업 및 상업지역으로서 북성로北城路, 元町와 금정錦町(태평로)이 개발되었다. 이 지역은 대구의 최대 번화가로 자리 잡았고, 일본인의 상공업 거점지역이 되었다.

---

7) 『韓國土地農産調査報告』(慶尙道, 全羅道編) 169~170쪽 ; 권영욱, 앞의 논문, 참조.
8) 대구부, 『대구부사』, 1943, 참조.
9) 손경희, 1996, 「한말 일본의 농업이민정책과 민족운동」, 『계명사학』 7, 22~29쪽.

이 가운데 1907년 7월 대구역 주변에 대구보세화물취급소가 설치되면서 일본과의 직접 무역이 가능하게 되었다. 이를 계기로 대구는 점차 부산상권에서 벗어나 독자적 경제권을 가지기 시작하였다.[10] 대구보세화물취급소가 설치된 이래 대구-경주간 2등 도로를 보완한 대구-경주-포항간 중앙경철이 개통(1918. 10.)되면서 경북 동부해안지역의 곡물류와 해산물이 대구로 집산되게 되었다. 또한 대구와 안동간 도로의 개수에 따라 경북 북부 지역의 농산물 집산도 이전에 비해 용이하게 되었다. 이에 따라 대구 상권의 독자성은 더욱 강해졌다.

부산항을 통해 일본에서 수출입된 물화 중 대구·경북 상인에 의해 통관된 것이 1916년에 약 10%에서 1919년에 60%로 급증하였고, 금융거래도 1916년을 기준으로 1919년에 비해 5배 가량 크게 증가하였다. 이 가운데 대구의 무역에서 가장 중요한 품목은 일본에서 이입되는 면사포, 대구를 거쳐 이출되는 미곡과 생사 등이었다. 그리하여 대구는 전국 제일의 미곡시장으로, 제사공업 도시로 부각되었다.[11]

철로를 통한 육상교통의 발전에 반비례하여 낙동강을 통한 전통적인 수운은 날로 쇠퇴하여 1920년대에는 거의 소멸 단계에 이르렀다. 곧 전근대사회에서 대구지역의 가장 큰 통로의 하나로서 기능했던 낙동강의 사문진沙門津은, 1910년대까지 미곡 1만석을 위시한 각종 화물의 중계지로서 의미가 컸지만, 경부철도 개통 이후 점진적으로 각종 화물 수송을 철도에게 빼앗겨 생명력을 잃어갔다.[12]

---

10) 대구역을 통한 일본과의 무역 품목을 보면, 일본으로부터의 수입품은 면포, 옥양목, 석유, 성냥, 방적사, 소금, 설탕, 주류, 밀가루, 기타 일용잡화 등이며, 대구에서의 수출품은 쌀, 보리, 콩, 기타 잡곡류와 우피, 우골, 생우 등 농축산물이었다. 한국 내 이입품은 남해 방향의 부산과 마산, 동해 방향의 영일로부터의 해산물이었다.

11) 대구상공회의소, 『대구상공회의소 70년사』 상, 1977, 377~412쪽.

12) 新納 豊, 「철도개통 전후의 낙동강 선운」, 『한국근대경제연구의 성과』, 형설출판

1905년 경부선 개통과 함께 대거 대구로 들어온 일본인들은 본격적으로 대구 공략에 나서게 되었다. 그들은 대구역과 연결될 시가지 도로의 개설을 추진하였다. 무엇보다도 대구성벽[13]의 철거가 주요 논의거리가 되었다. 그것은 일본의 경제침탈을 촉진하고 조선인의 경제권을 허물어 버릴 수 있는 경제적 조치이기도 했다.

성벽 철거의 시도는 이제껏 알려진 것과 달리 박중양 이전에도 일본군에 의해 시도된 적이 있었다. 성벽 철거의 1차 시도는 1905년 말에서 1906년 초에 걸쳐 철도국과 일본수비대에 의해 이루어졌는데, 주로 동문 부근의 성벽이 대상이었다. 성벽 철거의 명목상 이유는 도시의 자유로운 발전을 저해한다는 것이었으나 실제로는 대구의 상권 및 행정력 장악이 목적이며, 최종적으로 대구를 일본인 중심의 식민지 도시로 개편하려는 의도에서 비롯되었다.

성벽 철거의 2차 시도는 1906년 대구군수 겸 경북관찰사 서리인 박중양朴重陽과 대구의 일본인거류민단이 제휴하여 이루어졌다. 박중양은 '옛 것을 혁파하여 새 것으로 고친다' 革舊改新란 명목 아래 대구성 철거, 대구시가 도로개수, 관찰부 및 대구군 관할의 공해 방매, 대구시장 개선 등을 추진해 나갔다.

그러나 박중양의 건의서에는 몇 가지 문제점이 있었다. 먼저, 건의서에 성벽 철거 외에는 구체적인 언급이 없다. 둘째, 지역사회에 어떠한 의견 수렴 과정이 없이 일방적으로 진행되었다. 셋째, 성벽 철거 이후에

사, 1989, 이 논문에서는 화물수송이 선운에서 철도로 전환되어가는 과정을 구체적으로 해명하면서도, 철도 접속지점에 있는 나루터의 경우 일본인 자본가의 진출이 두드러지는 것을 밝히고 있다.

13) 대구성의 규모를 보면, 성벽의 총연장은 2,124보(약 2,680~2,700m), 성벽 높이는 22척(약 6.6m ; 서쪽 및 남쪽 18척, 동쪽 및 북쪽 17척), 성의 폭은 7척(약 8.9m), 우물 5개소, 4대문은 鎭東門(동문), 達西門(서문), 拱北門(북문), 嶺南第一館(남문) 등이며 기타 庵門 2기(東小門, 西小門)와 망루 1기가 있었다.

는 주로 관찰부 관아와 객사 등을 집중적으로 철거해 나갔다. 이처럼 박중양의 대구성 철거는 외형적으로 혁구개신이었지만, 실질적으로는 일본인 사회의 입장을 반영하여 취해진 것이었다. 곧 박중양의 성벽 철거는 일본인의 이해관계를 충족시킨 것이었기에 일본인으로부터는 대구의 은인으로 칭송받았지만 지역민과 여론으로부터는 강한 비판을 받아야 했다.

박중양은 1906년 7월 대구에 이사청이 개설되자 관찰부의 주건물인 선화당을 이사청의 임시청사로 내주고, 몇몇 부속건물이나 공공건물도 무상으로 사용하게 하였다. 반면, 대구의 자치기구였던 대구민의소가 사용하던 감영 앞 건물은 강제적으로 회수하는 횡포를 부렸다. 또한 박중양은 공소원을 건축한다는 명분 아래 역대 조선 왕조의 상징적 공간인 객사를 철거하기 위한 행동을 취했다. 더욱이 객사에는 대구광문사와 관찰부에 의해 세워진 근대적 교육기관인 협성학교協成學校가 운영되고 있었다. 때문에 대구군민들은 박중양의 행위에 강하게 반발하여 스스로 '자위대'를 구성해 객사 철거를 막고자 하였으며, 「중양타령」이라는 노래를 만들어 박중양의 행동을 강하게 비난하였다.

중양타령은 "중양가절重陽佳節 말 말아라. 통곡일세 통곡일세. 누백년을 존숭하던 대구객사 어데갔노. 애구哀邱 대구大邱 흥. 중양가절 말 말아라. 어이할고 어이할고 대성지성부자묘大成至聖夫子廟는 탄토呑吐중에 들었고나 애구 대구 흥. 중양가절 말 말아라. 전후후무 비기수단肥己手段 대구성곽 구공해를 일시간에 팔아먹네. 애구 대구 흥. …중양가절 말 말아라. 떠나갔네 떠나갔네 협성학교 떠나갔네 일도一道 청년 어이할고. 애구 대구 흥"이었다. 박중양은 십자도로 개통 이후 일본인 민회로부터는 감사와 존경의 표시로 금줄이 달린 금시계를 선물 받았다. 시계 뒤뚜껑 안쪽에는 이중십자형이 새겨져 있었다. 일본인들은 박중양을 '대

구의 은인'으로 평가하였다.[14)]

1906년 10월에 도로 개설의 명목을 내세워 시작된 성벽 철거를 담당한 것은 경북관찰부가 아니라 일본인거류민단이었다. 거류민단은 대구도로위원회를 조직하고, 성의 네 개의 문마다 3명씩 위원을 위촉했는데, 12명은 모두 일본인이었다. 이들에 의해 성 안팎 도로의 선형과 그 넓이가 심의되었다.[15)]

그런데 성벽 철거가 조선 정부의 허가 없이 진행된 것이어서 일본인 사회 내에서도 찬·반 양론으로 분열되는 양상도 나타났고, 게다가 철거의 명의인인 이토 겐타로伊藤元太郎마저도 부산으로 피신하는 사태가 발생하였다.

이에 거류민단은 대구이사청의 오카모토岡本 부이사관을 앞세워 부역인부를 징발하여 성벽 철거에 박차를 가했다. 1907년 3월 거류민단은 5천 원을 확보하여 도로공사에 착수하여 동·서·북의 세 개의 문과 동장대·남장대·북장대·망경루도 헐었다. 같은 해 4월에 성벽이 거의 다 철거되었다. 철거과정에서 나온 토사와 돌은 유곽예정지와 동문 밖의 저지대를 매립하는데 사용하였다.

1908년 겨울 대구군은 중앙정부로부터 도서건설비 약 2만 원을 지원받아 성벽이 철거된 뒷터를 가로로 만들기 시작해, 다음 해인 1909년 12월에 공사를 마무리하였다. 철거된 성곽 뒷자리에 동성로·남성로·서성로·북성로 등으로 연결된 순환도로가 건설되었다. 또한 1909년 경북 관찰사로 다시 부임한 박중양은 시가지 간선도로 개설 사업으로서 대구 최초의 십자도로를 개통하였다.[16)] 이 과정에서 대구시가도로개수

14) 『대한매일신보』, 1906.11.24, 「言之醜也」.
15) 河井朝雄, 『大邱物語』, 1931, 164쪽.
16) 그 도로는 대구부청 앞에서 도청이 있는 上町(현 포정동)을 거쳐 본정(서문로)로 이어지는 동서선과 京町(현 종로)에서 大和町(현 대안동)에 이르는 남북선을

의 작업 과정에서 재대구 일본거류민단이 서문에서 동문까지 통하는 도로를 건설한다는 명목으로 대구공립보통학교의 담장을 허무는 일까지 발생하였다.[17)]

성벽 철거 후 새로이 생긴 간선도로변의 토지와 가옥의 경우 거의 모두가 일본인의 소유가 되었는데, 그것을 위해 일본군대를 동원한다든지 일본 내 자본을 동원하는 방법까지 사용하였다.[18)] 왜냐하면 성벽 철거 이후 지가地價에 큰 변화가 생겼기 때문이다. 한 예로 원정元町, 현 북성로 일대 성 안팎의 지가는 큰 차이가 있었다. 일본인 거주지인 성밖은 평당 6원에서 10원 정도, 성안은 평당 2, 3원 정도에 불과했던 것이 성벽 철거 후 성안의 지가가 무려 10배나 상승하였다.[19)] 이때 토지 매득에 필요한 자금 마련에는 대구이사청의 재무보좌관인 카와까미川上常郎의 도움이 컸었다.[20)]

이처럼 대구의 일본인들은 일본정부의 강력한 지원 아래 대구역 주변, 주요 간선도로, 관찰부 기준 동부지역의 상당 토지를 차지하고, 대구의 중심부를 장악해 나갔다. 이 점이 대구가 '식민도시'로 전환하는 과정에서 나타난 특징이며, 다른 도시들처럼 '중심이동'이 아니라, '중심점거' 형태를 보였던 것이다.

대구역 개통, 대구성 철거를 통해 대구의 중심부를 장악하게 된 일본은 시구개정사업을 통해 대구 침탈과정을 마무리해 나갔다. 대구의 시구개정사업은 1911년부터 1917년까지 일본인이 중심이 되어 실시되었

말한다.

17) 『대한매일신보』, 1906.12.12 ; 『황성신문』, 1906.12.22 ; 『황성신문』, 1906.1.19.

18) 손정목, 앞의 책, 391~392쪽.

19) 河井朝雄, 앞의 책, 161~170쪽.

20) 대구일본인거류민단은 川上常郎을 "거류민단의 존속 중 공사의 구별 없이 지도 장려하고 재개의 발달을 도와 준 은인으로서 거류민이 결코 잊을 수 없는 사람"이라고 표현하였다.(대구부, 『대구민단사』, 1915, 100~101쪽)

다. 곧 이 기간 중에 도심부의 일본인 점거 혹은 일본인에 의한 도심부 형성과정은 완료되는 것이다.

시구개정이란 도시계획법의 제정·실시에 앞서 일본에서 1870년대 초부터 1910년대 말까지 시행된 일종의 도시재개발계획이며 영국의 도시계획·도시재개발을 본따서 시가지의 불연화不燃化(건물을 짓거나 차량 따위를 만들 때에, 불에 잘 타지 않는 재료를 쓰는 것)와 양풍화洋風化를 표방한 것이었다.[21] 식민지에서는 1914년 10월 12일자 통첩 제369호로 시구개정사업 인가신청에 관한 내용으로 「지방시구개정에 관한 건」이라는 것을 정무총감 명의로 각도장관에게 시달하면서 시행되었다.

대구의 시구개정은 순전히 일본인들의 이익을 위하여 계획되었고 새로운 가로 예정선도 그들의 손으로 확정하게 하였다. 이에 일본인들은 새롭게 요지가 될 곳을 미리 알 수 있게 됨으로써 개발 예정지를 헐값으로 구입할 수 있었다. 이렇게 해서 계획이 추진된 뒤에는 미리 취득해 둔 부동산을 값비싸게 되 팔수도 있고 담보로 제공하여 융자도 받을 수 있었으며 점포를 지을 수도 있었다.

2. 통감부시기 지주·상인자본의 재편

1) 외획제도外劃制度의 운영과 관리 및 지주·상인

개항후 대구의 상인층은 자신들의 이익을 대변할 수 있는 단체를 설립해 나갔다. 1893년 대구의 객주상인들은 청도靑道와 밀양密陽의 객주

---

21) 대구부, 『대구민단사』, 1915, 394, 이 책에 시구개정사업에 관해 구체적으로 언급되어 있다. 이에 대한 특별한 전거가 없으면 이 책을 참고한 것이다.

와 함께 과다한 잡세와 부담금을 피하기 위해 일정한 금액을 내고 선상들이 기항하는 하단포와 엄궁의 객주조합客主組合에 가입하였다.[22] 이후 대구의 상인들은 1906년 대구 거주 일본인들이 결성한 거류민단居留民團과 일본인상업회의소日本人商業會議所에 맞서, 민회民會, 대구상무소大邱商務所 등의 객주조직을 만들었다. 대구상무소는 소장과 부소장, 평의원 등의 임원이 있었으며, 서문시장을 중심으로 활동하던 객주상인들이 중심이었다.[23]

이후에 살펴보겠지만, 농공은행의 설립을 주도한 사람들 가운데는 봉건 관료 출신자·지주·상인층들이 대거 포함되어 있었다. 그들이 부를 축적할 수 있었던 계기는 갑오개혁 이후 금납화金納化를 전제로 하면서 근대적 금융기관이나 국고제도가 정비되지 못한 때에 서울과 지방간의 자금의 융통을 가능하게 한 외획제도外劃制度였다.[24] 곧 외획外劃은 국고의 채권자, 경비지출이 필요한 지방관청, 국고에 선납先納한 상인이나 차인差人에게 지방 각 군의 조세를 국고에 수납하지 않고 직접 현지에서 지출하는 재정운영 방식을 말한다.[25] 그 가운데 서상돈徐相敦은 낙동

22) 부산상공회의소 편, 『부산상공회의소 백년사 1889~1989』, 1989, 85~88쪽.

23) 박영규, 「대구재계선각자들」 정재학(鄭在學) 편 1981, 『대구상의뉴스』 1981년 1월~1981년 10월호, 당시의 활동은 미미해서 부소장 김자현(金子賢)이 근근히 이끌어오고 있었다. 합방 후 9월 2일 김자현은 박기돈을 소장으로 추대했다. 박기돈은 대한제국 농상공부가 설립한 상공학교의 교관을 지냈으며, 국채보상운동에 행동파로 앞장섰던 정3품의 양반출신이었다. 박기돈은 정재학(鄭在學), 이병학(李柄學) 이영면 이일우 등 대구재계의 지도급 인사 25명으로 의원단을 구성하고 일본상권에 대항하는 활동을 펼쳤다.

24) 豊福 豊, 『外劃と於音及其の金融』, 282쪽.

25) 이영호, 「대한제국시기 내장원의 외획운영과 상업활동」 『역사와 현실』 제15호, 1995, 209쪽 ; 외획이란 군수가 징수한 세금을 국고에 납부하기 전에 직접 제3삼자에 給付하도록 하는 탁지부대신의 명령을 일컫는 것으로서, ① 국고에 임시 차입금이 필요할 경우, ② 지방관청의 경비 지출을 필요로 할 경우, ③ 商행위상 爲替 送金이 필요한 경우 상인이 이것을 국고에 의뢰하는 경우, ④

강을 배경으로 한 어염미두魚鹽米豆 무역 및 각종 상업 활동을 통해 자본을 축적한 상인이었지만, 한말 내장원에서 외획제도를 운영할 때, 경상남북도 검세관檢稅官·경상남도 시찰 등으로 활동하기도 하였다.[26] 서상돈은 이러한 외획을 통한 미곡무역으로 막대한 부를 축적할 수 있었으며, 토지를 집적할 수 있는 계기도 확보하였다. 당시 일본인이 외획 제도에서 활동한 상인(검세관, 시찰, 차인)을 세금징수 청부업자로 비칭하면서, 그들은 돈놀이보다 이문이 많은 장사였기에 부자가 된 경우가 있다고 했다.[27]

군수를 지낸 김병순[金炳淳, 이후 김윤란金允蘭으로 개명]·정재학鄭在學의 경우 관찰사의 공전무역公錢貿易에 참여하여 부를 축적할 수 있었다.[28] 정재학은 당시 서문밖시장에서 원산元山에서 생산되는 명태를 판매하는 건어물 장사를 통해 재산을 모았고, 그후 낙동강을 배경으로 한 어염미두魚鹽米豆 무역을 통해 막대한 부를 축적하였다. 그 뒤 대구 최대의 부호 서상돈徐相敦과 견줄 수 있을 정도로 성장하였다. 그리고 정재학은 서상

중앙관청의 관리가 지방출장 때 여비가 필요할 경우, ⑤ 駄家(지방징세금을 국고에 수송하는 리정 및 송납 금액에 따라서 지급하는 운반비, 이 送納은 군수가 담당하는 것이지만 실제로는 군수는 기 정한 駄家를 그 納金중에서 공제하여 송납자의 소득으로 하였는데 이것 역시 일종의 외획)를 공제하는 경우, ⑥ 中央政府의 官需品을 지방에서 구입할 때 度支部대신이 구입처와 가까운 고을의 군수에게 그 대금을 收稅金으로 지급하는 것 등을 말한다. 이를테면 외획제도는 중앙과 지방 혹은 지방과 지방간의 유일한 자금유통기구라고 말할 수 있다.(鈴木武雄, 『朝鮮金融論十講』, 78~80쪽 ; 張起敦, 『植民地 朝鮮에서 近代的 金融機關의 生成과 變化에 關한 硏究』(1876년~1945년) 경성대 대학원 경제학과 박사학위논문, 1997, 67~70쪽.)

26) 김도형, 앞의 글, 281~282쪽 ; 檢稅官은 내장원에서 외획전을 이용하여 미곡을 비롯한 각종 상품의 무역활동을 전개할 때, 지방 각 군으로부터 외획전을 수취하고 이를 여각주인에게 분배한 뒤 미곡을 서울로 운송하는 제반 업무를 담당하였다. 검세관 아래에서 세금을 수취하는 역할을 맡은 자를 差人이라 하였다.

27) 河井朝雄, 『大邱物語』, 1931, 47~50쪽.

28) 김도형, 앞의 글, 282쪽.

돈徐相敦·정규옥鄭圭鈺(前 承旨)·서우순徐佑淳(前 承旨)·서상하徐相夏(前 侍從)·이장우李章雨(大邱鎭衛隊 副尉)·이석진李錫珍(五衛將) 등 대구의 거상들과도 깊은 교우관계를 유지했다. 정재학은 경제적 부를 매개로 개령군수開寧郡守·순흥군수順興郡守가 될 수 있었고, 관직은 부의 축적을 지속화할 수 있는 안정된 자리였다.[29)]

외획이 운영되는 가운데 외획을 둘러싸고 여러 형태의 사회 문제가 야기되어 외획관리들이 처벌되거나 농민들로부터 원성의 대상이 되기도 하였다. 김병순은 경주군수 재임시절 군민들에 의해 탐학 불법 행위로 인민들로부터 10만 여 냥을 거두어들였다는 혐의로 고발되었다.[30)] 서상돈은 경상남북도 검세관으로 재임할 때 공전公錢 운영을 하면서 고율의 이자를 늑탈하다 경남 밀양慶南 密陽의 박해철朴海徹로부터 고소를 당해 도망하는 일도 있었다.[31)]

이렇듯 한말 중앙과 지방간의 유일한 자금유통기구였던 외획을 배경으로 상인층과 관료들은 부를 축적할 수 있었으며, 대지주·대자본가로 성장하였다.

2) 화폐정리사업

대구의 대지주·대자본가들은 통감부의 외획 폐지와 어음제도 폐지를 포함하는 재정정리사업과 화폐정리사업 과정에서 전황錢荒이라는 금융위기를 맞았다. 곧 외획 폐지는 재정정리사업의 기본 목적인 일제의 세원稅源 장악과정에서 나타난 것이지만, 일제에 의해 장악된 자금이

29) 박영규, 「대구재계선각자들」, 鄭在學 편 1981, 『대구상의뉴스』, 1981년 1월~1981년 10월호.

30) 『皇城新聞』, 1904.3.18, 「慶民電請」; 1905.2.10, 「慶民訴日」.

31) 『各司謄錄』, 16, 慶尙道 編 6, 慶尙北道 各郡報告 제3책(光武 8年<1904> 9月), 304쪽, 309쪽.

국고제도의 실시와 함께 제일은행 조선지점에 집중됨으로써 지방 자금 공급의 유일한 경로가 차단되어 화폐·재정정리사업에 따른 금융경색金融梗塞은 전국으로 확산되었다. 또한 외획의 폐지로 당시 교통시설이 미비되고 금융시설이 거의 없는 지방에서 자금경색資金梗塞은 특히 심각하였다. 그러나 이같은 외획 폐지로 조선인의 금융 기반이 붕괴되어 조선인 가운데 파산자가 속출되는 상황에서도 일제는 구제금융救濟金融을 실시하지 않았다.[32)]

1905년 1월부터 추진된 화폐정리사업은 금본위 화폐제도의 확립, 일본화폐의 통용, 백동화 폐지, 엽전의 축소 등을 목표로 하였는데, 이 과정에서 조선인 자산가들이 대거 재산상 손실을 본 것으로 파악하고 있다. 그러나 일제가 외획 제도를 폐지한 뒤 농공은행의 설립을 통해 조선인 자산가를 체제내화하고 있듯이 화폐정리사업을 통해서도 조선인 자산가들에게 특혜를 베풀면서 체제내로 끌어들이고자 한 것으로 보인다. 곧 일제는 조선지배 구조의 재편 과정에서 대한제국에서 자본을 축적한 조선인 자본가를 그들의 이해관계자로 설정하였고, 그 때문에 조선인 자본가에게 경제적 이익을 제공하였던 것이다.

메가다目賀田는 1907년에 5전짜리 신화新貨 30만원을 대구에 배정하여 보급토록 하였는데, 대구이사청의 재무보좌관 카와까미川上常郞가 담당하였다. 그는 당시 대구농공은행大邱農工銀行의 중역과 대주주들에게 자본금 10만 환의 익명조합을 만들게 하고 20만 환을 2년 거치 무이자 상환조건으로 대하해 주었다. 곧 5전짜리 신화 20만 환을 쓰는 조건은 2년 뒤에 이에 해당하는 엽전이나 백동화로 갚는 것이었다. 이 엄청난 특혜를 받은 익명조합에는 정재학·서상돈·이병학·정해붕 등 농공은

32) 裵永穆, 『植民地 朝鮮의 通貨 金融에 관한 硏究』, 서울대학교 대학원 경제학과 경제학전공 박사학위논문, 1990년 8월, 120~122쪽.

행관계자들 이외에 이와세岩瀨靜 등 일본인 유력자도 포함되었다. 이 자금은 「무엇에 쓰든 상관 않는다」는 조건으로 대하되었다.[33] 이후 서상돈은 이와세岩瀨靜와 함께 탁지부度支部가 불하한 묘포용지 2만여 평을 신화로 매수하여 큰 이익을 남겼던 것으로 보인다.[34] 이와 같이 조선인 자본가들은 1905년을 기점으로 일제의 조선침탈이 본격화되는 가운데 일제의 경제구조 속으로 재편되어 갔다.

3) 응급금융기관 : 어음조합 및 공동창고

화폐정리사업 직후 금융제도는 식민지 은행의 신설보다는 응급금융 시설로서 창고시설 및 어음 지불보증 등 전래 금융기구를 흡수하는 것으로부터 출발하였다. 그리하여 1905년 9월 탁지부령度支部令 제14호로 공포된 「공동창고조례公同倉庫條例」를 계기로 대구에도 공동창고가 설립되었다. 또 같은 달 일제는 「수형조합조례」 및 「약속수형조례」를 공포하고 한국의 전래 어음의 유통을 저지시키기 위해 수형조합을 만들었는데, 1906년 1월 한성수형조합漢城手形組合이 업무를 시작한 이래 같은 해 8월 대구에도 수형조합이 설치되었다.[35]

대구수형조합大邱手形組合의 임원 구성을 보면, 조합장에 이석진李錫珍, 조합부장에 최만달崔萬達, 평의원에 이병학李柄學·이경천李擎天·정해붕鄭海鵬·문봉준文鳳準, 이사에 야마모또山本正雄, 통역에 김재규·윤창기 등이 참여하였다.[36] 이 가운데 이석진·이병학·최만달·정해붕 등은 경상농공은행의 중역진이었다. 대구수형조합의 조합원수는 1908년 60명, 1910

33) 박영규, 「대구재계선각자들」, 鄭在學 편 1981, 『대구상의뉴스』, 1981년 1월~1981년 10월호.
34) 河井朝雄, 『大邱物語』, 1931년, 245~248쪽.
35) 裵永穆, 앞의 논문, 128~130쪽.
36) 大邱新聞社, 『鮮南要覽』, 1911년, 참조.

명 98명, 1912년 113명이었다. 임원진을 비롯한 조합원은 지주·상인 등 지역의 유력 자산가였다. 이와 같이 조선인 유력 자산가가 식민지 금융기구에 급속히 포섭된 것은 일제의 화폐정리 사업과 재정정리 사업의 전개, 그 영향으로 나타난 전황錢荒은 물론 조선인 금융기구의 붕괴에서 비롯된 것이었다.[37] 1912년 7월말 수형조합의 업무상 권리와 의무를 농공은행에 승계시키고 수형조합을 폐지하였다.[38]

4) 식민지 특수금융기관 : 농공은행 및 지방금융조합

일제는 외획을 폐지한 후 응급금융시설로서 창고 및 수형조합을 설립하여 금융문제를 해소하고자 했으나 역부족이었다. 이에 일제는 금융경색의 해결과 재정기초 확립이라는 두 가지 관점에서 농공은행의 설립을 구체화하였다. 그리하여 일제는 1906년 3월 「농공은행조례農工銀行條例」를 칙령 제13호로 공포하고, 4월 20일 농공은행의 설립방안을 담은 칙령 제4호 「농공은행 설립에 관한 건」을 발표한 후 전국 주요지 11개소에 '조선에서의 농업과 공업의 개량과 발달을 위해 자본을 대부한다'는 명분 아래 농공은행을 설립하였다.[39]

대구에서도 농공은행 설립이 추진되어 그해 6월 14일까지 주식 모집을 마친 후 창립총회를 개최하고, 중역으로 은행장 이석진李錫珍, 전무이사 서병오徐丙五, 이사 김병순金炳淳·정규옥鄭圭珏, 감사 서상돈徐相敦·이장우李章雨 등을 각각 선임하였다. 그리고 지배인은 일본인 쯔찌야土屋彦太郎가 맡았다. 대구농공은행 설립 당시의 자본금은 20만원이었다. 은행 설립에 참여한 대주주를 보면 서상돈·서병오 각 1,090주, 이석진 7백주,

37) 裵永穆, 앞의 논문, 130~131쪽 참조.
38) 豊福 豊, 『外劃と於音及其の金融』, 291쪽.
39) 張起敦, 앞의 논문, 179쪽.

김병순·정규각·이진옥李振沃 각 500주, 이중래李重來·최만달崔萬達·이장우李章雨·염봉근廉鳳根 1백주, 이상악李相岳 70주, 이병학李柄學·조용태趙鏞泰 각 50주 등이었다.[40] 그런데 농공은행에 일본인은 원칙적으로 참여할 수 없었으나 조선인으로 위장하여 주주로 참여하는 경우가 있었다.[41] 그리고 앞에서 보았다시피 화폐정리사업은 농공은행農工銀行 관계자에게 자본을 축적할 수 있는 기회를 가져다주기도 했다.

1908년 8월 농공은행의 합병 추진에 따라 대구농공은행은 진주농공은행과 합병하여 경상농공은행慶尙農工銀行으로 바뀌었다. 일제는 그 합병 이유를 "지방 경제권의 확대에 수반하여 금융계는 자금의 충실이 한층 필요하게 되고 경제 교통상으로 보아도 유사지역에서의 농공은행의 합병을 요망하기에 이르렀기 때문"이라고 하였다.[42] 경상농공은행의 중역진은 은행장 이석진(2대 이병학), 이사 서상돈·정규옥·이병학·최만달·김기제金琪濟, 감사역 정재학·서진욱徐珍旭, 서기 서병룡徐丙龍, 김천지점 견습 허억許億 등이었다.[43]

농공은행의 설립 주체들의 경력을 보면, <표 1>과 같이 관료 출신이 대부분을 차지하였다. 그들 가운데 일부는 농공은행이 설립된 뒤에도 계속하여 관직생활을 한 사람도 있었다. 이는 조선인의 경우 관직 경력이 있는 사람이 농공은행의 설립에 참여할 기회가 높았음을 반증하고 있다.

또한 농공은행의 설립 주체들은 대구지역의 대표적 지주들과도 일치한다. 곧 1913년 설립된 지주조합의 경우 답 50두락을 소유한 지주들로

---

40) 『皇城新聞』, 1906.6.19, 「雜報 2 大邱銀行 總會」; 『皇城新聞』, 1906.6.22, 「雜報 3 應募株主」.
41) 河井朝雄, 『大邱物語』. 1931, 132~134, 岩瀨靜은 徐正敎으로 위장하였고, 河井朝雄 자신은 崔榮玉이란 가명을 쓰고 10주를 확보하였다.
42) 『朝鮮金融機關發達史』. 591쪽.
43) 大邱新聞社, 『鮮南要覽』, 1911년.

구성되었는데, 이영면李英勉(이석진의 차남)·서병조徐丙朝(서상돈의 차남)·이장우·최만달·서철규徐喆圭·정재학·정해붕 등 7명이 일치한다. 그리고 1910년 초반 대구의 조선인 부호 가운데 백만 원 이상의 재산가 가운데 서상돈·정재학 등이 농공은행에 참여하였다.[44)]

이를테면 농공은행의 설립 주체들은 관료 출신이 많았고, 대구의 대부호들이기도 하였다. 이렇듯 농공은행 설립과정에 조선인 유력자산가가 많이 참여한 것은 재정정리사업과 화폐정리사업 후 자본 축적 수단이 축소된 데 따른 자구책이자 조선인 지배층을 식민지경영의 직접적인 이해관계자로 체제내화하려는 일제의 의도가 맞아 떨어진 결과였다.

〈표 1〉 경상농공은행 중역의 관직 및 사회경력

이름(생몰년)	관직 경력	사회 경력
이석진	1893. 오위장	
서상돈 (1859~1913)	1902. 10. 7. 6품 임 탁지부재무관(주6) 1902. 10. 8. 탁지부재무관 명 경상남북도 검세관 1903. 12. 4. 정3품 명 경상남도 시찰 1904. 1. 26. 정3품 해 경상남도 시찰	1907.2. 대구광문사 부사장 1907. 금연상채회 재무
서병오 (1865~1935)	1896. 3. 5. 임 대구부주사(판7) 1908. 4. 2. 대구지방위원 1908. 7. 30. 전주사 임 신령군수(주4)	1907.2. 대동광문회 발기인 1907. 금연상채회 평의원 1908. 대한협회대구지회 평의원

44) 대구에 거주하고 있는 지주는 현재 158명에 달하며, 전답 50두락 이상을 소유한 지주는 金德卿·朴炳允·李英勉·徐丙朝·李章雨·崔萬達·徐喆圭·鄭在學·李一雨·鄭海鵬 등 10명이다. (『매일신보』, 1913.5.31, <지주조합의 설립>) ; 백만원 이상의 재산가로 徐相夏 徐相龍 徐相圭(인동군수 출신) 徐相燉·鄭在學, 年收는 많게는 去米 8천석 적게는 3천석, 下女下男은 3,40명에서 5,60여명(三輪如鐵, 『大邱一斑』 改正增補, 215쪽).

이름(생몰년)	관직 경력	사회 경력
최만달 (崔萬淳)	1903. 6. 11. 경상북도관찰부주사 의원면본관 1903. 7. 23. 전주사 임 경상북도관찰부주사(판6) 1903. 1. 23. 전주사 임 경상북도관찰부주사(판6)	1908. 대한협회대구지회 회원
정규각 (1851~1931)	승지(承旨)	1907. 2. 대동광문회 발기인 1907. 금연상채회 총무
정해붕 (1871~1950)	1908. 9. 5. 9 품 명 동양척식주식회사 설립위원 1908. 11. 16. 공립대구보통학교 학무위원 1908. 11. 12. 대구지방위원주사	1907. 금연상채회 서기 1908. 대한협회대구지회 회원
정재학 (1858~1940)	1907. 9. 30. 대구지방위원 1908. 7. 30. 전군수 임 개령군수(주4)	1907. 금연상채회 부의장 1908 대한협회대구지회회원
이장우 (1871~1936)	1898. 7. 10. 6품 임 봉상사주사(판7) 1899. 7. 8. 6품 임 참위 보 대구지방대대 부 1900. 7. 28. 보 진위제3연대제1대대 부 1903. 6. 30. 정3품 명 내부광제원위원	1907. 금연상채회 평의원 1908. 대한협회대구지회 회원
이병학 (1866~1942)	통신원 주사	1908. 대한협회대구지회 회원
김병순 (金炳淳)	1902년 경주군수 1904. 9. 경상북도 각광감리	1907. 금연상채회 재무
윤상태 (1882~1942)	거제 군수	
이종면 (1870~1932)	1903 제주목 주사 관 6등 1904 9품 종사랑 승 6품 승훈랑 1908 대구군제2보통학교 병설위원 1908 대구군협성학교 정리위원 1931 경북 총지원(總支院) 상담역(大聖院長 金宗漢)	1906.8. 대구광학회 발기인 1907.7. 대구 단연보상소 1908. 대한협회대구지회 평의원

* 자료 : 안용식 『한국행정사연구』, 1, 2 대영문화사 ; 「경상남북도거래안」, 1907.2.4 ; 『황성신문』 ; 『대한매일신보』 ; 「제적등본」

경상농공은행은 1909년 말 현재 자본금 20만 원에 불입금 6만 5천 원으로 운영되고 있었다. 1909년 말 현재로 예금은 공금公金예금 4만 2천여 원, 정기예금 22만 2천여 원, 당좌예금 20만 3천여 원, 특별당좌예금 13만 1천여 원, 예금 3만 6천여 원으로 모두 63만 4천여 원이었다. 대출은 정기 대출이 43만여, 당좌대월이 7천 7백여 원, 할인어음이 45만여 원으로 이를 모두 합치면 88만 8천여 원이었다.[45] 1909년 하반기 순익금은 약 7천 5백 원이었다.[46] 1910년 기준으로 순이익금에서 대부액이 예금액보다 약 2배 정도 많았다.[47]

이 가운데 농공은행의 1907년부터 1918년까지 대출된 자금의 내역을 보면 상업자금 64.5%, 농업자금 20.9%, 기타 자금 8.5%, 공업자금 6.1% 순이었다. 곧 대출금이 「농공은행 조례」와 어긋나게 농업과 공업의 균형발전을 위해 사용된 것이 아니라 주로 상업자금으로 이용되었음을 알 수 있다.[48] 곧 식민지에서 식량 및 원료를 안정적으로 공급받기 위해 농공은행이 이용되었던 것이다. 또 대출은 상당부분 부동산 담보에 의한 대출이었기에 고정적 성격이 강했다.

이것은 농공은행의 지점 설치와 관련이 있다. 1911년 당시 경상농공은행의 지점이 설치된 곳은 김천金泉, 상주尙州, 포항浦項 등 3곳이었다.[49] 지점이 설치된 지역의 특징을 보면, 우선 김천은 경부선이 개통되면서 경북에서 대구 다음으로 큰 시장이 형성된 곳이었다. 김천의 주요 산물

45) 岡崎述光, 앞의 책, 206~297쪽에서 재작성.

46) 岡崎遠光, 『朝鮮金融及産業政策』, 東京 同文館藏, 1910, 204~205쪽.

47) 大邱新聞社, 『鮮南要覽』, 1911년, 21쪽.

48) 朝鮮總督府 財務局, 『朝鮮金融事項參考書』, 1939 ; 張起敦 『植民地 朝鮮에서 近代的 金融機關의 生成과 變化에 關한 硏究』(1876년~1945년) 경성대 대학원 경제학과 박사학위논문, 1997, 168~178쪽에서 재정리.

49) 大邱新聞社, 『鮮南要覽』, 1911년, 21쪽; 43~48쪽.

은 미곡·염간어鹽干漁·식염食鹽·잡화雜貨 등이었으며, 거래 규모는 3만 원을 넘었다. 특히, 김천은 남선南鮮의 대표적 곡물집산지였으며, 일본 한신阪神 상업계에서 김천의 대두大豆·상주의 미곡米穀에 큰 관심을 보였다. 상주의 경우 주요 산물은 쌀·목면木棉·마포麻布·생사生絲·금金·사금砂金 등이었다. 특히 잠업蠶業의 보고로서, 최근 1년의 견繭 생산액이 약 7백 50석 정도였고, 그 가운데 80석이 수출될 정도였다. 상주의 주요 생산물은 김천을 거쳐 부산항으로 옮겨져 일본으로 수출되었다. 포항의 경우 해륙산물이 풍부한 가운데 울진蔚珍·영덕盈德·영해寧海·영일迎日·청하淸河·흥해興海·장기長鬐 등 동해안과 경주慶州·청송靑松·영천永川 등의 내륙과 연결된 상권을 갖고 있었다.

1910년 무렵 농공은행 지점이 설치된 지방의 1년간 수이출입 총액은 2백만 원을 초과하였고, 수입은 주로 목면·금건金巾·마포麻布·연초煙草·석유石油·목재木材·승입繩叺·금물金物·명태·염어鹽漁 등의 품목이었고, 수출은 주로 곡류를 비롯하여 해산물·우피牛皮·종이 등의 품목이었다. 이같이 농공은행 지점은 그 지역의 주요 생산물 또는 교통 요충지로서 주변지역에서 생산되는 생산물의 무역과 깊은 관련이 있었다. 이는 "신곡물이 출래出來의 때가 되어 금융이 점차 번망繁忙하되, 금리에는 영향이 없고 지금까지 금융기관은 제일은행이 독점하다가 농공은행에서 자금의 대출을 개시한 이후로 전당업자에게는 다소 영향이 간 모양이오…"[50]라는 당시 언론 보도 내용에서도 확인된다. 곧 농공은행 지점은 경북 내륙에서 생산된 주요 생산물을 거두어들이기 위한 장치였고, 농공은행의 대주주 및 중역들이 자본을 축적할 수 있는 안정적 방식이었던 것이다. 다시 말해 대구의 지주들은 한말의 외획이 철폐된 후 몰락하

50) 『皇城新聞』, 1906.11.9, 「大邱經濟近況」.

는 것이 아니라 일제의 정책 속으로 편입되면서 근대적 금융자본가로 발돋움할 수 있는 기회를 얻은 것이다. 또한 대지주·대자본가의 농공은행에의 주주 및 임원으로의 참여는 은행 경영에 관한 경험을 축적할 수 있는 계기였다는 점에서도 의미가 있었다. 곧 농공은행의 경영은 일반 은행을 설립하고 경영할 수 있는 기반이 되었다.

이후 조선식산은행이 설립되면서 농공은행은 폐지케 되었다. 경상농공은행은 1918년 해산 직전 주주에 대한 상반기 배당률을 년 8보步로 결정하고, 해산에 대해서는 불입금 1할을 특별배당하기로 결정하였다. 1918년 6월 무렵 경상농공은행 주주 명의 서환에 주의를 기울여 달라는 공고를 하고 7월 10일까지 식산은행 신주의 권리를 확보하기 위한 주주 명의 서환에 관한 절차를 끝냈다.[51] 농공은행이 철폐되고 조선식산은행이 설립되자 경상농공은행의 중역진인 취체역 은행장 이병학, 취체역 이종면·김이욱·서병조·윤상태, 감사역 정재학·강위수 등은 조선식산은행 대구지점의 상담역으로 편입되었다.

농공은행의 설립을 주도한 사람들의 회사 설립 활동을 살펴보기로 한다. 서상돈은 1902년에 대구전보국 사장司長 조중은趙重恩과 함께 양잠회사를 설립하였다.[52] 그는 1906년 일본인 야키八木松太郎의 제안으로 1만 원을 투자하여 부식원富植園을 설립하고, 과수·화초·저·주정酒酊재료 등 각종 수목을 재배하였으나[53] 설립 다음 해에 폐원하였다.[54] 그는 1906년에 잠상회사蠶商會社를 설립하였고, 정규옥 등과는 대구성 북문 밖에 화물의 운송 및 보관을 주요 업종으로 하는 대구운수회사大邱運輸會社를 설립하였다.[55] 이 회사는 1905년 경부선이 개통되면서 대구가 이전

51) 『매일신보』, 1918.7.13, 「農銀重役會」; 『매일신보』, 1918.7.6, 「農銀株主注意」.
52) 『皇城新聞』, 1902.5.20, 「雜報 養蚕會社」.
53) 『皇城新聞』, 1906.5.28, 「雜報 大邱富園」.
54) 河井朝雄, 앞의 책, 100~102쪽.

보다 훨씬 더 물산의 집산지로 부각되자 거기에 대응하기 위해 설립되었다. 그는 오꾸라小倉武之助 가 주도하여 설립된 대구전등주식회사大邱電燈株式會社에 이사로 참여하였다. 또 이석진은 대구전등주식회사에 감사로 활동하였다. 그리고 서상돈과 박기돈은 이와세岩瀨靜가 중심이 된 대구제분주식회사大邱製粉株式會社에 각각 이사와 감사로 참여하였다.[56]

이처럼 서상돈을 비롯한 이석진·박기돈 등이 대구지역에서 근대적인 자본가로의 전환이 가장 빨랐다. 농공은행 설립 주체들은 토지와 상업을 통해 축적한 자본을 통해 은행을 설립하고 나아가 제조업까지 진출하여 근대 부르주아지로 변모해 나갔다.

3. 대구의 일본인 사회

1) 대구의 일본인 사회 형성

최초로 대구에 들어온 일본인은 1893년 9월 남문 안에 의약과 잡화상점을 연 오까야마현岡山縣 출신의 히자쓰끼膝付, 무로室 등 이었다. 이후 1895년 4월에서 7월까지 조선의 상업 상황을 조사한 오까자끼岡崎唯雄는 대구에 대해 상업이 유망한 지역이라 하여 일본인의 이주가 크게 늘어날 것으로 보았다.[57] 여기서 흥미로운 점은 이 시기 대구에 들어온 일본

---

55) 『대한매일신보』, 1906.10.26, 「廣告」.

56) 大邱新聞社, 『鮮南要覽』, 1911, 117~118쪽.

57) "이 지역은 공주(公州)와 같고 매년 춘추 2계절에 큰 시장이 열려 팔도의 상인이 모여 거래가 성대하였다. 다른 곳에는 유례가 없는, 매월 육재(六齊)의 소시(小市)도 동서 양문 2개소에 열렸다. 이 지역은 전쟁 이전에는 일본인에 대한 인기가 험악하였다. 그러나 전일의 악습은 사라지고 현재 이 지역에서 점포를 연 일본인으로서는 잡화점 2호와 병참부 용달 1호 및 일본인 향음식점 1호가 있다. 장차

인은 대구성의 남문 쪽에 자리 잡았다는 것이다.

1900년 11월 대구의 일본인들은 부산에 위치한 일본 영사관 서기인 이꾸다生田端正平의 주선으로 대구일본인회를 창립한 이래 1903년부터 경부선 철도 부설공사가 진행되면서 일본인의 이주도 늘어났다. 그에 따라 철도 건설사무소가 확대되는가 하면, 부산우체국의 우취소가 설치되고 경부철도 청원순찰 1명도 파견되었다. 그들은 남문 주변에 머물기도 했지만 이전과는 달리 서문과 북문 사이의 달성산(현재 달성공원) 아래의 저습지대와 넓은 농토로 이용되던 동부지대에 집중되는 현상을 보였다.

그리하여 대구의 일본인은 1904년 2월말 약 2백 명[58], 4월말 7백 8십 명, 6월 말 1천 명 이상으로 급증하였다. 가장 많을 때는 3천 3백 명까지 이르렀으나 철도 부설공사가 끝난 1905년 5월에 일시 8백 명으로 감소했다가 다시 증가 추세를 보였다.[59] 이러한 일본인의 급증은 "한 번 조선에 들어가면 거류지에서 당황할 필요 없이 내륙으로 들어가 돈을 번다" 라거나 "금일 거류지내는 이미 일반 큰 자본이 침투하여 충분한 경영을 시험하였으므로 조선의 나머지 이익은 전부 내륙에 있다"며, 적극적인 내륙 이주를 권장하는 정책과 관련이 있었다.[60]

일본인의 급증과 아울러 일본인 자치조직도 정비되었다. 그들은 1904년 6월에 대구일본동포회를 조직하여, 약 1백 2십 명의 회원을 두었고, 동년 8월에는 대구일본거류민회를 설립하였다. 대구에 일본인의 수가 급증하게 된 동기는 대구일본거류민회의 설립취지서에 나타난 바와 같이 일본인의 발전에 가장 유리한 지역이었기 때문이었다.[61]

일본인의 경영은 중요한 일이다. 이에 일본에서 가까운 거리의 조선 내지에 있는 대구가 유망한 지역이라 소개한다."(대구부, 1943, 『대구부사』, 187쪽.)

58) 대구신문사, 『경북요람』, 1910, 18쪽.

59) 逵舍臧, 『慶北大鑑』, 1936, 293쪽.

60) 『舊韓末日帝侵略史料叢書』 8, 政治編, 72~77쪽.

대구는 일본의 침략으로 인해 행정구역의 변화를 겪게 되었는데, 1910년에 조선총독부는 대구이사청을 폐지하고 대구군을 대구부로 개칭하고, 1911년 11월에는 시가지 일부 동명을 변경하였다. 1914년 4월에 대구부의 관할구역을 읍성 내 두 개의 면으로 대폭 축소시키고, 나머지 구역은 모두 달성군에 편입시켰다. 1918년에는 달성군의 봉덕동과 대명동 일부를 다시 대구부에 편입시켰다.[62)]

시구개정사업이 종료되는 1910년 말 대구의 민족별 우세지역을 보면, 도심부, 곧 옛 성곽내의 중북부 일대와 성곽 밖의 동부(오늘날의 동인동 일대와 대구역전통에서 도원동, 시장북통)까지는 일본인들이 차지하였다. 반면, 옛 성곽 내의 남부, 그리고 성곽 밖(오늘날 덕산동 남산동)에서 서남부의 구릉을 따라 북쪽 방향(내당, 비산동 일대)에는 조선인들의 주거지역이었다. 이처럼 대구에는 민족별로 뚜렷한 지역분화현상이 생겼다. 특히, 일본인 밀집 지역은 곧은 가로망을 보여 주고 있고, 조선인 밀집 지역은 좁고 굽은 미로 형태를 띠고 있어 대조적이다.

대구의 일본인 사회는 일본 본국과 통감부로부터 대구에 더 많은 시설과 상권 확대를 위해 단일한 모습을 보였으나 대구 사회 내부에서 사회경제적 이해관계를 둘러싸고는 경쟁 또는 대립 관계를 형성하기도 하였다. 그 사례를 몇 가지 들면 다음과 같다. 먼저, 일본인의 내륙 거점

---

61) "…이 땅의 상업현황은 이 역시 한반도 중에서 드물게 보게 되지만 년 2회의 영시에는 8도의 상인이 구름같이 모이고 따라서 거래고도 심히 거액을 이룬다 한다. 경상북도의 정치적 중심으로 관아 공서 등 정치적 기관의 형식적 구비를 보면 한국정부 역시 이 땅을 옛날부터 중요한 요충지로 인정해 왔음이 분명하였다. 현재는 교통의 편의와 더불어 더욱 발전하고 있으며 아울러 일본 민족이 큰 날개를 펴고 활동하며, 비약하려는데 가장 적당한 지반이 될 것인즉 달리 어디서 이런 땅을 구할 수 있으랴…"

62) 대구광역시, 1995, 『대구도시계획연혁』, 32쪽.

도시인 대구 침탈 과정에서 일본인들은 조선인과 충돌했을 뿐 아니라 일본인들끼리도 경쟁과 대립 관계를 형성하였다. 그 직접적 계기는 대구성벽 철거 과정에서 구성된 대구도로위원회에서였다. 당시 대구의 일본인 사회는 4대문에 각 3명씩 12명의 위원을 지명 위촉하는 방식으로 대구도로위원회를 구성하였다.

동문 : 오꾸라小倉武之助 요시라吉田壽一郎 오쿠보大久保太三郎
북문 : 마찌다町田久五 요시다吉田佐七 카이모리神守源三郎
서문 : 이와세岩瀨靜 토쿠라戶倉十六 나카에中江五郎平
남문 : 마스타增田虎太 카와이河井朝雄 세노오妹尾久太郎

그런데 대구 성벽 철거 청부 문제를 놓고 카와이河井朝雄 를 비롯한 남문위원 3명은 조선 정부의 허가 없는 성벽 철거에 반대하였고, 이와세岩瀨靜 등의 주류세력이 추진한 유곽설치에 대해서도 시기상조를 내세우며 반대의 입장을 분명히 하였다.[63] 게다가 성벽 철거의 명의인인 이토겐타로伊藤元太郎 마저 부산으로 몸을 숨긴 채 성벽 철거의 권한을 도로위원회에 넘겨주지 않았다. 이 때문에 성벽 철거는 일시적으로 답보상태에 빠지게 되었다.

남문 위원들의 주장은 사실은 대구역의 놓이게 될 위치와 관련이 있었다. 전통적 옛길에 철도가 부설된다면 대구역이 남문 앞에 세워질 가능성이 높았기에 일본인 가운데 남문 주변에 자리를 잡은 경우가 많았다. 그런데 대구역사가 북문 밖에 건립되는 바람에 남문 방면은 일거에 쇠퇴하고, 북문 주변의 개발은 활기를 띠게 되었다. 또한 다수파인 이와세岩瀨靜 등은 성벽 철거 과정에서 나온 토사를 이용해 북문 방면

63) 河井朝雄, 앞의 책, 참고.

저습지인 도원동을 매립하여 유곽 설치 계획을 세웠다. 결국, 일본인 사이의 대립은 대구성벽 철거 일정에 영향을 미쳐 성벽 철거 및 도로 정비가 일시적으로 정지되는 사태를 일으키기도 하였다.

이런 사정에서 1906년 12월 21일에 12명의 민회의원을 선출하기 위한 선거는 아주 격렬하게 치러졌다. 그러나 이 선거에서 주류세력인 이와세岩瀨靜 세력이 11명의 당선자를 내는 압도적 승리를 거둔 가운데 반대파에서는 카와이河井朝雄만이 당선되는 초라한 결과를 거두었다.

두 세력의 갈등은 제1회 거류민단회의 석상에서 도원동 유곽 설치 문제를 둘러싸고 재연되었다. 카와이河井朝雄과 마스다增田虎太 두 사람만이 도원동 유곽지역 설정을 반대하였다. 그들은 유곽 위치가 남문 밖 구릉지인 대봉동 방면, 곧 돌산 아래(지금의 봉산동 일대) 또는 산십제사공장(지금의 대봉동)의 동편에 세워지길 기대했었다. 그러나 기대와 달리 유곽이 도원동에 설치되려 하자 이사청의 오까모도岡本 부이사관을 상대로 이를 저지시키기 위한 로비활동도 벌었다. 이 때문에 카와이河井朝雄는 오까모도岡本 부이사관, 가게야마影山 민장, 이와세岩瀨靜 등과 계속 갈등하였다. 결과는 맹모삼천을 거들먹거리며 도원동 일대를 고집한 이와세岩瀨靜 세력의 계획대로 도원동이 유곽 예정지로 결정되었다. 거류민단은 유곽지 부지로 7천 평을 매수하였다.

그러나 이와세岩瀨靜 등은 시세 차익을 노리고 유곽 주변지역에 수만 평의 땅을 매입해 두었지만 유곽뿐 아니라 그 주변지역에 땅값이 오르는 변화는 나타나지 않았다. 이로 인해 1907년 12월에 거류민단에서 가께야마影山 민장 불신임이 통과되고, 이와세岩瀨靜 대구상업회의소 회두가 강제 사임 당하는 불상사가 일어났다. 급기야 1915년에 이와세岩瀨靜는 손실을 보면서까지 자신의 땅을 처분하고 말았다.

대구역 설치와 유곽 설치 문제로 이와세岩瀨靜과 카와이河井朝雄 간에 깊어진 1907년에 치러진 민회의원 보궐선거와 대구 일본인 상업회의소 선거에서 더욱 깊어졌다. 카와이河井朝雄의 표현대로 한다면, 두 사람간의 관계는 석가와 데바, 돌고래와 범고래와 같은 사이였다. 이와세岩瀨靜는 오쿠라小倉武之助, 사이토齋藤芳造 등과 교분이 있었고, 카와이河井朝雄는 와타나베渡邊比과 마스다增田虎太 등과 친했다. 이러한 이와세岩瀨靜파와 카와이河井朝雄파와의 대립은 달성공원 기성회, 일본인상업회의소로 확산되는 양상을 보였고, 시기적으로는 '합방'이전까지 계속되었다.

다음으로 나타난 일본인 사회 내 분열은 1920년대 대구부가 추진하던 도시계획을 둘러싸고 일어났다. 곧 대구의 일본인 사회는 대구부가 추진하려던 도시계획안에 대해 찬성하는 원안파原案派와 반대하는 동지회同志會로 양분되었던 것이다.[64] 분열의 주요 배경은 대구역사 건물의 이전에 따른 경제적 이해관계 때문이었다. 대구역 건물이 그대로 유지될 때 이익을 누릴 수 있는 기득권 세력과 역 건물이 이전됨에 따라 이익을 얻을 수 있는 세력으로 나뉘어졌던 것이다. 또한 도시계획상 시가지 정비에 필요한 예산 70만원의 용도를 놓고도 대립하였는데, 심지어 대구부 부협의회 회의에서 조차 충돌이 빚어졌다.[65]

양측은 서로 부민대회 또는 연설회를 개최하여 자신들의 입장을 선전하였다.[66] 이 과정에서 1924년 1월 18일 밤 만경관에서 열린 동지회의 연설회를 둘러싸고 양측은 방해 시비를 불러일으키기도 하였다.[67] 이런 분열 양상은 일본인 언론계에서도 마찬가지였던 것으로 보인다. 카와이河井朝雄의 조선민사보朝鮮民報社는 원안파에 가깝고, 대구기자구락부는

64) 김일수, 「일제강점 전후 대구의 도시화과정과 그 성격」, 『역사문제연구』 제10호, 역사문제연구소, 2003.6, 참조.
65) 『동아일보』, 1924.2.7.
66) 『동아일보』, 1924.1.27.
67) 『동아일보』, 1924.2.28.

반대파에 가까웠다. 결국 양측의 갈등은 대구부가 역사 건물 이전 계획을 폐기함으로써 문제를 일단락되었다. 그렇지만 식민지도 일본인 사회 내부에서도 사회·경제적 갈등이 얼마든지 일어날 수 있다는 것은 매우 흥미로운 일이다.

그러나 1930년대 이후 일제가 전쟁정책을 확대하면서 대구의 일본인 사회도 총력체제로 돌입하게 된다. 그 한 예로 임전보국단의 주요 간부인 장직상張稷相이 해방후 반민특위에서 자신의 행위에 대해 다음과 같이 말했다.

> **문** 소위 대동아전쟁 당시 전쟁 협력단체에 가담한 곳은 어떠어떠한 단체인가.
>
> **답** 전부 그러한 사실이 없고 단 임전보국단 경북지부臨戰報國團 慶北支部의 지부장이 되어 달라고 해서 경북도지사慶北道知事, 경찰부장 기타 당국자들이 강권한 나머지 임의로 임명해서 본인이 소위 지부장이란 명칭을 가졌습니다. 실지 사무취급은 조선민보사朝鮮民報社 카와이河井사장이 취급하였습니다.[68]

물론, 이 말을 사실로 받아들이기에는 많은 의문이 있지만 전시체제기 동원정책 국면에서 카와이河井朝雄를 비롯한 일본인 사회는 '총력체제'에 조응해야 했기에 대립을 표면화시키기에는 어려웠을 것이다.

2) 민족별 비교를 통해 본 대구의 특징

러일전쟁 이후 일본의 조선 침략이 본격화되고, 경부선이 개통되면서 영남 내륙이 만주와 일본으로 직접 연결되는 계기가 만들어지자 대구

---

68) 장직상, 「피의자신문조서」(2회), 『반민특위재판기록』 12, 다락방, 1993, 참조.

사회의 변화는 훨씬 빠르게 진행되었다. 일본의 본격적인 한반도 내륙 침탈과 함께 대구로 이주해 오는 일본인의 규모도 급속하게 늘어났다. 식민지 구조 아래에서 날로 증가되는 일본인의 대구 이주는 민족간 우열이 심화되는 식민지 모순을 더욱 격화시켰다.

당시 대구 인구는 <표 2>, <표 3>과 같이 1915년에서 1920년 사이의 인구증가는 1917년에 대구부가 달성군의 일부를 대구부로 편입한 것에서 증가요인이 생겼다. 1920년에서 1925년 사이 크게 증가하는 가운데 전체 인구 성장률이 무려 10.75%에 달했는데, 이 시기 대구인구의 증가는 도시화가 크게 진전된 것에서 찾을 수 있다.

〈표 2〉 1915년~1944년 대구부의 국적별 인구수

	1915	1920	1925	1930	1935	1940	1944
총인구	32,740	44,707	76,534	93,319	107,414	178,923	206,638
조선인	24,653/75.3	32,451/72.5	58,411/76.3	73,060/78.2	85,453/79.5	158,468/88.5	185,465/89.7
일본인	7,948/24.7	11,942/26.7	17,410/22.7	19,426./20.8	21,455/19.9	20,187/11.2	20,469/9.9

※ 자료 : 1915년과 1920년 『조선총독부연보』; 1925~44년도 『조선국세조사보고서』

〈표 3〉 1915년~1944년 대구부의 연평균 인구성장률

	1915~20	1920~25	1925~30	1930~35	1935~40	1940~44
총인구	6.23%	10.75%	3.97%	2.81%	10.21%	4.02%
조선인	5.50%	11.76%	4.48%	3.13%	12.35%	4.39%
일본인	8.14%	7.54%	2.19%	1.99%	−1.22%	0.63%

※ 자료 : 1915년과 1920년 『조선총독부연보』; 1925~44년도 『조선국세조사보고서』

1920년에서 1925년까지 민족별로 인구 증가를 보자. 일본인의 경우 '합방' 당시 4천 명 수준에서 1930년도에는 5배인 2만 명에 육박할 정도로 급격히 증가하다가 그 뒤로는 증가세가 둔화되는 양상을 보였다.

곧 '합방'을 계기로 일본인의 대구 이주가 급격하게 늘어났음을 알 수 있게 하는 대목이다. 조선인의 경우 '합방' 당시 2만 5천 정도에서 1930년도에는 3배 정도 늘어났고,[69] 그 뒤로 인구의 증가는 더욱 가파르게 상승 곡선을 그리고 있음을 알 수 있다.

1930년대 이후 조선인 인구의 증가가 두드러진 것은 대구부 관할 구역의 확장에 따른 것이었다.[70] 또한 1920년대 농업정책의 실패로 인한 농촌 경제가 파탄되면서 형성된 농촌과잉인구가 대거 유입되면서 생긴 것이었다. 이런 사정에서 일본인 인구가 증가함에도 불구하고 전체 대구 인구에서 일본인의 비중이 낮아지게 되었고, 조선인은 도시하층민 또는 도시빈민으로 형성되었다.

도시와 농촌을 구분하는 기본 요소의 하나는 산업 구성과 직업인데 대구의 경우는 <표 4>에서와 같이 일본인들은 공무 및 자유업 종사자의 비율이 매우 높은 반면 농업인구의 비율은 매우 낮았다.

〈표 4〉 1927년 대구의 민족별 직업 분포도

	일 본 인		조 선 인	
농업 및 어업	230호	1,488인	2,505호	10,699인
공업	1,201	5,884	1,992	8,584
상업 및 교통업	1,984	8,191	5,152	22,842
공무원 및 자유	2,437	8,454	1,142	6,659
기타 직업	49	144	784	2,576
무직자	50	128	909	3,844
계	5,951	24,248	12,484	55,245

※ 자료 : 대구상공협회, 『대구상공협회회보』, 1927.

69) 仰嘯生, 「대구는 어디로 가나」, 『별건곤』 33호, 1930.10, 67~71쪽.
70) 권태환, 앞의 논문, 266쪽.

〈표 5〉 소유토지의 민족별 비교

(단위: 인원/명, 면적/정보, 지가/원)

	조 선 인				일 본 인			
	인원	필수	면적	지가	인원	필수	면적	지가
1926	3,200	5,400	607,834	607,087	767	4,669	1,054,986	1,231,239
1933	2,462	3,641	405,223	404,725	1,545	6,588	1,274,507	1,452,350

※ 『동아일보』, 1933년 8월 3일.

조선인의 경우는 상업 및 교통업 종사자의 비율이 가장 높으며, 다음으로 농업 인구의 비율이 높았다. 여기에서 말하는 상업은 영세소상인을 가리키는 것이고, 교통업이라는 것은 마차나 달구지를 운행하는 것을 가리킨다. 또한 조선인의 경우 도시의 하층 직업으로 구성되는 기타 직업에도 일본인에 비해 많은 부분을 차지하였다. 이처럼 대구의 직업 분포를 보면, 조선인과 일본인 사이에는 위계적 성향을 띌 정도로 분명한 차이를 보이고 있었다.

두 민족간 경제력을 비교해 보자. <표 5>와 같이 1926년 당시 조선인과 일본인의 소유 토지 면적 및 지가는 거의 두 배 정도 일본인이 컸다. 반면에 토지소유자의 수는 오히려 조선인이 일본인에 비해 4배 정도 많았다. 곧 소수의 일본인이 대규모의 토지를 소유한 반면 다수의 조선인이 소규모의 토지를 소유하는 구조였다. 이처럼 토지소유의 일본인 우위 현상은 1933년에 이르러 더욱 심화되었는데, 조선인 지주와 토지 규모는 줄어드는 반면, 일본인 지주와 토지 규모는 증가하는 양상이었다.

<표 6>은 대구지역 지세 납부 의무자의 면적별 인원을 민족별로 비교하고 있다. <표 6>은 대구를 포함하는 경북지역 지주들이 망라되어 있다. 그렇더라도 대구 거주 대지주가 많다는 것이 주지의 사실인 점을 감안할 때, 대구의 사정을 이해하는데 큰 어려움은 없을 것이다. <표 6>을 통해 보면, 토지소유 규모가 클수록 일본인의 비중이 크고, 그

〈표 6〉 지세 납부 의무자 면적별 인원표 (경북)

1935년(소화 10년)

민족별	2백정보	105정보	백 정보	70정보	50정보	40정보	35정보
일본인	4	3	11	21	33	19	38
조선인			7	21	46	54	91
외국인							
계	4	3	18	42	79	73	129

민족별	30정보	25정보	20정보	15정보	10정보	7정보	5정보
일본인	40	52	75	117	202	265	237
조선인	123	253	316	586	1,150	1,699	2,592
외국인		2		1	6	8	1
계	163	307	421	704	1,358	1,972	2,830

민족별	4정보	3정5단보	3정보	2정5단보	2정보	1정5단보	1정보
일본인	312	309	406	384	549	776	1,044
조선인	4,200	4,155	6,994	9,976	14,853	22,631	38,276
외국인	4	2	2	4	5	7	11
계	4,516	4,466	7,402	10,364	15,407	23,414	39,331

〈표 7〉 대구의 민족별 부담세액 비교(1926년)

	조선인 1호당 부담액	일본인 1호당 부담액
국세	16원 550전	96원 90전
지방세	4원 310전	7원 830전
상업세	4원 988전	22원 3전

※ 자료 : 대구상공협회, <대구상공협회회보>, 1927.

반대일수록 조선인의 비중이 커진다. 더욱이 경북 인구에서 일본인의 비중이 조선인 인구에 비해 높을 수 없다는 점을 고려하면, 일본인의 토지소유가 조선인 보다 많다는 것은 명확하다.

<표 7>, <표 8>, <표 9>, <표 10>은 대구지역의 민족별 부담 세액을 알 수 있는 자료이다. 곧 국세, 지방세, 상업세, 지세, 가옥세, 차량세, 호별세, 영업세, 취득세 등으로서 경제 지표에 해당되는 사항이다. 공통

〈표 8〉 납세로 본 민족별 비교

	조선인				일본인			
	지세	가옥세	차량세	호별세	지세	가옥세	차량세	호별세
1923	3,295인 8,903원	5,096 5,828	883인 1,857원	4,171인 16,322원	1,035인 17,415원	1,121인 12,301원	2,904인 4,825원	3,372인 38,125원
1932	2,376인 8,189원	6,129 7,563	6,129인 7,563원	5,646인 43,293원	1,272인 21,806원	1,708인 28,606원	1,708인 28,606원	4,455인 56,602원

※ 1923년 매호당 납세부담액 조선인 5원 18전, 일본인 32원 83전
『동아일보』, 1933년 8월 3일.

〈표 9〉 영업세·취득세의 민족별 비교(1932년)

	조 선 인	일 본 인
영 업 세	744인 10,117원	981인 29,759원
취 득 세	903인 3,710원	356인 5,036원

※ 『동아일보』, 1933년 8월 3일.

적으로 모든 부담세액에서 민족별로 비교해 보면, 일본인이 부담하는 세액이 높은 것을 알 수 있다. 특히, 국세와 지세 그리고 가옥세 등 세 가지 세액에서 조선인과 일본인의 부담액의 차이가 가장 크게 나타났다. 또 매호당 납세부담액도 1923년의 일본인이 조선인에 비해 6배 정도 더 부담할 정도로 두 민족간 가정 경제력의 차이는 극심했다.

이 가운데 가옥세의 큰 차이는 의식주 가운데서 집의 크기나 형태에서 두드러지게 차이가 있음을 반영한 것이다. 곧 민족별 주거형태에서 양적인 면뿐 아니라 질적인 면에서도 일본인이 조선인에 비해 훨씬 우위에 있음을 말해 준다. 이 중에서도 <표 11>과 같이 건축비용이 많이 들어가는 벽돌과 철근콘크리트 구조의 가옥을 비교해 보면, 8백 40평 대 4천 8백 평으로 일본인이 조선인에 비해 약 6배 정도의 우위를 보이고 있다.

〈표 10〉 대구지역 영업세 부담액 비교(1936)

민족별	호 수	인 구	결정총액		동상의 내법인 제외		납세자 일인당	
			인 원	세 액	인 원	세 액	세 액	법인제외
일본인	6,730	29,747	958	45,641	848	21,916	47,64	25,84
조선인	91,366	477,553	1,266	22,219	1,284	17,705	17,55	14,34
외국인	147	586	44	907	42	825	20,61	19,64
	98,243	507,886	2,268	68,767	2,124	40,446	30,32	19,04

민족별	호수 백호당		호수 백호당		인구 천명당	
	납세인원	법인제외	세 액	법인제외	세 액	법인제외
일본인	14,23	12,60	678,17	325,64	1,534,33	786,74
조선인	13,85	13,50	243,13	193,78	465,62	370,74
외국인	29,93	28,57	617,00	561,22	1,547,78	1,407,84
	23,08	21,61	699,95	411,66	1,353,96	796,35

〈표 11〉 집채의 민족별 비교

〈단위: 평〉

	조 선 인			일 본 인		
	갑	을	병	갑	을	병
1926	840	16,986	26,314	4,800	62,229	37,584

※ 비고 : 갑 ; 벽돌, 철근콘크리트 ; 을 목조 기와집 ; 병 양철집 또는 초가집
※ 자료 : 『동아일보』, 1933년 8월 3일.

이를 통해 볼 때, 민족별 인구 규모와 경제력 사이에는 불일치하는 것을 확인할 수 있다. 곧 대구 인구의 민족별 구성에서 경제력은 오히려 인구 구성과 반비례하는 경향을 보이고 있다. 조선인의 급증에도 불구하고 일제시기 대구의 경제는 일본인이 장악하고 있었던 것이다. 그리하여 대구는 조선인의 대구가 아닌 일본인의 대구로 간주되거나 살아 있는 대구가 아닌 죽은 대구 또는 빛 좋은 개살구로 인식되기도 하였다.[71)]

71) 대구지국 일기자, 「도시의 행진곡 제2진 대구」, 『신동아』 2권 6호(1932.6.) 48~52쪽.

식민지 사회경제의 구조적 모순을 보여주는 대구의 민족간 경제력의 차이는 도시의 풍광에도 그대로 반영되었다. 1923년 10월 3일부터 10월 15일까지 동아일보 지면에 실린 「대구의 일면관一面觀」이라는 연재물에서 조선인 거주 지역에 대해서 다음과 같이 묘사하고 있다.

"비나 부슬부슬 오는 어두운 밤에 조선 사람의 거주지(부락)인 종로이사鐘路以四의 골목으로 한 번 투족投足하여 보면, 인적은 고요한 데 지척불변咫尺不辨의 암흑세계! 모든 것이 잠자는지 죽었는지 물어 볼 것도 없이 처량한 비애와 눌리는 듯한 공포를 느끼지 아닐 수 없는 것이 완연히 「죽은 세계」가 아니고 무엇인가 아! 이것이 소위 「띄도, 시뢰」란 것이든지. 이 다 죽은 시가도 그 이튿날이 되면 살아난 그 얼굴을 다시 태양에 비취어 본다. 가련한 그 신세야 눈물 없이는 차마 볼 수 없다. 다 썩어져 가는 초옥草屋은 따닥 붙어 있고 굴곡은 골목은 몇 백 년 전 □객이 그대로 남아 있어 문곡門曲 많은 도로는 생긴 대로 내버려두어 마치 80세 노인이 겨우 지팡이에 의지하여 난행難幸히 숨을 쉬고 있는 정경과 흡사하지 아니한가. 더욱이 동산 및 선교사들의 저택 아래 납작한 초옥들이 □□으로 도닥도닥 붙어 있는 것은 마치 다 죽어 가는 불쌍한 걸인의 무리들이 떼를 지어 행려병원에 누어 있는 광경이 아닌가. 아! 어쩌면 이다지 빈하고 약하고 노하고 쇠하였는고. 이 전체를 사람에 비하여 말하면 8, 90된 의지할 곳 없는 노인이 기식氣息이 암암하여 생사의 장을 왕래하고 있는 것이다."[72]

이런 풍광을 대표적 조선인 거주지인 남산동에 비추어 봐도 마찬가지이다. 남산동은 "비나 눈이 오는 때이면 진흙이 뛰어오르며 하수구도 하나 없으며, 길가의 도랑이란 것은 비가 조금만 와도 길에 넘칠 뿐 아니라 항상 악취가나 지나다니는 사람의 코를 찌르며 우편함 하나 없

72) 『동아일보』, 1923.10.8, 「大邱의 一面觀, 老大邱와 新大邱」

다. 편지를 부치려면 내왕 30, 40분 걸려야 되고 또 가로등은 볼 수가 없"는 처지였다.[73]

대구의 경제 또한 1920년대 중반 이후 점차 불황을 겪게 되고, 그 중에서도 조선인의 경제적 상황은 더욱 격심해졌다. 1919년부터 1922년까지 4년 동안의 대구무역은 1차 세계대전이라는 전시경기의 영향으로 최고 호황을 누렸다. 동기간의 무역총액은 1911년과 1918년에 비해 각각 10배에서 2배의 높은 신장률을 보였다.

그러나 이미 1921년 무렵 대구 경제계에 불황이 닥쳐오고 있었다. 곧 1차 세계대전에 따른 호황이 이내 불황으로 반전되면서 대구 경제계의 사정은 빠르게 악화되었다. 특히, 조선인 상인층이 장악한 경정京町의 경우 파산자가 속출할 정도로 사정이 심각하였다. 그러한 사정은 당시 김기전金起瀍이 전국 순회 도중 만난 익명의 은행 관계자를 통해서 확인할 수 있다.[74]

> "1차 대전 후 공황으로 인해 …금융은 고갈되고 물가는 붕락崩落하얏습니다. 우리 상인들은 경제계의 졸변猝變에 끽경喫驚하얏스나 여하히 할 수가 업섯습니다. 수중에 잇던 돈은 대출주에게로 모조리 회수되고 상품은 잇스나 물가의 붕락으로 팔 수가 업스며 … 대구로 말하면 경정이 우리 조선사람 상업중심지이외다. 그러나 대풍大風을 지낸 후인 금일의 상황商況을 보면 말할 수 업시 쓸쓸합니다. 그리고 전일前日로 말하면 대구에 누구누구略其名은 재산가라 하얏지요. 그러나 그들도 벌서 병든지 오랫습니다. 시試하야 그들의 재산을 가지고 대차대조표를 꾸미어 청산을 행한다 하면 과연 남는 것이 잇슬가 업슬가가 문제입니다"

---

73) 『동아일보』, 1923.12.20.

74) 金起瀍, 「우리의 産業運動은 開始되었도다」, 『開闢』 15(1921.9.) 14~27쪽.

이런 대구 경제계의 불황은 1923년 무역총액의 규모가 약 5백 7십 5만 원으로서 1918년 이전 수준으로 격감되는 것으로 나타났다.[75] 물론 또한 수출보다는 수입이 많은 수입초과를 나타내고 있었다.

대구의 공업은 '기술의 발전이 유치幼稚하다'고 표현될 만큼 낮은 수준이었다. 대구의 공업에서 조선인이 운영하는 생산재 공장은 동양염직소를 제외하고는 전무할 정도로 소비재 일변도적인 양상을 보였다. 그 중 수출산업의 가공부문으로서 정미업이 있었다. 수입상품과의 비경쟁부분으로 연초제조업, 양조업, 기와제조업 등이 있을 뿐이었다.[76]

> "대구상공업의 현상을 대개는 관측할 수 잇슬 것이나 조선인 인구에 비하야 기반이 못되는 일본인은 기 부력에 잇서 조선인 전체의 배 이상을 가지고 잇스니 결국 매 일인을 비교하여 보면 5대 일의 비례가 되는 터이다. 그러나 이런 우월한 자력에다가 금융의 세력과 기회의 우선 등으로 상업계에 잇서 그 비례가 일층 우심하며 더구나 공업에 이러서는 그에다 기술의 부족을 가하엿슨 즉 거진 참담한 현융이 잇서 조선인의 공업이란 망건, 제화가 아니면 유기, 금은세공이요 겨우 공업의 면모를 가진 듯 한 기개의 염직소 등이 잇스나 그 설비와 생산이 족히 거론할 것이 업스며 타일을 기하야 다시 조사 보고코자 한다. …(중략)… 무직업자수는 각 기 인구에 비하야 조선인은 기 1/14을 점하고 기 1/110에 당한다. 유식자有職者중에도 부내에 거주하는 조선인 직업의 다수를 점하는 농업이란 대개 유한계급有閑階級이 속한 무직자로 간看한다면 조선인은 全人口의 1/14은 무식자無職者이 할 수 있다. …중략… 제세諸稅을 통하여 일호 평균 부담액을 평분하여 보면 일본인은 조선인의 약 오배 강五培 强을 부담하고 있다. 이것은 일면으로 부富의 차등差等을 설명하는 것이며 그 중에도 국세에

75) 『大邱府史』, 府政編, 170~172쪽.

76) 大邱商工會議所 編, 『大邱經濟總攬』, 1985, 33~38쪽.

있어 더욱 현저顯著한 차差이 있다… (중략) …매년 불소不少한 수이출輸移出 초과가 되는 것은 대구부세大邱府勢로 보아 발전이라 할 수 잇스니 이상의 제 숫자를 상소하면 초과한 이윤은 물론이오 기 생산 및 수익액收益額의 대부분이 그 실 어대로 가는가 알 수 있다."

그리고 대구경제계에서 조선인의 빈곤 원인이 기본적으로는 식민지적 사회경제구조에서 기인되는 것이지만 다른 한편으로 조선인 스스로부터도 기인되는 것이 있었다. 그것은 1927년에 결성된 대구상공협회의 회원들이 조선인 경제 발전 방향을 강구하는 가운데서 제기되었는데, 그 핵심은 경영 방법의 비합리성이었다.

먼저, 배영덕은 "부력富力에 대하여도 다수의 자산가를 가진 대구의 상공업자는 사업의 원동력인 자력自力이 풍부하겠다고 추상할지나 사실은 반反하야 상공업자의 수완과 성의가 부족함에 인因함인지 자산가측의 사업에 대한 이해가 적은 탓"에 대구상공업이 부진하다고 진단하였다. 지이홍은 "의무와 이권 관념이 없는 무질서한 사회"이기 때문에 대구의 상공업이 부진하다고 파악하였다.

김문재는 대구의 상공업자는 외국인 상공업자에 비해 성의가 부족하고, 그 때문에 지속성이 결핍되어 도중 파멸하는 경우고 많다고 보았다. 또한 조선인 상공업자는 신용과 친절이 부족하고, 가격 불이행, 약속 기일 불이행 등이 농후하여 사업이 발전하지 못한다고 하였다. 결국, 대구의 상공업자 스스로 지역 상공계의 발전 수준이 낮은 원인으로 조선인 상공업자의 비합리성에 있다고 보았다.

2

은행·회사의 설립과 자본가층의 존재 양상

1. 일반 은행의 설립과 운영

1910년대에 대구를 비롯한 전국 각지에서 일반은행의 설립이 줄을 이었다. 그 배경은 1912년의 개정 「은행령」에 따른 고금리 현상에서 찾을 수 있다. 곧 개정된 은행령이 기존 대금회사의 상업은행 업무를 겸업할 수 없게 함으로써 대금회사의 예금을 통한 자금동원은 물론 일반회사의 어음할인을 통한 자금조달도 어렵게 하였다. 이에 자금난이 더욱 심화됨으로써 은행의 설립을 촉진시키게 되었다.[77] 또한 조선은행 설립 이후 증대하는 자금 수요와 민간의 소규모 예출금에 대응해야 할 필요가 생기자 총독부는 이 문제를 일반 은행을 육성시켜 해결하고자 하였다. 그리하여 「회사령」 실시에도 불구하고 은행 설립은 예외적으로

77) 裵永穆, 앞의 논문, 175.

취급되었던 것이다.[78] 이러 배경에서 대구에서는 선남상업은행鮮南商業銀行과 대구은행大邱銀行이 설립되었다.

그리고 1915년 후반 이래 상품유통이 확장되면서 산업금융 시설을 비롯한 상업금융 시설이 부족해지면서 금융기관의 설립이 요구되자 각 지방의 산재한 자본을 집중하여 금융경색을 완화할 수 있으면서도 금융 시설의 부족을 보완할 수 있는 경우에만 한하여 허가하였다. 이러한 1910년대 후반 조선의 사정에서 대구에는 경상공립은행慶尙共立銀行과 경일은행慶一銀行이 설립되었다.

대구의 일반 은행 가운데 일본인 중심의 선남상업은행과 경상공립은행을 살펴보자. 먼저, 선남상업은행은 1912년에 자본금 30만 원으로 설립된 대구 최초의 일반 은행이었다. 요시무라吉村鎭雄·오꾸라小倉武之助·이또伊藤甚三郞 등 일본인 자본가들이 주축이 되었으며, 이병학李柄學·장직상張稷相·정재학鄭在學 등의 조선인이 자본을 투자하였다. 이 가운데 오꾸라小倉武之助는 1870년 오꾸라小倉良則의 맏아들로 태어나 1896년에 동경제대東京帝大 법과法科를 졸업하고, 1897년 대구로 이주해 와 법학사로 활동한 인물이었다. 그는 1906년 대구성 훼철에 앞장서고, 성벽 훼철 뒤 구성된 대구도로위원회 위원으로 활동하였다. 그가 자본가로서 크게 성공하게 된 계기는 1911년 대구전기주식회사의 설립에서 찾을 수 있는데, 그는 이 회사를 조선에서 최대 규모의 전기회사로 성장시킴으로써 조선 최대 전기 사업가가 되었다.[79] 그리고 이또伊藤吉三郞는 1905년에 일본에서 부산을 거쳐 1906년에 다시 대구로 이주한 인물로서, 대화정大和町(현재 대안동)에 문방구文房具와 종이류를 취급하는 이등길상점伊藤吉商店을 경영한 대구 최대의 종이업자였다.[80] 선남상업은행

78) 堀和生, 「朝鮮における普通銀行の成立と展開」, 『社會經濟史學』 49-1, 1983, 36쪽.
79) 逵捨藏, 『慶北大鑑』 1936, 495쪽.

은 이들 가운데 점차 오꾸라小倉武之助에게 경영권이 장악되어 갔다.

다음으로 경상공립은행慶尙共立銀行은 1920년 7월 일본인 미야이宮井正一 등 일본인 주도로 설립된 일반은행이었다. 미야이宮井正一는 조선의 쌀을 매집하여 일본으로 수출하는 미곡무역업자였고, 미곡무역에 필요한 금융문제를 해결하기 위해 은행을 설립하였던 것이다. 경상공립은행은 설립과 동시에 은행주 미야이宮井正一가 경영하던 대구금융창고주식회사大邱金融倉庫株式會社(1919, 자본금 30만원)를 매수하고 창고업을 겸업하였다. 미야이宮井正一는 1920년에는 자본금 백만 원으로 정미업 및 미곡매매를 업종으로 하는 대구정미주식회사大邱精米株式會社를 설립하였고, 1924년에는 자본금 80만원의 대정상회大正商會를 인수하여 대구곡물주식회사大邱穀物株式會社를 새로이 설립하였다.[81] 그런데 미야이宮井正一는 일 년 중 절반을 일본에서 지내는 부재은행가였다.

조선인 중심의 일반 은행인 대구은행과 경일은행을 살펴보자. 대구의 조선인 자본가들이 은행 설립에 뛰어들 수 있었던 것은 통감부시기 농공은행을 경영해 본 경험에서 찾을 수 있을 것으로 판단된다. 먼저, 대구은행의 설립은 1912년 7월 정재학·이일우·이종면·이병학·장길상·최

80) 達捨藏, 앞의 책, 405쪽, 그는 1911년 대구거류민단의 의원으로 사회활동을 시작한 이래 학교조합의원, 대구상업회의소의원, 대구여관설치기성회위원장, 대구상업특별평의원, 경북도평의원, 대구부협의회원, 대구교육회, 대구체육협회부회장, 대구부회의원, 경북도의원, 南鮮師團設置期成會 副會長 등을 역임하였다.

81) 『매일신보』, 1920년 8월 「共立銀行 開業」; 中村資良 編, 『朝鮮銀行會社要錄』 1921년, 1925년; 大正商會는 1914년 濱岐喜三郎이 미곡무역을 위해 설립한 회사였다. 그는 일본 鹿兒島縣 출신으로 해운업에 종사하며 조선 미곡을 무역한 사람으로서 대구 인근의 慶山이 곡물집산지임을 주목하고 大正商會를 설립하면서 대구에 정착하였고, 1924년 宮井 正一의 대구정미회사와 합병하여 대구곡물주식회사를 설립하였다. 그는 조선 미계의 왕자로 불리면서 1930년대 大邱米穀取引所(舊大邱穀物市場)의 이사장으로 종사하면서 대구상공회의소 특별위원으로 활동하였다.(達捨藏 『慶北大鑑』 487쪽)

준·배상락 등이 은행 설립계획서를 조선총독부에 제출하면서 시작되었다. 같은 해 8월 26일 설립계획서에 참여한 자본가들은 대구은행 설립을 위한 발기인 대회를 개최하여 1주당 가격을 50원으로 하여 주식 1만 주를 발행하기로 결의하고, 1만 주의 주식 중 6천주 이상을 발기인들이 인수하기로 결정하였다. 그에 따라 은행 발기인들은 우선 5천 4백 주를 인수하였다.

설립 준비를 마친 대구은행은 이제 총독부의 인가만 남겨두었다. 대구은행은 은행 설립계획서를 총독부에 제출한지 5개월 만인 1913년 1월에 총독부로부터 '임원의 선임은 총독의 허가를 받아야 한다'는 단서조건 아래 인가를 받았다. 이 인가 조건은 총독부가 조선인 일반 은행을 설립 초기부터 규제하겠다는 의지의 표현이었다.

1913년 5월 29일에 대구은행은 창립총회를 열고 대구·경북지역에서 조선인 중심의 일반 은행 시대를 열었다. 창립총회에서 주주들은 정재학을 은행장으로 선출하고, 7월 7일부터 대구본점을 통해 영업을 시작하였다. 이후 대구은행은 경북의 주요 지방인 안동(1916년 4월)·왜관(1917년 7월)·경주(1919년 6월)·포항(1920년 말) 등에 각각 지점을 개설하여 영업망을 넓혔다. 영업망의 확대와 함께 은행의 자본금도 설립 당시 50만 원에서 1919년 11월에는 1백 50만 원을 증자하여 2백만 원으로 늘렸다.[82)]

다음으로 경일은행慶一銀行은 1920년 1월 7일에서 설립 허가를 받아 4월 28일 명석정明石亭에서 2백 80명의 주주 중 1백 30명이 참석한 가운데 창립총회를 개최하였다. 창립총회에서 정관 및 임원 선거 등 기타 요건을 의결하였다. 경일은행은 자본금 2백만 원에 한 주당 액면가를 50원으로 하여 4만주를 발행하기로 하였다. 그 가운데 2만주는 발기인

82) 中村資良 編, 『朝鮮銀行會社要錄』 1921년, 13~14쪽.

이 인수하기로 하고 나머지 2만주는 공모하기로 결정하였다.

경일은행의 발기인에는 장길상張吉相(3,300주 칠곡), 손호길孫浩吉(3,000 밀양), 진희규秦喜葵(2,500 달성), 조남식趙南植(2,000 상주), 조남윤趙南潤(2,000 상주), 오배근吳培根(2,000 김천), 장직상張稷相(1,500 왜관), 유시일柳時一(1,000 안동), 이노연李魯淵(1,800 왜관), 진경옥陳敬玉(500 김천), 강석희姜奭熙(500 상주), 손지현孫之鉉(500 밀양), 장우석張禹錫(200 부산), 장영수張泳壽(200 왜관) 등 경북지역을 중심으로 경남 일부지역의 자본가들이 참여하였다.

중역진은 취체取締(이사)에 장길상·장직상·유시일·이병학·손호근·서병규徐丙圭·윤호병尹皞炳·강석희姜奭熙·이선호李宜鎬 등 9명, 감사에 조남탁趙南卓, 키시모토岸本說次郎, 홍두희洪斗熹, 오배근吳培根 등 4명, 상담에 오꾸라小倉武之助를 선임하였다. 경일은행은 같은 해 5월 22일 영업을 시작하였고, 1922년 7월 21일 장길상이 은행장에 취임하였다.[83] 같은 해 7월 경남 밀양에 지점을 설치하고, 11월에 밀양역전 파출소를 설치하였다.[84] 1923년 12월에는 선남은행鮮南銀行 김천지점을 매수하였다.[85] 나아가 1929년에 경북 영천慶北 永川, 1931년에 예천·대구 서부 등 지점을 각각 설치하였다.[86] 이로써 경일은행의 지점은 밀양, 영천, 예천, 대구 서부 등 경북지역을 중심으로 하면서도 일부 대주주의 활동 거점인 밀양에 설치되었다.

이로써 1920년 현재 대구에는 본점을 두고 있는 일반 은행이 4개로서 다른 지방도시에 비해 그 수가 많았다. 특히, 1920년 현재 부산에 본점을

---

83) 『매일신보』, 1912.9.1 ; 『매일신보』, 1920.5.2, 「慶銀 創立總會」; 『동아일보』, 1920.5.3, 「慶一銀行 創立總會」; 『매일신보』, 1923.8.4, 「商業登記公告 慶一銀行 變更」.

84) 『매일신보』, 1922.11.17, 「慶銀 支店 好績」.

85) 『매일신보』, 1923.12.13, 「慶一銀行에 買受」.

86) 東洋經濟時報社 編, 『朝鮮銀行會社組合要錄』, 1929년·1931년 참고.

두고 있는 일반은행이 2개(경남은행, 부산상업은행)에 불과했던 것을 고려하면, 대구는 조선 남부의 최대 금융도시로 부각되었다. 이 4개의 일반은행 가운데 선남은행과 경상공립은행은 일본인계 은행이었고, 대구은행과 경일은행은 조선인계 은행이었다. 그에 따라 대구에 본점을 둔 일반은행은 조선인계 2개, 일본인계 2개로 민족별 구분이 분명하였다.

대구은행과 경일은행의 설립 및 운영 주체에 대해 살펴보자. 먼저, 대구은행의 중역진과 대주주의 보유 주수 변동은 <표 12 >, <표 13>과 같다. 대구은행의 중역진 가운데 정재학·이병학·이종면(이석진의 장남)·이영면(이석진의 차남)·정해붕·서병오·이일우 등은 앞에서 이미 살펴본 것과 같이 통감부시기 농공은행에 관계했던 인물들이자 대구의 대표적 유지들이었다. 또 최준·이상린·박기돈·장직상·윤상태·서기하·박병열·진희규·배상연·권태연·마석룡 등은 새로이 대구은행의 주주 및 중역으로 참여한 인물이었다.

〈표 12〉 대구은행 중역진 변동

연도	중역 명단
1913	두취 정재학 취 최준 사까모도坂本俊資 이상린 이병학 이영면 지 코도우古藤音麿 서병오 박기돈 서무과 안계환 영업과 이제필 안동지점 허억 왜관 권태억 경주 최한기
1923	두취 정재학 전취 이상린 취 이영면 이병학 사까모도 지 마쯔오松尾源助 감 서병오 윤상태, 안동지 허억, 왜관지 권태억, 경주지 김진근, 포항지 김현태
1925	두취 정재학 전취 이상린 취 이종면 정해붕 이일우 사까모도 지마쯔오 감 서기하* 박병태* 안동지 김진근 왜관지 마쯔오 경주지 권태억 포항지 김현태
1927	두취 정해학 전취 이상린 취 이종면 이일우 사까모도 감 서기하 박병태 지 다카쓰기高杉權藏 안동지 김진근 왜관지 김응찬 경주지 권태억 포항지 김현태

* 자료 : 中村資良 編, 『朝鮮銀行會社組合要錄』 발행 각 연도.
* 두취 - 은행장, 전취 - 전무이사, 취 - 이사, 지 - 지배인, 감 - 감사

〈표 13〉 대구은행 대주주 및 보유 주수 변동

연 도	주수 (주주수)	주주이름/보유주	전체 주주에서 대주주 비율/ 대주주의 보유주식 비율
1920	4만주 (268명)	정재학 7166 이병학 2050 최준 2040 진희규 1640 이영면 1520 사카모도坂本俊資 1000 윤상태 1000 이종면 1000 이일우 900 배상연 700 古谷治輔 650 권태연 570 마석룡 500	13명/268(4.8%) 20,741주(51%)
1923	4만주 (263명)	정재학 9101 이병학 2050 진희규 1640 이영면 1520 스기하라杉原長太郎 1350 사카모도坂本俊資 1150 윤상태 1000 이종면 1000 古谷治輔 1000 이일우 900 권태연 500 마석룡 500 장직상 470 정해붕 400	14명/243(5.7%) 22,581주(56%)
1925	4만주 (207명)	정재학 9156 이병학 2150 정해붕 2100 스기하라杉原長太郎 1700 진희규1640 이영면 1520 菊井庄三郎 1300 이일우 1200 사카모도坂本俊資 1150 古谷治輔 1010 윤상태 1000 이종면 1000	12명/207(5.8%) 24,926주(62%)
1927	4만주 (202명)	정재학 9206 이병학 2150 정해붕 2100 스기하라杉原長太郎 1700 진희규1640 이영면 1520 菊井庄三郎 1300 이일우 1200 이종면 1200 사카모도坂本俊資 1220 古谷治輔 1010 윤상태 1000	12명/202(5.9%) 25,246주(63%)

* 자료 : 中村資良 編, 『朝鮮銀行會社組合要錄』 각 발행 연도.

이일우는 서문시장 및 고령, 자인, 청도 등지의 장터를 상대로 돈놀이해 번을 다시 토지에 투자해 지주가 된 이동진의 장남이었고, 우현서루友弦書樓를 운영하면서 대구의 계몽운동을 이끈 중심인물이었다. 최준은 경주의 전통적 대지주로 장승원張承遠가와 함께 경북 최고의 부호였다. 박기돈은 대한제국 농상공부가 설립한 상공학교의 교관을 지낸 경험이 있었다. 배상연裵相淵은 경북 성주의 지주 출신으로 곡물과 소금을 취급하는 상인이었으며, 일찍 사망한 실형 배상락裵相洛의 재산 30만 원까지 관리한 자산가였다. 윤상태尹相泰는 1905년 경남 거제 군수를 지낸 관료 출신으로 천 석 규모의 토지를 합해 10만 원의 재산을 소유한 자산가로 미곡매매를 주로 하는 향산상회香山商會를 경영하였다.[87]

1923년 경일은행의 대주주인 장직상·정해붕 등도 대구은행의 대주주로 새로이 참여하였다. 특히, 정해붕은 1923년 이후 4백 주에서 2천 1백 주로 보유주식이 급격히 증가하면서 대구은행의 3대 주주로 급부상하였다. 1927년 7월 23일 대구은행은 정재학을 7대 두취(행장)로 선출하였다. 창립 당시의 이일우·이종면이 이사에서 물러나고, 서병원徐丙元·김재환金在煥·서병조徐丙朝·정해붕鄭海鵬 등이 새로이 이사로 선출되었다. 대구은행은 『조선은행회사조합요록』에 따르면, 전체 주주에서 대주주로 분류되는 사람은 12명(4.8%)에서 14명(5.9%)이었다. 이들이 총 4만주에서 최저 50%에서 최고 63% 이상을 보유하였다. 이처럼 대구은행의 경우 대주주에 대한 자본 집중 현상이 매우 강했다.

대구은행에는 중역 1명, 주주 2명, 지배인 1명의 일본인이 참여하고 있었다. 이사 겸 주주인 사카모또坂本俊資는 일본 야마구찌현山口縣 출신으로, 부산에 소재한 송전상점宋前商店의 점원을 시작으로 하여 견직물·면직물 무역상을 하면서 사업기반을 닦아 창고업과 금융업에까지 진출한 사람이었다. 그는 일본인들조차 '남선상공계의 귀재'로 부를 만큼 탁월한 사업 수완을 갖춘 사람이었고, 그런 것이 배경이 되어 대구은행의 중역이자 대주주가 될 수 있었다.

대구은행의 본점 지배인으로 활동한 마쯔오松尾源助와 다카쓰기高杉權藏는 조선은행에서 파견된 인물들이었다. 1923년 새로운 지배인으로 마

---

87) 배상락은 성주군 용산면에 지반을 둔 토호로서 구한국정부의 전환국(전화과) 주사, 초대 성주금융조합장(이사장)이었고, 뒤에는 大邱銀行의 대주주가 되었다. (국사편찬위원회 편, 『한민족독립운동사자료집』 7·8·9권 참고.)

쯔오松尾源助가 등장한 것은 1922년 10월 다카도우高藤音磨가 갑자기 사망한 사건과 연관이 있었다. 그의 사망은 당시 대구은행의 경영부진과 관련이 있었다. 곧 대구은행 지배인으로 근무하면서 과다한 어음대출을 회수하지 못한 상태에서 조선은행과 식산은행에 갚아야 할 부채의 만기가 돌아오자 이를 감당하지 못해 독약을 먹고 자살했던 것으로 알려졌다.[88)]

마쯔오松尾源助의 후임으로 기용된 다카쓰기高杉權藏는 일본 히로시마현廣島縣 후꾸야마시福山市 출신으로, 한국에서는 경찰과 포항면장을 지낸 경험이 있었다. 그 뒤 1921년 9월 무렵 일본인의 대구무진주식회사大邱無盡株式會社 지배인으로 발탁되면서 금융업에 진출하였다.[89)] 스기하라杉原長太郎는 통감부 전후시기에 대구부성 북문 밖에서 재목, 농기계, 비료, 설탕, 밀가루 등의 장사를 통해 거부가 된 스기하라杉原新吉의 아들이었고, 아버지의 경제력 덕분에 1927년에 대구은행 주식 천 7백주를 보유한 대주주가 되었다.

경일은행의 경우 대주주의 명단과 그 변동에 대해서는 <표 14>와 <표 15>에서 확인할 수 있다.

경일은행의 중역진은 설립 과정에서 살펴보았듯이 경북지역 지주·자본가들이 많은 것으로 보인다. 그 가운데 손호관과 유시일은 장길상의 매제였다. 이선호李宣鎬는 안동 양반가 후손으로 1910년 함창군수를

88) 『매일신보』, 1922.10.27, 「大邱銀行 支配人 自殺」.

89) 逵舍藏, 『慶北大鑑』, 441쪽. 그는 1903년 大板府 순사를 시작으로 1906년 6월 순사부장이 된 후 한국정부에 초빙되었고, 서울과 평북 등지에서 경찰부장 혹은 경찰 서장으로 전전하다 경북경찰부에 부임하였으며, 영덕·성주·경주경찰서장을 거쳐 경북경찰부 경무과장을 지낸 후 대구경찰서장을 마지막으로 1913년 10월 퇴임하였다. 퇴관후 포항면장을 지냈다. 1920~1930년대 공영자동차주식회사 사장, 구룡포전기주식회사 취체역, 대구주양조주식회사 감사역, 대구상공회의소 평의원을 역임했다.

〈표 14〉 경일은행 중역진 변동

연도	중역 명단
1920	두치 장길상, 전취 이선호, 취 장직상 유시일 이병학 손호관 서병규 윤호병 강석희, 감 조남탁 岸本說次郎 홍두희 오배근
1923	두취 장길상, 전취 장직상, 취 이선호 이병학 손호근 진희규, 감 岸本說次郎 박기돈 이영면, 상 오꾸라小倉武之助, 본점지 任競淳 부지 출창위지조, 총무과장 관태소, 밀양지 이원영 동대리 홍기식, 밀양역전파출소 김년순
1925	취두 張吉相 전취 張稷相 취 李宣鎬 李柄學 진희채 감 岸本說次郎 이장우 李英勉 상 소창무지조 본지 출창위지조 밀양지 이원영 동역전파출소 김년순
1929	취두 장길상 전취 張稷相 상취(신설) 장택상 취 秦喜葵 李宣鎬 李柄學 감 岸本說次郎 徐丙桓 결원 본점지 출창위지조 밀양지 이중구 동역전파출소 김년순 영천지 이원영
1931	취두 장길상 상취(신) 丸山正雄 상취 張稷相 취 秦喜葵 李宣鎬 서병환 상감 장택상 감 岸本說次郎安炳吉(신)

* 자료 : 中村資良 編, 『朝鮮銀行會社組合要錄』 각 발행 연도.
* 두취 - 은행장, 전취 - 전무이사, 취 - 이사, 지 - 지배인, 감 - 감사

시작으로 신령군수, 봉화군수를 거쳐 1915년 안동군수를 지낸 관료 출신으로서 대구에서 은행회사를 비롯한 상공업 활동을 벌였다. 1923년 3백 주의 주주로 등장한 이수목李壽穆은 왜관의 만석꾼의 대지주로 1920년 장길상 형제들과 함께 왜관금융창고주식회사를 설립했다. 1925년 3백 80주의 주주로 등장한 정도균鄭道均은 1923년 경주전기주식회사, 1927년 구룡포전기주식회사의 중역 및 대주주로 활동하면서, 1928년 영덕전기주식회사의 대표이사가 된 동력업계의 대표적 조선인 자본가였다. 또한 그는 1927년에 정재학과 함께 조선미곡주식회사를 설립하여 미곡무역도 하였다. 편동현은 게이오의숙慶應義塾, 메이지대학明治大學 상과商科를 차례로 졸업한 근대적 청년지식인으로 포항에서 30만 원 가량의 자산을 가진 곡물상이었다.

〈표 15〉 경일은행 대주주 변화

연 도	주수 (주주수)	주주이름/보유주	전체 주주에서 대주주 비율/ 대주주의 보유주식 비율
1920	4만주 (250)	張吉相 7283 張稷相 2490 李英勉 1800 孫浩瓘 1640 徐丙奎 1500 陳敬玉 1500 吳培根 1240 金斗河 1000 金鳳泰 1000 趙南倬 830	4.0%/20,283 (50.71%)
1923	4만주 (192)	장길상 12123 張稷相 2750 李英勉 3050 손호근 1770 김봉태 1000 김두하 1000 鄭在學 920* 조남탁 730 許萬策 500* 秦喜菜 480* 李宗勉 350* 최준 310* 李壽穆 300* 李柄學 300* 李太大 300* 權泰術 300*	4.0%/29,283 (50.71%)
1925	4만주 (176)	장길상 12,828 李英勉 3230 張稷相 2900 김두하 1200 김봉태 1000 김두남 1000 鄭在學 920 조남탁 730 허남택 500 秦喜葵 480 장용원 400 정도균 380 李宗勉 350	9.90%/ (68.88%)
1927	4만주 (145)	장길상 4723 李英勉 3220 張稷相 2930 윤순철 1200 윤예분 1090 김봉태 1000 김일기 1000 鄭在學 920 조남탁 730	6.2%/16,813 (42%)

* 자료 : 中村資良 編, 『朝鮮銀行會社組合要錄』 각 발행 연도.

1923년 7월 21일 제7기 주주총회에서 전무이사 이선호李宣鎬가 사임하고 장직상張稷相이 새로이 전무이사로 선임되었으며, 대구은행의 지배인으로 활동하던 박기돈이 감사역으로 선임되었다.[90] 1927년 7월 장승원張承遠의 3남인 장택상張澤相이 이사에 취임하였다. 이같이 장씨 3형제가 경일은행의 경영권을 장악하였다. 물론 장길상·장직상·장택상·이병학, 서병규는 대구 출신이었으면서도 경일은행 뿐만 아니라 대구은행

90) 『매일신보』, 1923.7.26, 「慶銀 專務 變更」; 『매일신보』, 1923.8.4, 「商業登記公告 慶一銀行 變更」. 취체역 전원 임기 만료에 의하야 개선의 결과 장길상 張稷相 이인호 손호길 李柄學 재선 달성군 수성면 상동 363번지 秦喜葵 당선, 대정 11년 7월 21일 각 취임하다. 동년 동월 동일 장길상을 회사를 대표한 취체역으로 선임하다. 대구지방법원.

에도 중역으로 참여하였고, 이후 이영면·진희규·박기돈 등도 대구은행의 대주주도 참여하였다. 이 가운데 박기돈은 대구은행 감사직을 그만두고 경일은행으로 자리를 옮겼다.

<표 15>와 같이 경일은행의 대주주와 그 변동을 살펴보면, 전체 주주 가운데 3백주 이상을 보유한 대주주가 차지하는 비율은 전체 주주 가운데 최하 9명(4.0%)에서 최고 20명(10.4%)으로 나타나 대구은행에 비해 대주주의 보유 주수의 편차가 크다는 것을 알 수 있다. 이들이 전체 4만주 가운데 1929년 은행경영이 위기에 직면했을 때를 제외하고 50% 이상을 보유하였고, 1927년의 경우 60%를 상회할 정도로 자본 집중 현상이 극심했다. 특히, 장길상 형제들의 보유 주식이 1920년 25%에서 1927년 39%까지 높아졌다. 그러므로 경일은행은 장길상 형제들의 철저한 경영권 아래 놓여 있었다.

이와 같이 대구의 조선인 은행의 중역 및 주주들은 봉건적 지주·상인에서 근대적 자본가로 전환한 사람들이었다. 그 가운데서도 대구은행의 경우 중역진과 대주주가 동일한 인물은 정재학·최준·이병학·이영면·윤상태·이일우·정해붕·이종면·사카모또坂本俊資 등 모두 9명이었다. 경일은행의 경우 장길상·장직상·이영면·손호관·서병규·조남탁·오배근·진희규 등 8명이 일치하였다. 두 은행 모두에 관계한 자본가로서는 장길상·이병학·정재학·이종면·이영면·진희규·최준·박기돈·장직상 등 9명이었다. 바로 이들이 대구를 대표하는 대자본가 그룹을 형성하였던 것이다.

대구은행과 경일은행의 영업이익에 따른 배당률을 살펴보자. 대구은행의 경우 1912년에서 1921년까지 8~10%, 1922년에서 1925년까지 6~7%, 1927년 6%로 연 10%를 넘지 않았다. 또 경일은행의 경우 1920년 무배당, 1921년 9.5%, 1922년에서 1925년까지 7%, 1926년부터 1929년까지

6%, 1930년 무배당을 실시했다. 이 와중에 1927년부터는 배당을 줄였다. 두 은행 모두 1922년을 기점으로 감배하는 것은 은행 이익의 감소에 따른 경영 악화가 원인이었다.

두 은행의 감배 배경은 예금에 비해 만성적 대출 초과에서 찾을 수 있다. 대구은행의 경우 1919년 6월말 현재 대구은행의 예금이 478,893원, 대출이 989,253원으로 대출액이 예금액에 비해 2배 정도 많았다. 1925년의 경우도 마찬가지로 두 은행 모두 대출액이 예금액을 훨씬 초과하였다. 그 중에서도 대구은행이 경일은행에 비해 예금·대출의 규모가 컸다. 그리고 전체 대출에서 조선인이 차지하는 비율은 경일은행이 대구은행에 비해 압도적으로 높았다. 따라서 대구은행은 조선인과 일본인을 가리지 않고 대출을 해 준 반면 경일은행은 조선인을 대상으로 한 것이었다.

두 은행의 대출 형태를 보면 1920년대에 대부금 > 당좌대월 > 할인어음 > 위체수형 등의 순으로 장기성을 가진 고정 대부가 압도적이었다.[91] 대출에 대한 담보는 1928년까지는 큰 차이 없이 보증신용이 가장 높았고, 부동산이 그 뒤를 따랐다. 그러나 1928년부터는 부동산 담보가 가장 높게 나타난 반면 유가증권이나 상품 담보의 비중은 낮아졌다.[92] 이처럼 부동산의 담보 비중이 높아지는 것은 자금회수율이 그만큼 늦어지게 되서 은행 경영에 악재로 작용하였다.

대출 자금의 용도를 보면, 1920년 전체 대출금원에서 상업자금이 88.6%, 잡자금이 6.6%, 공업자금이 3.7%, 농업자금이 0.9%를 차지하였다. 1925년 전체 대출금에서 상업이 83.5%, 잡자금이 11.5%, 공업자금이 2.7%, 농업자금이 2.0%를 차지하였다. 1927년 전체 대출금에서 상업 84.6%, 잡자금

91) 堀和生, 앞의 글, 39쪽 ; 장기돈, 앞의 책, 225~226쪽.
92) 장기돈, 앞의 책, 229쪽.

9.7%, 공업자금 2.9%, 농업자금 2.6%였다. 곧 상업이 압도적으로 높았다. 이러한 대출 현황을 볼 때, 은행의 주요 기반이 상업에 있다는 것이 명확할 뿐 아니라 산업 구조의 특징이 단적으로 드러났다고 할 수 있다.[93]

상업부문 대출의 사용처는 어디였을까. 그것은 대구에 미곡관련 회사가 많은 것과 각 은행의 영업보고서에 항상 쌀의 작황과 가격 변동이 상세하게 기술되고 있는 것을 볼 때, 미곡과 관련이 있었다. 이런 점에서 「산업의 대종인 선미鮮米」라든가, 「조선 경제의 소장消長을 좌우하는 미가米價」라는 평가가 있을 수 있었다. 이와 관련해 미곡 가격이 상승하면 쌀의 반출이 늘어나게 되고 동시에 면포를 중심으로 하는 일본상품의 수입도 증가하게 되어 조일 무역구조에도 일정한 영향을 미치게 된다.

이런 조건에서 은행의 지점 설치도 농공은행의 사례에서 보았듯이 미곡 유통과 관련된 지방에 설치되었다. 곧 대구은행의 경우 1927년 현재 안동·왜관·경주·포항 등 네 곳에, 경일은행의 경우 1929년 현재 밀양·영천·예천·대구 서부 등 네 곳에 지점을 두었다. 두 은행의 지점은 은행간 서로 중복되지 않고 있다는 특징을 보이면서도 미곡 생산지 및 집산지에 집중적으로 설치되었다는 점에서 주목할 필요가 있다. 따라서 대구의 두 조선인계 은행은 곡물 무역과 밀접한 관계가 있음을 알 수 있다.

대구의 두 은행은 예금보다 대출이 많은 예출금의 역조 현상에 따른 경영 악화를 조선은행으로부터 차입금을 확보해 해결하고자 했다. 대구은행의 경우 차입금 비중이 1920년 6월과 1921년 6월에 각각 29.9%, 25.2%까지 올랐다. 게다가 1922년 하반기에는 예금이 상반기의 1백 51만원에서 82만원으로 격감하며 차입금 비중이 30.9%로 증가하였다. 그 때문에 지배인 다카도우高藤音磨가 음독 자살하는 사건이 일어나기도

93) 장기돈, 앞의 책, 230쪽.

했다. 또 경주지점의 경우 경주금융조합에 비해서도 영업상태가 부진하여 경영이 악화되었다.[94] 게다가 은행 직원이 1만 3천여 원을 유용하는 사건까지 일어나 은행 운영과 이미지에 큰 타격을 입게 되었다.[95] 이에 대구은행은 1923년 전반기에는 은행원을 감원하는 인력 구조조정을 단행하였고, 1923년 상반기 이래 줄곧 누적되어 온 부동산 유입 물건을 1926년 상반기부터 정리하기 시작하였다.[96] 최종적으로는 조선은행에서 재할인 차입금을 얻고, 조선은행이 보낸 마쯔오松尾源助를 지배인으로 채용하였다.

경일은행의 경우도 경영악화를 극복하기 위해 조선은행으로부터 자금을 지원받아 자본금을 2백만 원에서 1백 40만원으로 감자해서 불량자산을 정리하였다. 자금원천에서 예금은 줄고, 차입금은 계속 늘어 차입금 비중이 1929년 상반기에 16.3%에서 1929년 하반기에 21.7%, 1930년 상반기에 25.7%로 증가하였다. 결국, 두 은행 모두 차입금의 비중이 30%를 초과하는 기형적인 경영 구조를 보이면서 총독부와 조선은행으로부터 경영권을 간섭받게 되어 은행 경영의 독자성 내지 자율성이 그만큼 약화되었다. 따라서 지역의 조선인 대자본가들이 총독부의 정책에 따르지 않을 수 없는 구조가 만들어졌다고 볼 수 있다.

2. 일반 은행의 합병과 금융기관의 예속화

1928년부터 총독부는 「금융제도연구회」를 만들어 은행 통·폐합 작업에 착수했다. 총독부는 일본 본국의 금융 위기 여파가 조선에까지

---

94) 『동아일보』, 1923.2.7, 「대구은행원 도태」; 『개벽』, 38호(1923년 8월).
95) 『매일신보』, 1926.9.19, 「은행원의 부정」.
96) 홍성찬 外, 『한국근대금융사연구』, 세경사, 241쪽.

미치는 상황에서 일반은행의 합병을 정책적으로 추진하였다. 이에 같은 해 12월 24일 금융조합령·저축은행령·신은행령이 공포되었다.

대구에서는 1920년대 후반에 이르러 은행의 경영 악화가 초래된 상황에서 합병설이 나돌기 시작하였다. 1927년 중반 무렵부터 대구은행과 경남은행간에 합병을 위한 논의가 시작되었으며, 그 해 12월에 대구은행장 정재학과 경남은행 전무 서상호徐相灝가 합동각서를 교환하고 총독부와 조선은행에 승인을 구하기에 이르렀다.[97] 해가 바뀌면서 경일은행측에서 자신을 포함한 대구·경남은행의 합병설을 제기하기도 했으나, 대구·경남 두 은행에 대한 당국의 합병 방침이 대체로 성안되었다.[98]

그러나 1928년 4월이 되어서도 두 은행의 합병은 이루어지지 않았는데, 이유는 합병후 은행의 경영권 때문이었다. 이에 당국은 4월 14일 총독부 재무과장과 조선은행 이사가 입회한 가운데 두 은행 대표와 만나 두 은행이 합병을 이행하지 않을 경우 정리안 제출整理案 提出 또는 영업 정지營業 停止 등의 강력한 조치를 취할 뜻을 내비침과[99] 동시에 합병조건으로 세 가지 안을 제시하였다.[100] 첫째, 두 은행의 자본금을 1/4씩 감자減資한다, 둘째 종래 조선은행으로부터의 융통 한도를 1백20만원에서 10만원 늘려 1백 30만으로 한다, 셋째 합병후 중역진은 취체역 회장 정재학, 대표 겸 전무취체역 일본인 모씨, 상무취체역 대구계 정재환鄭載煥 및 경남계 서상호徐相灝 등으로 한다는 것이었다.

같은 해 5월 무렵 합병에 강한 반대 의사를 보이던 경남은행의 중역진이 입장을 바꾸면서 합병을 위한 가계약이 체결되었다.[101] 합병 가계약

97) 『동아일보』, 1927.12.27, 「대구와 경남 양은합동실현」.
98) 『매일신보』, 1928.1.23, 「경일, 경남 양은 합동, 대구은행은 별개 문제」.
99) 『매일신보』, 1928.4.22, 「전도우려되는 대구경남兩行合併」.
100) 『동아일보』, 1928.4.20.

의 요점은 이렇다. 첫째, 합병 총회는 5월 23일 개최하고, 두 은행 모두 해산한 후 신설하는 형식을 취하며 본점을 대구에 설치한다. 둘째 두 은행 모두 1/4씩 감자하며, 합병 자금은 조선은행에서 원조한다. 셋째 이사와 상임감사는 두 은행의 중역 전부로 선임하며, 조선은행에서 파견된 자는 담임 감사로 한다.102) 두 은행의 합병 합의는 조선인 일반은행의 성장 가능성이 여의치 않다는 내적 조건과 은행의 합병이 총독부의 금융기관 정책이라는 외적 조건에 의해 이루어진 것이다.

1928년 7월 10일 대구은행의 정해붕鄭海鵬·김재환金在煥·스기하라杉原長太郎, 경남은행의 서상호徐相灝·지창규池昌圭·윤현태尹顯泰 등 6인 설립위원들은 새 은행의 정관을 정했다. 그리고 새 은행의 명칭을 경상합동은행慶尙合同銀行으로 정했다. 그해 7월 31일 열린 창립총회에서는 설립위원장 정해붕이 창립 경과보고를 한 후, 이사에는 정해붕·김재환·사카모또坂本俊資·정재학(이상 대구은행), 서상호·지창규·김종원(이상 경남은행)을 선출하고, 대표이사에는 총독부의 압력에도 불구하고 압도적 지지로 정재학을 선출하였다.103) 그러나 곧바로 총독부와 조선은행은 창립총회의 결과를 무시하고 정재학을 고문에 이병학을 취체역회장을 맡게 해 정재학을 경영 일선에서 물러나도록 만들었다. 결국, 차입금 결정권을 지닌 조선은행 및 총독부의 압력을 막아내기에는 역부족이었던 것이다. 그리고 경상합동은행은 설립과 동시에 두 은행 본점과 지점의 사업을 계승하여 영업을 시작하였다. 곧 공칭자본금 2백만 원에 불입자본금 1백 2십만 5천원으로 하여, 대구에 본점을 두고, 안동安東·왜관倭館·경주慶州·포항浦項·부산釜山·구포·하동·진주 등 8개 지점과 부산진출장소 등

101) 『매일신보』, 1928.5.9.
102) 『매일신보』, 1928.5.22.
103) 『동아일보』, 1928.8.3 ; 8.4 ; 8.5.

9개 점포망을 갖추었다. 1930년대에 경남 김해에도 지점을 설치하였다.

그러나 경상합동은행이 설립된 이후에도 경영권 갈등은 계속되었다. 곧 1930년 초에 정재학측에서 부산지점장으로 윤병호를 선임하자, 구경남은행의 서상호가 크게 반발하면서 또 분규가 발생하였던 것이다. 서상호는 구대구은행의 정해붕과 연합하여 정재학을 압박했다.[104] 이에 스기하라杉原長太郞·서병조·최순 등이 양측을 타협시키려고 애썼지만 갈등의 골이 깊어 쉽게 해결되지 못했다. 결국 임시주주총회를 통해 세 대결을 벌인 결과, 정재학측의 이병학이 대표이사, 정재학의 손자 정운용·사까모도板本埈資·이종면·손일식·서병원 등이 취체역, 다카쓰기高杉權藏·박병열 등이 감사로 선임된 반면, 서상호측은 김상희·손오일 등 두 명만이 중역진에 포함되었다. 그리고 분규의 쟁점이었던 윤병호는 정재학측의 의도대로 부산지점장이 되었다. 이처럼 정재학측은 임시주주총회에서 은행의 경영권을 확고하게 장악하는 개가를 올린 반면, 서상호측은 비주류의 처지가 되었다.[105]

경상합동은행이 설립된 후 <표 16>과 같이 중역진에 일정한 변화가 발생하였다. 정재학의 친손자인 정운용이 1928년에 이사와 업무과장을 겸하면서, 877주(12위)의 대주주로 등장한 것이었다. 조부의 영향력을 입고 경상합동은행의 실력자로 부각된 정운용은 1931년 보유 주식이 1천 2백 여 주로 증가하였고, 1941년에는 은행장이 되었다. 그리고 허억許億이 1933년에 1천 7백주(8위)의 대주주로 등장하였다. 허억은 대구은행 설립 당시 김천지점의 견습을 거친 뒤 1923년 대구은행 안동지점장, 1928년 경상합동은행의 지배인 대리, 1931년 경상합동은행 진주지점장을 지낸 인물로 정재학의 측근이었다. 경상농공은행·대구은행·

104) 『매일신보』, 1930.1.26 ; 『동아일보』, 1.31.
105) 『동아일보』, 1930.2.1 ; 『매일신보』, 1930.2.12, 1930.2.29.

〈표 16〉 慶尙合同銀行 중역진 변동

연도	중역 명단
1928	취회 李柄學 상취 서상호 취 김현상 지창규 판본준자 서병원 鄭雲用 상감 高杉權藏 감 김완원 박병태 본점지 김현상 동지배인대리 허억 서무과장(겸) 서상호 동 주임 정재욱 업무과장(겸)鄭雲用 동 주임 안계환 안동지 김진근 왜관지 김응찬 경주지 권태억 포항지 김현태 부산지 윤병호 구포지 주영남 하동지 여경엽
1931	취회 鄭在學 상취 上田直秀 취 李柄學 서병원(신) 李英勉(신) 김상희(신) 손영돈(신) 감 高杉權藏 최순 (신) 박병열
1939	취회 鄭在學 상취 上田直秀 취 최순 鄭雲用 감 高杉權藏 박병태 업무 鄭雲用 서무 鄭雲用
1941	취회 鄭雲用 상취 上田直秀 취 최순 楊在河 감 高杉權藏 徐炳和 업무 缺員 서무 徐龍浩

경일은행을 비롯한 경상합동은행 대주주 및 중역으로 활동해 온 이종면·이영면 형제(父 이석진)은 1932년과 1931년에 각각 사망하고, 이일우 역시 1936년에 사망함으로써 대구지역 은행계에 변화가 있었다. 강번姜藩은 1936년 현재 중추원 참의였다.

<표 17>에서와 같이 경상합동은행이 설립된 후 대주주 구성에 변화가 나타났다. 곧 1935년부터 동일은행東一銀行의 민씨가閔氏家, 대구증권주식회사 등 회사 법인이 대주주로 등장한 것이다. 동일은행의 민씨가의 민대식이 1935년 2천 9백 50주로 최대 주주로 등장하였고, 1939년 계성桂成제지주식회사의 민병수閔丙壽가 약 1만 7천로 경상합동은행의 최대 주식 보유자가 되었다. 또 1941년에 오꾸라小倉武之朝가 주도하는 대구상공은행계의 대구증권주식회사와 대광흥업주식회사 그리고 정재학계의 소화산업주식회사 등의 회사 법인이 대주주로 부상하였다. 이에 반해 정재학가의 주식 소유는 급격히 낮아졌다. 이것은 경상합동은행과 경쟁관계에 있던 대구상공은행과의 갈등에서 비롯된 것으로 보인다.

〈표 17〉 경상합동은행 대주주 및 보유 주수 변동

연도	주수 (주주수)	주주이름/보유주	전체 주주에서 대주주 비율/ 대주주의 보유주식 비율
1928	4만5천주 (309)	鄭在學 7034(9206) 鄭海鵬 2325(2325) 李柄學 1633 (2150) 秦喜葵 1319(1640) 杉原長太郎 1275 李英勉 1140(1520) 손영돈 1091 李宗勉 1050(1200) 李一雨 330(신) 坂本俊資 914 이우식 900 鄭雲用 877(신)	12/309(3.8%) 19,888(44%)
1931	4만5천주 (177)	鄭在學 9855 徐丙元 3187 金斗遠 1900 金貞媛 1830 杉原長太郎 1175 李金珠 1159 李英勉 1065 李宗勉 1050 鄭雲用 1204 孫晃植 1181 文尙宇 1000 趙東凱 1000 孫永暾 2000	13/177(7.3%) 27,606(61%)
1933	4만5천주 (98)	張奉敬 4600 金斗遠 3500 金顯台 3093 서병원 2912 高杉權藏 2100 姜藩 2040 孫永暾 1900 許億 1700 金貞媛 1830 李恒鍾 1275	10/98(10%) 21,857(48%)
1935	4만5천주 (116)	4만 5천주(116) 민대식 2950 鄭在學 2189 김현태 2101 강번 2040 김두원 1900 김정원 1830 김정원 1830 이헌구 1720 이항종 1275 허억 1004 김상희 1000 박병태 1000	12/116(10%) 23,859(53%)
1939	4만5천주 (89)	桂成(株)閔丙壽 17135 박덕선 3180 鄭在學 2189 최영두 1745 남은갑 1704 김진우 1050 강번 1029 박병태 1000 우봉식 1010	9/89(10%) 30,040(67%)
1941	4만5천주 (87)	대구증권 11057 대광흥업 6684 박덕선 3180 최영두 1745 남은갑 1704 박병태 1000 우봉식 1010 昭和産業 1300	10/87(11.5%) 27,511(61%)

* 자료 : 中村資良 編,『朝鮮銀行會社組合要錄』 각 발행 연도.

정재학은 오꾸라小倉武之朝의 대구상공은행계가 추진해 온 기업인수를 방어하기 위해 이전부터 경상합동은행과의 합병 의사를 타진해 온 동일은행의 민씨가를 주주로 영입한 것으로 보인다.[106] 그래서 민씨가의 계성제지주식회사가 경상합동은행의 최대주주가 되었다. 그러나 1939

106)『매일신보』, 1932.4.8.

년 6월에 민씨가는 경상합동은행 주식을 오꾸라小倉武之朝의 대광흥업주식회사와 대구증권주식회사에 매도하였다.[107] 그리하여 정재학의 사망 시점인 1940년 4월초 경상합동은행의 주식 4만 5천주 가운데 약 40%에 해당하는 1만 8천주가 오꾸라小倉武之朝에게 장악되었다.

이러한 상황에서 정운용이 그 해 4월 27일에 열린 경상합동은행의 이사회에서 그 자신이 대주주로 있던 소화산업주식회사昭和産業株式會社를 활용해 대표이사 겸 회장에 취임하였다.[108] 이렇듯 정운용이 어렵게 은행 경영권을 지켰지만 오꾸라小倉武之朝가 최대주주가 됨으로써 경상합동은행은 조선인 은행으로서 명맥을 유지하기가 어려워졌다.

1941년 7월 총독부가 「재정금융기본방책요강」을 발표해 금융기관 정리통합방침을 밝히자, 대구의 금융계에는 또 한 번 합병설이 제기되었다. 경상합동은행은 경영 위기에다 총독부의 금융기관 정책으로 인해 상당히 위축될 수밖에 없었다. 이런 상황에서 경상합동은행과 대구상공은행과의 합병설이 제기되는 것은 자연스런 일이었다. 그러나 경상합동은행은 경쟁 관계에 있던 대구상공은행과의 합병이 아닌 서울의 한성은

---

107) 홍성찬 외, 앞의 책, 265쪽 ; 1935년 현재 대광흥업주식회사는 서울에 본사를 두고 자본금 백만원에 토지 가옥 경영·유가증권 소유·금융업무를 취급했다. 중역으로 대표취체역 小倉武之助, 취체역 內田育郎·增田定吉, 감사 小倉安之·岩井庄次 등이었고, 小倉安之 12,600, 小倉武雄 4,000, 小倉武之助 2,000주를 각각 소유하였다. 1934년 현재 대구증권주식회사는 자본금 3십만원에 중역진으로는 취체역사장 小倉安之, 취체역 內田六郎·小倉武雄, 감사 增田定吉, 지배인 岩井庄次 등이었고, 대광흥업주식회사 小倉武之助 5,250, 內田六郎 300주를 각각 소유하였다.(中村資良, 『朝鮮銀行會社要錄』, 동아경제시보사, 1941.)

108) 이 회사는 자본금 198,000원으로 토지매매 경영·금융대부업을 취급하였고, 대표 취체역은 鄭在學파의 高杉權藏, 취체역 鄭雲用·허억, 감사 유기룡·徐東祚 등이 중역이었다. 이 회사의 전신은 1932년 자본금 5만원의 昭和殖産株式會社이었고, 대표취체역 鄭雲用, 취체역 李相武·池二洪, 감사역 鄭顯模, 지배인 崔瑛旭 등으로 조선인 회사였다.(中村資良, 『朝鮮銀行會社要錄』, 동아경제시보사, 1932년, 1939년)

행과 합병을 추진하였다. 그에 따라 1941년 8월 두 은행간 합병계약이 체결되고, 9월 30일 경상합동은행은 한성은행에 흡수·합병되었다.

이처럼 경상합동은행이 서울의 시중 은행과의 합병으로 귀결되면서 대구에서 조선인 일반 은행은 사라졌다. 정운용은 한성은행의 상무이사가 되었고, 1천 2백 2십주를 소유하였다.[109] 이후 한성은행은 1942년 3월 대구상공은행을 흡수·합병한 조선상업은행과 지점을 서로 맞교환하였다. 곧 조선상업은행은 한성은행의 진주·김해·하동·구포의 4개 지점과 한성은행은 조선상업은행의 김천·영천·예천·영덕 등의 지점을 맞바꾸는 것이었다.

경일은행의 합병 과정은 이러했다. 경일은행은 1920년대 후반 경영난으로 인해 공칭자본금을 2백만 원에서 1백 40만 원으로 감자하였다.[110] 그 뒤 경일은행은 1930년 8월 무렵 일본인계 은행인 경상공립은행慶尙共立銀行을 매수하기로 방침을 정했다. 그리하여 경일은행의 장길상은 경상공립은행의 소유주 미야이宮井正一가 있는 일본 도꾜東京로 건너가 은행 매수에 관한 의견을 나누었으며, 9월 10일 매수에 관한 조인을 거쳐 10월에 정식으로 매수하였다. 또 경일은행은 경남 밀양은행의 매수도 함께 추진하였다.

이후 경일은행은 경상공립은행이 운영하던 창고업까지 겸업하였으며, 은행장에 장길상, 상무이사에 조선은행 대구지점을 거쳐 군산지점장·목포지점장을 지낸 마루야마丸山正雄를 선임하였다.[111] 1930년 경일

109) 조흥은행, 『조흥은행백년사』, 1997, 137~138쪽.

110) 『매일신보』, 1929.1.19, 「慶一銀行 減資乎」.

111) 『매일신보』, 1930.8.23, 「慶一銀行 大活躍」; 『매일신보』, 1930.8.26, 「慶一銀行의 共銀 買收 決定」; 『매일신보』, 1930.9.5, 「慶一銀行, 共立銀行 買收」; 『매일신보』, 1930.9.21, 「慶一銀行과 共立 買收 契約」; 『매일신보』, 1930.9.30, 「慶一銀行 共立 買收 契約」.

은행이 경상공립은행을 매수 합병한 후 경북 경산 출신의 대지주인 안병길이 새로운 감사로 등장했는데, 그는 이를 계기로 본격적으로 대구로 진출할 수 있는 기반을 마련하였다.

1931년에 접어들자 총독부와 조선은행은 경일은행에 대해 경영권 간섭을 강화시켰다. 이에 장길상은 정재학과의 제휴를 통해 압력에서 벗어나고자 했으나 정재학측이 응하지 않았다.[112] 이런 상황에서 같은 해 6월 29일에 장길상과 선남은행의 오꾸라小倉武之助 사이에 주식 매도 계약이 체결되었다. 이때 거래된 주식 한 주당 가격은 시세에 비해 두 배 정도 높은 11원 50이었다. 그에따라 경일은행의 주식 1만 2천주를 가진 장길상은 막대한 시체 차익을 남길 수 있었다. 그리고 장길상의 동생 장직상은 이후 오꾸라의 남선합동전기주식회사의 중역으로 발탁되었다.

이로써 은행의 소유주가 일본인 오꾸라小倉武之助로 바뀌면서 경일은행은 일본인 은행이 되었다. 그 가운데 직장을 잃게 된 박석윤이 상무이사 마루야마丸山正雄를 상대로 약 6백 원 정도의 퇴직위로금 청구소송을 대구지방법원 민사부에 내는 일이 있었다.[113]

1933년 10월 경일은행은 임시총회를 열어 선남은행과의 합병을 승인하였고, 다음해 1월부터 영업을 개시하기로 했다. 합병 요강을 보면 ① 경일은 선남을 합병하여 상호를 대구상공은행으로 개정할 것, ② 선남은행을 해산할 것, ③ 선남은행은 적립금 중에서 12만 6천원을 주주에 4천원을 중역 및 사원에 분배함, ④ 선남이 소유한 경일은행 주식 1만 4천주를 그 주주에 분배함, ⑤ 대구상공은행의 새 대표이사에 오꾸라小倉武之助, 새

112) 경일은행 두취 장길상은 동아일보 대구지국과의 인터뷰에서 "…지나오는 가운데 날마다 날마다 당하는 조선은행으로부터의 소조는 이루 다 말하지 않는다…"고 입장을 밝혔다.(『동아일보』, 1931.7.7.)

113) 『동아일보』, 1932.4.10, 「경일은행 걸어 퇴위금 청구」.

상무이사에 마루야마丸山正雄로 함, ⑥ 대구상공은행의 본점은 선남의 본점 영업소로 하고 경일의 본점 영업소는 시장정 지점으로 함, ⑦ 대구상공은행은 합병과 동시에 공칭자본금을 1백만 원, 불입자본금 35만원으로 함 등이었다.

1933년 12월 16일 경일은행과 선남은행의 합병에 관한 총독부의 승인에 따라 12월 18일 상호를 대구상공은행으로 변경했다. 1934년 1월에 자본금 40만원을 감자하여 1백만 원으로 하고, 경일은행의 장직상·진희규·서병환 등이 이사, 안병길이 감사역으로 남았다. 1935년에는 오꾸라小倉武之助가 은행장에, 마루야마丸山正雄가 상무이사에 취임했다. 두 은행간 합병은 경일은행이 선남은행을 흡수 합병하는 형식을 취했으나,[114) 실질적으로는 자본금 30만원의 선남은행이 자본금 1백 40만원의 경일은행을 흡수 합병한 것이었다. '새우가 고래를 잡아먹은' 꼴이었다.

이후 1936년 경상북도청 이재과에서 한 지방에 두 개의 은행은 경영 불합리를 초래할 수 있다는 이유를 내세워 경상합동은행과 대구상공은행의 합병을 추진하려 했다.[115) 그러나 이 합병 추진은 성사되지 않았다. 1941년 조선총독부의 지방은행 정비정책에 따라 8월 19일 오꾸라小倉武之助는 대구상공은행 영업의 전부를 조선상업은행에 매도하였다. 그리고 조선상업은행은 대구지점을 비롯하여 시장동·밀양·창녕·김천·예천·영천·영덕 등지에 지점망을 확충했다. 오꾸라小倉武之助는 그 대가로 대흥전기회사를 모체로, 남조선 20여 곳에서 각기 영업 중이던 군소전기회사를 통합해서, 남선합동전기주식회사를 설립할 수 있었다.

은행 합병후 은행의 경영 구조에 어떤 변화가 생겼을까. 먼저 배당률을 통해 보면, 경상합동은행의 경우 1931년부터 1941년까지 연 3~5%정

---

114) 『동아일보』, 1933.10.29, 「鮮南合併 株總原案을 承認」.
115) 『동아일보』, 1936.6.24.

도를 배당한 것으로 나타나 구대구은행이 연 6~10%까지 배당했던 것에 비해 절반 수준에 불과했다. 대구상공은행의 경우 설립 직후 무배당에서 최저 연 5%에서 최고 9.5%까지 배당을 실시했으나, 1935년 말부터 무배당, 1939년부터 연 4% 정도의 배당이 이루어졌다. 오꾸라가 대흥전기회사의 자금력을 앞세워 대구상공은행을 경영했지만, 일시적인 높은 배당을 제외하곤 낮은 배당을 할 정도로 경영상 어려움이 있었다.

경상합동은행과 대구상공은행, 두 은행 모두 유가증권을 통한 투자가 급격히 증가하였다. 그 이유는 은행회사의 자본운용에 있어 보유유가증권이 예금액의 20~35%를 차지하는 일본과는 달리 조선에서는 10%내외에 불과했다. 이는 조선에서는 증권시장이 발달하지 못한 자본시장의 상황을 반영한 것이었고, 그 대신 은행에 직접적으로 주식을 투자하는 형태가 많았기 때문이다.[116] 이는 대구은행과 경일은행 시기의 양상과는 크게 차이나는 부분이었고, 대구상공은행의 경우 그런 현상이 강했다.[117]

먼저, 두 은행의 영업 방식을 보면 다음과 같다. <표 18>은 1930년부터 1938년까지 9년간의 경상합동은행과 대구상공은행을 포함한 대구부내 7개 은행점포와 4개 금융조합의 예금과 대출 추세를 나타낸 것이다.

대출자금의 형태를 보면 두 은행 모두 장기성을 가진 고정 대부가 많았다. 대출 담보별은 두 은행 모두 가장 큰 비중을 차지한 것이 부동산이었기에 그에 따른 자금회수율이 장기화되었다.

1938년 당시의 대부금을 용도별로 보면 <표 19>와 같이 상업 자금이 전대출액의 80.9%, 농업자금 15.9%, 공업자금 3%의 비율을 보이고 있

116) 堀和生, 앞의 글, 37~40쪽.

117) 대구상공은행의 대주주의 변동을 보면, 1935년(2만주)에 大邱證券 7084, 小倉鹿之助 1302, 南昌社(주) 이승우 1445, 藤繩文順 800, 張稷相 707 小倉武之助 584 白井義三郎 545 등이었고, 1941년(2만주)에 大邱證券 7109, 대광흥업회사 2287, 안주홍 1362, 남창사(주) 1145 등이었다.

〈표 18〉 1930년대 대구금융기관 예금 및 대출고

(단위 : 원)

년도(말)	은행			금융조합		
	은행수	예금고	대출고	조합수	예금고	대출고
1930	7	7,656,363	17,624,916	4	1,934,771	920,527
1931	7	10,645,996	27,149,968	4	2,255,558	878,689
1932	7	10,067,503	24,931,532	4	2,798,531	1,047,487
1933	6	29,654,911	24,641,712	4	3,209,163	1,127,099
1934	6	8,672,716	23,028,947	4	3,518,946	1,172,291
1935	6	11,180,823	28,824,585	4	3,753,638	1,507,598
1936	6	15,201,059	23,424,297	4	3,995,258	1,920,918
1937	7	13,135,000	30,384,000	4	-	2,007,798
1938	7	14,517,297	30,943,587	4	4,270,606	2,007,888

* 자료 : 대구부사

〈표 19〉 용도별 대출고

(단위 : 원)

은 행	농업 자금	공업 자금	상업 자금	기 타	계
경상합동은행	418,836	28,500	713,250	500,927	1,160,586
대구상공은행	34,627	71,110	1,921,230	90,300	2,026,967
동 시장정지점	206,160	24,500	704,466	181,239	935,126
계	659,623	124,110	3,338,946	772,466	4,122,679

* 자료 : 대구부사

어, 상업자금의 대출이 압도적이었다. 상업자금의 은행별 대출을 보면 경상합동은행 61.4%, 대구상공은행 94.7%, 시장정 지점 75.3% 전체 80.9%를 차지했다. 특히, 전기회사를 통해 막강한 자금력을 가진 대구상공은행의 상업 대출이 극히 많았다. 상업 대출의 용도는 1920년대와 마찬가지로 미곡에 집중되었다. 그런데 대구의 일반은행을 포함한 8개 은행의 용도별 대출에서 민족별 구성을 보면, 농업자금은 한국인이 82.4%, 공업자금은 일본인이 93.3%, 상업자금은 일본인이 73%를 쓰고 있었다. 이같은 현상은 도시산업인 상공업을 일본인들이 장악하고 있음을 말해 주는 것이었다.[118] 이같이 합병 후에도 은행의 경영 방식은 크게 개선되지 못했다.

그에 따라 은행은 자금이 부족하게 되었고, 이 문제를 차입금에 의존하게 됨으로써 외부로부터 경영 간섭을 받게 되는 악순환이 생겼다. 경일은행이 경상공립은행을 매수 합병한 후 조선은행으로부터 50만 원의 차입금을 얻어 자본금 백 40만원에서 차입금이 차지하는 비중이 지나치게 높았다. 이로 인해 경일은행의 자율성은 더욱 침해당했다. 그리고 경상합동은행과 같이 단기성 운용자금을 공급하는 일반은행의 영업력은 총독부가 겸업을 허용한 특수금융기관인 식산은행에 의해 압도되었다. 특히, 경상합동은행의 경우 경영권이 공격을 받게 되었던 1935년 무렵부터 식산은행이 일반은행의 예금률이 비슷한 수준을 보일 만큼 성장했고, 대부분은 일반은행에 비해 현격하게 높았다. 따라서 경상합동은행과 경일은행은 경영 부진에 따른 차입금 증가로 조선은행으로부터 자율성·독자성이 침해당했고, 영업 부문에서는 식산은행으로부터 심하게 위축당해 독자적 존립이 불가능한 처지에 이르렀다.

3. 회사·공장의 설립 양상과 그 특질

1) 지주·자본가층의 회사 설립과 자본 투자

1910년대에서 1920년대에 걸쳐 일반은행의 조선인 중역과 주주들이 관련된 회사는 <표 20>과 같다. <표 20>에서 보면, 1918년을 기점으로

118) 대구부, 『대구부사』, 1943, 155쪽

〈표 20〉 1910~1920년대 조선인 금융자본가 회사 참여 형태

설립 년도	회사명	자본금 (천원)	품목	중역진
1911	대구전기회사		전기업	서상돈 정규옥 이석진 정재학 이병학 정해붕 이일우 김홍조
1918	계림농림(주)	200	임업	최 준 서병조 진희규 서창규 편동환 정재학 이일우 김홍조
1918	조선물산무역(주)	100	우피 미곡 면포	정재학 이병학 이일우 이장우 서병조
1918	대흥전기(주)	700	전동전력 공급	감사 정재학
1919	대구주조(주)	350	청주 소주 탁주	이병학 이장우 장길상
1919	대동무역(주)	500	무역	정재학
1920	왜관금융금고(주)	280	창고 운송 금융	장직상 배상연 이수목 장길상
1920	고려요업	200	요업품제조판매	이병학 서병원 김홍조 최준 이상무 최순 양재하 정재학
1920	동양기류(주)	2,500	기류재배, 가공	정재학
1920	동아인촌(주)	200	인촌제조판매	장직상 장길상
1920	대동사(주)	700	무역	이종면 이은우 진희규 홍운정
1921	대구곡물신탁(주)	500	곡물매매	대구곡물상조합
1923	공호상회(합자)	5	정미정맥	이영면 서병오 이종면
1924	조양무진(주)	100	무진업	서병조 허억 서병원 서창규
1924	경북산업(주)		*대동사에서 회사명 변경	정재학
1927	조선미곡(주)	250	미곡잡무역	정재학 정도균
1928	남선양조사(주)	60		장직상

* 자료 : 『조선은행회사조합요록』 발행 각 년도; 『매일신보』 / 자본금 1만원 이상

회사설립이 증가하는 것을 알 수 있다. 여기에는 공진회가 영향을 미친 것으로 보인다. 먼저, 1918년 대구부가 산업발달을 위한다는 명목 아래

개최한 공진회와 때를 같이 하였다. 조선인으로서는 정재학·진희규·강석희 등이 공진회의 평의원으로 활동하였고,[119] 공진회를 위한 협찬회가 구성될 때, 3백 원을 협찬한 정재학을 비롯한 많은 사람들이 협찬비를 부담하였다.[120] 다음으로 1919년 경상북도가 개최한 물산공진회의 임원 가운데 진희규(경북 참사), 이영면(대구부 참사), 권태연(안동군 참사) 등도 은행과 관련된 사람들이었다.[121] 그 다음으로 같은 해 12월 조선경제회가 발회되자 대구의 박기돈이 이사로 참여하였다.[122]

1921년 현재 대구은행과 경일은행에 2만 원 이상 투자한 사람 가운데 회사에 자본을 투자한 사람은 정재학·이병학·이종면·이영면·이수목·이장우·최준·서병오·장직상·박기돈·이상린 등이었다.

조선인 은행 중 조선인 중역 및 주주가 관계한 회사는 <표 20>과 같이 17개였다. 그런데 대동무역과 계림농림이 합병해 대동사가 설립되었고, 이후 대동사는 경북산업주식회사로, 대구전등주식회사가 대구전기주식회사로 변경된 것을 고려하면 14개였다. 이 회사들의 업종을 보면, 미곡과 관련된 회사가 가장 많고, 전기업·주조업·농림업·제조업 등과 관련되었다. 이 가운데 대동사는 조선인만으로 설립된 회사 법인이었는데 1924년 6월에 경영권 분쟁으로 인해 운영 위기를 맞았다. 이후 대동사는 회사명을 경북산업주식회사로 바꾸었으나 1927년에 또 다시 내부 갈등이 재연되어 해결책을 찾지 못했다. 결국 이 회사는 해산 절차를 밟게 되었다. 이후 대구에는 조선인 경영의 회사 법인은 완전히 사라졌다.[123]

119) 『매일신보』, 1918.5.8, 「大邱 共進會役員 任命」.
120) 『매일신보』, 1918.9.4 ; 1918.9.8 ; 1918.9.12 ; 1918.9.18 ; 1918.9.21.
121) 경상북도, 『제2회 경상북도물산공진회사무보고』, 1919, 37~39쪽.
122) 『매일신보』, 1919.12.8, 「조선경제회 발회식」.
123) 『동아일보』, 1924.6.19, 「대동총회 내홍」 ; 『동아일보』, 1927.4.14, 「경북산업해산」.

대구의 금융 자본가들은 가운데 일부는 서울에 소재한 회사 법인에 관여하였다. 정재학은 서울 동대문안에 연초를 판매하는 동지상회同志商會를 설립하였고,[124] 이병학은 호전농구주식회사戶田農具株式會社·동양축산흥업주식회사東洋畜産興業株式會社·경성주식현물취인시장京城株式現物取引市場 등의 회사에 감사로 선임되었다. 이종면은 경성방직주식회사에 자본을 투자하였다. 그리고 최준은 동아일보 발기인으로도 참여했다.[125]

1930년대 조선의 사정은 1920년대와 크게 차이가 있었다. 일제는 1920년대 후반 세계경제의 침체에 따른 경기 악화를 만회하고자, 1931년 만주침략을 감행하였고, 1937년에는 중일전쟁을 일으켰으며, 종국에는 태평양전쟁을 일으켰다. 곧 1930년대는 전시체제기였고, 경제적으로는 전쟁으로 인한 통제경제가 강화되었다.

이 시기 장직상은 1933년 12월 자본금 천만 원 규모의 조선신탁주식회사의 설립에 참여하고 이사가 되었다. 이 회사는 한상룡·민대식·김한규·김연수 등 조선을 대표하는 대자본가들이 중역을 맡고 있었다.[126]

1930년대 대구의 조선인 금융자본가들이 설립하거나 경영에 참가한 회사는 <표 21>과 같다. 이들 중 경일은행의 대주주 김두하金斗河는 1937년 중일전쟁을 계기로 회사의 설립과 경영에 적극적으로 참여하였다. 1941년 경상합동은행의 감사를 맡으면서 대구로 진출한 경산의 만석꾼 안병길安炳吉(동생 안병규, 친자 안주홍)가는 대동주조, 경북원예, 경일정미, 선광수출공예 등의 회사를 설립하거나 자본을 투자하여 활발한 경제활동을 펼쳤다. 정재학의 손자인 정운용은 금융업을 비롯한 양조업, 상업 등 다양한 업종에 자본을 투자하고 있었다. 또 정운용은 대구은

124) 『동아일보』, 1920.6.20.
125) 인촌기념회, 『인촌 김성수전』, 1976, 155~166쪽.
126) 『매일신보』, 1933.12.17, 「조선신탁회사 창립총회 무사 종료」.

〈표 21〉 1930년대 금융자본가층의 회사 참여 형태

연도	회사	자본금	업종	중역 및 대두주 (은행중역 및 주주)
1931	대구흥업(주)	40,000	무진업	전취 정도균 이 다카쓰기
1932	환일상회(합)	25,000	미곡매매 위탁매매	서병원
1932	소화식산(주)	50,000	금융대부업 부동산유가증권	취대 정운용
1932	대구제사(주)	200,000	생사제조 그 부대사업	이 서병조
1937	경북상공(주)	500,000	토지건물매매	대취 윤상태 취 서창규 이상악 동지 서병룡
1937	조선약업(주)	300,000	약재위탁판매	취사 서병화 취 김일기 정운용 안병규
1937	대구약주양조(주)	100,000	약주 소주 제조판매	대취 서병화 취 안병규 정운석 감 이상악
1937	대동주조(주)	100,000	약주 탁주 소주 제조판매	대취 서병화 취 안병규 정운석
1937	경북물산(주)	330,000	정잡용승입제조판매	대취 김두하 김동덕 이우진
1937	대구상사(주)			취 서병화
1937	경북원예(주)	50,000	원예	취 안병규 안주홍
1938	경북무진(주)	2,000,000	무진업	취사 서병조 취 정운용 이상악 윤상태 서병원
1938	경일정미(주)	150,000	정미	대취 박석규 안병규 감 안주홍
1938	구일부동산(주)	400,000	토지건물 경영 매매	취 서병조
1938	경상일산자동차(주)	250,000	자동차 및 용품판매	취 정운용 사까모또
1939	대구합동 다꾸시(주)	190,000	대체여객운송	대취사 사까모또 취 정운용
1941	남선합동전기(주)			취사 오꾸라 취 장직상
1940	남선수력전기(주)	20,000,000	전력공급사업 및 투자	취 장직상 오꾸라
1940	선광수출공업(주)	190,000	완초제조	취 안주홍
1941	대구일일신문사	190,000	일간신문발행	취 서병조 감 정해붕 안병규
1942	경상북도양곡(주)	4,000,000		정해붕

* 資料 : 『朝鮮銀行會社要錄』 해당년도. 단, 1) 자본금 1만원 이상의 회사, 2) 대구 및 경북 지역.

행 초기부터 조부 정재학과 함께 했던 일본인 사까모도板本竣資와 같이 경제활동을 벌였다.

1930년 이후 대구의 금융자본가들이 투자한 회사법인을 업종별로 보면, 금융업 3, 미곡업 3, 제조업 3, 전기업 2, 운송업 1, 농림업 2, 상업 4, 등 모두 21개 회사인 것으로 보인다. 그리고 회사 설립 시기는 만주침략이 감행되는 1930년대 전반기에 4개, 중일전쟁을 계기로 본격적인 전시체제기로 들어가는 1937년 이후 17개로 회사 설립이 급격히 증가하는 특징을 보였다. 이런 현상은 일정하게 전쟁 특수를 누리는 것으로 볼 수 있다. 업종도 1920년대와는 달리 미곡 관련 업종에 집중되지 않고, 제조업, 농림업 등 다양한 산업에 투자되고 있다. 그러나 여전히 생산재 제조회사가 아닌 소비재 산업과 서비스업에 집중되었고, 산업 연관성이 미약했다. 결국 1930년대 전쟁 확대는 대구지역 금융자본가들이 다양한 산업에 자본을 투자하는 경향을 띠게 만들었다. 그럼에도 대구는 소비재 산업 집중 현상과 산업 연관성 미약이라는 허약한 지역경제구조를 가지고 있었다.

2) 대구지역 지주·자본가층과 공업화

대구지역 은행자본가층의 법인회사 설립과 자본투자 방식은 앞에서 살펴본 바와 같이 미곡업·전기업·금융신탁업·농림업·제조업에 중점적으로 투자하는 특징을 보였다. 그렇다면 대구지역 공장회사를 검토하여 대구지역의 공업화 정도를 파악해 보고, 그것이 은행자본가층과 어떤 관련성을 갖는지 살펴보자.

<표 22>는 1930년 현재 대구지역 공장회사를 나타낸 것이다. 이 표는 조선총독부에서 조사한 『조선공장명부』를 이용하여 작성한 것인데, 대구의 공장회사의 설립 상황을 이해하는 데 도움이 되며, 지역의 공업화 정도를 파악할 수 있다. 먼저, 업종은 방직, 금속, 기계기구, 요업, 화학,

제재 및 나무, 인쇄 및 제본, 식품, 식품가공업, 와사 및 전기, 기타 등 크게 10여 업종으로 구분하고 있다. 이 가운데 공장수가 가장 많은 업종별로 제시하면, 방직 > 식품 > 기타 > 기계기구, 제재 및 나무, 인쇄 및 제본 > 금속 > 요업 > 식품가공업 > 화학 등의 순서로 나타난다. 이처럼 대구지역의 공업은 방직업, 식품업, 피혁, 제봉업이 중심을 이루고 있으므로 소비재생산이 우위를 점하고 있었다.

공장의 설립 시기를 보면, 1910년 이전 5(4%), 1910년대 34(26%), 1920년대 90(70%)이라는 분포도를 보이고 있다. 곧 회사령이 시행되는 1920년 이후 공장이 집중적으로 세워지는 것을 알 수 있다. 그 가운데서도 방직업 중 생사공장, 식품업 중 주조공장에 집중되고 있었다. 생사공장의 증가는 대규모 제사 공장의 하청을 하는 생사공장의 수가 증가된 것에서 원인이 있었다. 주조공장의 증가는 앞에서도 살펴보았듯이 조선인 지주·자본가들이 주조업에 집중적으로 투자한 결과였다.

종업원 수를 통해서도 공장의 자본 규모를 살펴 볼 수 있다. 1930년대 현재 전체 대구지역 공장수는 대체로 130여 개인데, 이 가운데 종업원 2백 명이 넘는 대규모 공장은 3개에 불과하였고, 50명에서 99명을 고용하는 공장의 경우는 1개에 불과하였다. 그것도 방직업 중 생사업체에만 해당되는 것이었다. 나머지는 거의 대부분 5명에서 50명 미만의 소규모 공장이었다. 그러므로 1930년 현재 대구의 공업은 소기업 중심의 생산 형태를 보여주었기에 산업 발달 면에서 낮은 수준이었다.

대구 공업화의 민족별 구성을 보면, 1930년 현재 130여 개의 공장 가운데 조선인 51(40%), 일본인 79(60%)를 보이고 있어 4:6 정도로 일본인이 우위를 보이고 있다. 조선인이 우위를 보이는 업종은 방직업, 금속업, 기타 업종 중에서 피혁과 제봉공장이며, 나머지 업종 대부분은 일본인이 장악한 형태를 보였다. 특히, 방직업 중 생사 공장을 보더라

〈표 22〉 1930년 현재 대구지역 공장회사표

업종	공장수	민족별		종업원수	주요생산 품목	설립년도
		조선	일본			
방직	33	20	13	D3(일), B1(조), A(28, 조 19 일9)	생사	14(1), 18(1), 19(2), 20(3), 21(1), 22, 23(1), 24(1), 23(1), 24(1), 25(1), 26(2), 27(1), 28(9), 29(8), 30(3)
	3	3		A1, 휴2	견직물	17(1휴), 27(1휴), 26(1)
	1	1		C1	제면	30(1)
	1		1	A1	표백	26(1)
소계	38	24	14			
금속	2	2		A(2)	선철주물	22(1), 23(1)
	3		3	A(3)	건축자재	06(1), 19(1), 25(1)
	2	2		A(2)	진유기	19(1), 21(1)
소계	7	4	3			
기계 기구	1		1	A(1)	증기	22(1)
	1		1	A(1)	석유기관	25(1)
	1		1	A(1)	농업용기계	25(1)
	3		3	A(3)	하차	11(1), 15(1), 16(1)
	1	1		A(1)	조차	21(1)
	2		2	A(2)	기타	19(1), 29(1)
소계	9	1	8			
요업	1		1	A(1)	관류	22(1)
	1	1		A(1)	도자기	27(1)
	1		1	A(1)	운류	11(1)
	1		1	A(1)	흑색소요물	1899(1)
소계	4	1	3			
화학	1		1	A(1)	고무제품	29(1)
	1		1	A(1)	연탄	21(1)
소계	2		2			
제재, 나무	3		3	A(1)	제재	24(1), 26(1), 30(1)
	6		6	A(1)	건재 가구	12(1), 19(1), 21(1), 22(1), 28(1), 29(1)
소계	9		9			

업종	공장수	민족별		종업원수	주요생산 품목	설립년도
		조선	일본			
인쇄, 제본	9	1	8	A(9)	인쇄	05(1) 11(1) 12(1) 19(1) 20(1) 21(1) 23(1) 26(1) 28(1)
소계	9	1	8			
식품	13	4	9	A(13)	조선주	09(1) 12(1) 13(1) 21(1) 25(1) 27(2) 28(6)
	6		6	A(6)	장유	08(1) 09(1) 14(2) 22(1) 30(1)
	2		2	A(2)	사이다	21(1), 26(1)
	1		1	A(1)	제분	14(1)
	2		2	A(2)	과자	17(1), 21(1)
	1		1	A(1)	과실	21(1)
소계	25	4	21			
식품 가공업	1		1	A(1)	식염	23(1)
	1			휴업	제빙	30(1)
	1		1	A(1)	식료	30(1)
소계	3		2			
와사, 전기	1		1	A(1)	전기	18(1)
소계	1		1			
기타	2		2	A(2)	제지(1), 병풍(1)	17(1),25(1)
	2		2	A(2)	걸상(2)	19(1),20(1)
	7	5	2	A(7)	피혁(7)	15(1),18(3),23(2),24(1),
	9	8	1	A(9)	제봉	13(1),15(1),16(1),17(1),19(1),26(2)27(1), 29(1)
소계	20	13	7			
총계	127	48 37%	79 62%			

※ 비고 : A=5~49명을 고용하는 공장 B=50~99명을 고용하는 공장
C=100~199명을 고용하는 공장 D=200명 이상을 고용하는 공장

※ 자료 : 조선총독부, 『조선공장명부』, 각 해당년도.

도 종업원 2백 명 이상의 대규모 공장은 모두 일본인 자본으로 운영되는 공장이었고, 근대적인 공업은 일본인이 장악했던 것이다. 이런 의미에서 조선의 산업은 봉건형이거나 심지어는 원시형태이면서 식민지경제에서 나타나는 모든 불리한 조건을 다 갖추었다고 평가되었다.[127] 또한 대구는 조선이 아닌 일본인의 대구라는 인식이 팽배했던 것이다.[128]

조선인들도 대구의 상공업 발전을 위한 자구책을 강구하였다. 그 사례로 1927년에 설립된 대구상공협회[129]를 들 수 있다. 대구상공협회는 설립 취지로 '조선 경제권의 공동이해'라거나 '조선인의 생존권 발휘'를 내세웠다. 창립총회에서 "현대는 경제적으로 그 생존을 경쟁한다. 전선의 대세는 오직 상공업의 성쇠 여하에 움직이나니…"라고 하여 상공업의 진흥을 강조하였다. 그러나 이 협회는 포목상, 대구상번회, 대구목공조합, 대구음식업조합 등 상업 또는 서비스업에 종사하는 각 업종별 조합의 모임이었기에 공업과는 크게 관련이 없었다. 곧 공업보다는 소규모 영세자영업자의 조합으로 구성된 단체였다고 보는 것이 타당할 것이다. 이런 점에서 대구의 상공업이 발전하기는커녕, 전당포의 수가 늘어난다고 탄식하는 관리가 있는가 하면, 대구의 상공업은 가내공업부터 시작되어야 할 정도로 공업의 수준은 낮았다.[130] 또한 1932년 무렵 대구의 공업 생산액 4백만 원 중에서 조선인의 생산액은 겨우 백분의 일에 불과하다는 통계가 나오기도 했다.[131]

---

127) 김일수, 『서상일의 정치·경제 이념과 활동』, 성균관대 대학원 박사논문, 83쪽.
128) 『동아일보』, 1926.1.1.
129) 김준헌 「대구상공협회의 실체」 -회보를 통해서 본-, 『성곡논총』14, 1983.4. 참조.
130) 『동아일보』, 1933.8.3, 『동아일보』, 1939.8.5.
131) 『동아일보』, 1933.8.3.

이런 점을 볼 때, 1920년대 후반에 집중적으로 공장 설립 양상을 보이던 대구의 공업화는 1930년에 들어 생사를 중심으로 하는 방직업, 주조업을 중심으로 하는 식품업을 중심으로 진행되었다. 그렇지만 생사공장 일부를 제외하면 거의 대부분 소규모의 영세성을 벗어나고 있지 못했다. 더욱이 대구의 공업을 주도하는 것은 일본인이었고, 조선인의 공업화 정도는 극히 미비한 수준을 보였다. 이 가운데서도 대구의 은행자본가층과 관련이 있는 공장은 식품업에 집중되었고, 그들은 공업화보다는 여전히 지주제를 통해 이윤을 축적하는 전근대적 방식을 선호하였다.

4. 지주경영과 미곡관련 산업 집중 투자

조선 산업에서 가장 큰 비중을 차지하는 것은 농업이었고, 그 가운데서도 미곡과 대두가 가장 큰 규모였다. 일제의 조선 경제정책이 미곡생산의 증산과 증산된 미곡의 일본 이출에 있는 한 농업은 구조적으로 조선 산업의 중심에 서야 했다. 이런 점에서 조선 경제의 성장과 쇠퇴를 좌우하는 것은 미곡 가격에 달려 있다고 하는 평가가 있을 수밖에 없었다. 때문에 조선인 자본가들은 미곡 관련 산업에 집중적으로 매달리는 양상이었다.

대구의 미곡상들은 1914년 9월 총독부가 미곡 유통을 위해 발포한 시장규칙에 근거해 미곡취인소米穀取引所(미곡거래소)를 설립하기 위한 활동을 벌였다. 취인소(거래소)는 일제하 일본의 식량문제 해결을 전제로 한 미곡생산과 벼의 집중화 및 자본주의적 대규모 가공 등을 통해 집산 가공된 미곡을 대규모로, 그리고 신속하게 이출을 가능케 하는 미곡 유통 기구로 기능하였다. 그러한 기능을 통해 거래에 개입한 농회사·

지주·미곡이출입상·정미업자들은 미곡거래상 안정적인 수익을 확보할 수 있었고, 그들의 위치를 지속적으로 보장받을 수 있었다.[132] 이 때문에 미곡상들은 거래소의 설립에 적극적이었다. 그러나 총독부는 경제상황의 후진과 사행심 조장 등을 이유로 미곡거래소 인가에는 제한적이었다.[133]

이런 상황에서 1917년 1월에 대구의 미곡상은 동업조합인 대구미곡상조합大邱米穀商組合을 결성하여 1919년부터 미곡 거래상 투기성이 강한 청산거래淸算去來의 형태인 연거래延去來을 시작함으로써 비공식적으로나마 미곡의 중개거래를 시작하였다.[134] 그 후 대구의 미곡상은 1922년 9월초에 총독부로부터 대구곡물시장大邱穀物市場의 개장을 허가받았다. 이 시장은 '시장규칙'을 통해 법적 통제를 받았다. 또 미곡거래소의 전단계에 해당된 대구곡물시장은 조합조직으로 운영하면서, 쌀·콩을 포함한 곡물을 현물 거래와 연거래의 방법으로 취급하였다. 이 곡물시장의 선물거래상 특징으로 인해 투기소득의 가능성이 있었기 때문에 대규모의 자본이 유입되었고, 거래 규모도 현물 거래를 압도하였다. 그러나 대구의 미곡상은 완전한 연거래가 실시되지 않는 대구미곡시장의 제한성을 넘어서기 위해 미곡취인소의 설치를 원했다.[135]

---

132) 이형진, 「일제강점기 米豆·證券市場정책과 '朝鮮取引所'」, 연세대 대학원 사학과 석사학위논문, 1992, 6~30쪽.

133) 위의 글, 39쪽.

134) 연거래는 장래의 어떠한 날 물품을 건네 주기로 정하여 사고파는 실물거래를 말한다. 淸算去來는 투기에 필요한 자본을 절약하기 위해 만들어진 거래방법이다. 매매거래는 결제의 시점이 언제냐에 따라 현금·현물거래로부터, 화폐이건 상품이건 간에 한쪽의 지불을 나중에 행하는 상업신용적인 방법을 경과하여 쌍방의 지불을 후일로 연기시키는 先物去來로 발전하였다. 따라서 청산거래는 반대매매로 결제되는 선물거래이며, 당사자는 현금·현물을 사용하지 않고 가격변동 차액의 수수만으로 투기를 완료하는 投機信用의 한 형태이다(이형진, 앞의 논문, 20쪽).

대구의 미곡상들은 곡물시장 개장 이후에도 미곡취인소를 설치하기 위한 활동을 벌였다. 이에 1922년 11월초 목포에서 열린 조선미곡상대회에 참석한 대구대표들은 미곡시장을 미곡취인소로 전환해 줄 것을 요망하였다.[136] 또 다음 해 2월 22일에 대구의 미곡상들은 인천仁川과 같이 거래소의 설립허가를 받기 위해 취인소설립기성동맹회取引所設立旣成同盟會를 결성하고, 기성운동위원으로 대구상업회의소의 대표인 오꾸라小倉武之助와 약물상 조합장 와카하야시若林 등을 선정하여 총독부에 보냈다. 그러나 총독부 관계자로부터 대구의 미곡 거래량이 부산釜山이나 군산群山에 비해 적으므로 고려하고 있지 않고 있다는 부정적 답변을 듣게 되었다.

이에 기성회는 긴급회의를 개최하여 위 두 명과 동척東拓 대구지점장 등을 포함한 총 3명을 직접 일본 도꾜東京에 파견하기로 결정하고, 동시에 시민대회를 개최하기로 하였다.[137] 그에 따라 기성회는 3월 7일 대구좌大邱座에서 미곡거래소 설립을 위한 대구시민대회를 개최하고, 스기하라杉原長太郎 등 6명의 일본인과 미곡상 서상일을 포함한 7명의 실행위원을 선정하였다. 이 시민대회에서 거래소 설립의 당위성과 의지를 담은 '필사의 로력'(이우진), '분기하라, 대대구 건설의 도정' 등의 연설이 있었고, 다음과 같은 결의문과 선언서를 채택하였다.[138]

---

135) 『동아일보』, 1923.10.26, 「大邱取引問題」.
136) 『동아일보』, 1922.11.9, 「穀商大會」.
137) 『매일신보』, 1923.3.7, 「大邱市民大會」.
138) 『매일신보』, 1923.3.11, 「대구시민대회」.

<決議文> 朝鮮에 取引所制度가 施行됨을 作하야 大邱市民大會는 大邱府에 米穀取引所를 設置한 者로 함, <宣言書> 朝鮮取引所制度 施行과 共히 大邱에 米穀取引所를 設置하는대 對하야 大邱府民은 一致協力하야 언제까지던지 其 目的을 達成하도록 勞力하기를 期함.

▲ 선언서宣言書

시대의 진운進運과 사회의 요구에 의하야 장래 우리 조선朝鮮에도 취인소령取引所令이 제정 시행했다는 일은 이미 일반이 주지하는 바이나 이것이 실현될 때는 우리 대구에도 미곡취인소 설치를 위한 일을 요망하고 부민府民은 일치합력하야 이것의 목적을 도달하도록 최후의 노력을 기할 일.

▲ 결의문決議文

조선에 취인소령이 제정 시행되는대 대하야 이미 취인소 대구기성동맹회가 설립된 바 오인吾人 일치 보조를 취하야 극력極力로 성원聲援하는 동시에 대구에 미곡취인소 허가의 필요를 인認함.

그리고 일본 도쿄東京로 건너 간 위원들로부터 거래소 설립이 극히 부정적이라는 전보가 도착하자 기성회 및 유지들은 3월 10일에 다시 경북실업가대회慶北實業家大會을 개최하여 설립의 의지를 재천명하려 했다. 그러나 이 대회는 기일이 촉박했던 관계로 일단 연기되었다.[139]

이때 거래소 설립을 둘러싸고 일본인 대 조선인간에 갈등이 빚어지기도 했다. 그 이유는 일찍이 상업회의소를 통해 거래소 설립 활동을 벌여왔던 일본인 미곡상들이 기성회의 주도권을 잡기 위해 조선인들을 의도적으로 배제시켰기 때문이다.[140] 그로 인해 조선인들은 독자적으로 3월 25일 만경관萬鏡館에서 거래소 설립을 위한 연설대회를 개최하기로 결정하고, 연사와 연설 제목을 결정하였다.[141] 그 연사와 연설 제목은 정재학의 '자포자기自暴自棄', 이종면의 '인무원려人無遠慮이 필유근우必有近

139) 『매일신보』, 1923.3.15 ; 3.18.
140) 『매일신보』, 1923.4.10, 「大邱府 取引 問題의 紛糾」.
141) 『매일신보』, 1923.3.27, 「大邱取引所 問題로 演說大會를 開催」.

憂', 박해극의 '권리와 의무', 서병조의 '취인소와 조선', 정해봉의 '대대구의 건설', 김사일의 '취인소와 대구', 미정未定(金宜均, 徐相日, 張稷相, 李愚震) 등이었다. 이 연설대회에서 거래소 설립을 위한 선언서와 결의문을 채택하고, 그 실행위원으로 정재학·장직상·정해봉·이종면·김사일·정도균·이우진 등 7명을 선출하였다.[142]

하지만 7명의 실행위원들은 상업을 통해 자본을 축적한 지주·자본가들로서 1905년에서 1910년에 걸쳐 대구지역의 계몽운동에 참여했었고, 대구농공은행·대구은행·경일은행 등을 설립한 주체들로서 대구의 금융업을 주도한 인물이었다. 또한 그들은 <표 23>과 같이 대구지역에 각종 회사를 설립한 주체들로서 대구의 대표적인 상층자본가라 할 수

〈표 23〉 대구미곡거래소 7인 실행위원의 참여 회사 일람

이름	자본 참여 회사
정재학	대구은행, 동양기류주식회사, 대흥전기주식회사, 경북산업주식회사, 경상합동은행, 경일은행, 조선미곡주식회사, 대구조선주양조주식회사
이종면	대동사, 경성방직주식회사, 대구은행, 경일은행, 경상합동은행, 공호상회합자회사
장직상	선남은행, 경일은행, 동아인촌주식회사, 왜관금융창고사장, 경북산업주식회사, 경북화물자동차주식회사, 남선수력전기주식회사, 남선양조사주식회사, 남선합동전기주식회사, 대구상공은행
이우진	경북산업주식회사
정해봉	금호수리조합, 경상합동은행, 대구은행, 경상북도양곡주식회사
정도균	대구조선주양조주식회사, 삼공상회합자회사, 포항전기주식회사, 영덕전기주식회사
김사일	왜관금융창고주식회사, 왜관곡물상조합장

* 자료 : 『조선은행회사조합요록』 참고

142) 『매일신보』, 1923.3.30, 「聲援演說大會」.

있다. 그런데 당국은 대구의 미곡상이 신청한 연설대회를 불허하였다. 이후 대구곡물상인들의 미곡거래소 설립 활동은 일단 소강상태에 접어들었다.

대구곡물상조합은 대구곡물시장의 운영을 통해 어느 정도의 이윤을 내고 있었을까. 1924년 곡물상조합 총회에서 밝혀진 동년도 상반기 영업 실적에서 수수료 8만 406원에 잉여금이 2만 5천 156원에 달했다. 이 잉여금의 처리를 보면, 조합원 잉여금 1만 2천 2백 원, 역원상여금 2천 5백 원, 적립금 3천 5백 원, 특별상여금 1천 원, 후기 적립금 2천 456원이었다.[143] 1927년 하반기의 영업실적에서 3만 9천 432원의 잉여금이 발생하였고, 그 처리도 1924년의 경우와 같았을 것이다. 이처럼 조합원은 곡물시장을 통한 일본 이출로 이윤을 남겼을 뿐 아니라 곡물시장 운영을 통해서도 이윤을 남겼던 것이다. 이런 이유에서 미곡상들은 곡물상조합원이 되기 위해 노력하였고, 거래소의 설립을 강력하게 추진했던 것이다.

미곡상들은 회사 설립 및 자본 투자를 통한 미곡유통에 참여했을 뿐 아니라 공동 이익을 구가하기 위해 이익단체를 만들기도 하였다. 1922년 9월 대구에는 대구곡물시장이 개장하여 미곡상들의 상업 활동이 강화되는 계기가 마련되었으며, 그해 11월 목포에서 개최된 조선곡상대회에 대구의 미곡상들이 참여하였다.[144] 경상북도청은 경북산업자문회를 구성하였는데, 조선인 자문위원으로서는 정해붕·서병조·한익동韓翼東 등 자산가들이 참여하였다. 그리고 산업자문회에 참석한 조선인 가운데 금융자본가로 정해붕·서병조·진희규·이일우 등이 있었으며, 이들은 대체로 미곡상이기도 했다.[145] 또한 1923년 3월 대구의 미곡상들이 대

143) 『매일신보』, 1924.7.17, 「大邱穀物組合 上半期 業績」.
144) 『동아일보』, 1922.10.3 ; 1922. 11. 9.

구에 미곡취인소를 설립하기 위해 연설회를 개최하였는데, 연사로 나선 정재학·이종면·서병조·정해붕·장직상 등이 바로 금융자본가였다.[146)]

이후 대구의 미곡상들은 미곡상간 이익을 도모하기 위해 대구미우친목회大邱米友親睦會를 결성하기로 하였다. 대구미우친목회는 미곡상조합의 또 다른 명칭으로 보이는데, 미곡상들은 자신들의 경제적 이익을 유지·상승시켜 나갈 수 있도록 규제 장치를 만들거나 곡물대회에 참석하였다. 그리고 미곡상에게는 그들이 취급하는 미곡이 어떤 등급의 심사를 받는가에 따라 이윤이 달라지기 때문에 미곡 등급 검사에 대단히 민감한 반응을 보이게 되는데, 1928년 초 미곡 검사가 다른 때와 달리 엄하게 이루어지자, 미곡상들이 조합을 통해 집단적으로 반발하는 모습도 보였다.[147)]

1932년 1월 14일 총독부는 조선취인소령 시행규칙 제4조에 따라 대구미곡취인소의 관할 지구를 지정하였다.[148)] 대구미곡취인소는 경북지역을 관할 구역으로 하였다. 대구미곡취인소는 민족별 임원 비율 문제로 갈등이 생겼으나 일단 다음과 같이 임원을 정했다.[149)]

145) 『동아일보』, 1922.12.5 ; 1922.12.16.

146) 『매일신보』, 1923.3.27, 大邱取引所 問題로 演說大會를 開催. 自暴自棄(鄭在學), 人無遠慮면 必有近憂(李宗勉) 權利와 義務(朴海克) 取引所와 朝鮮(徐丙朝), 大大邱의 建設(鄭海鵬), 取引所와 大邱(김사일), 一. 未定(김의균, 서상일, 張稷相, 이우진) ; 『매일신보』, 1923.3.30, 대구취인소 기성의 성원 연설대회, 자동차로 선전지를 산포, 선언서와 결의문을 작성.

147) 『동아일보』, 1926.2.7, 「大邱米友會 發起」; 『동아일보』, 1927.6.25 ; 1927.9.17. 「穀物大會에의 提案」; 『동아일보』, 1927.9.21, 「穀物大會 主要 議案」; 『동아일보』, 1928.1.16, 「穀商組合 定總」; 『매일신보』, 1928.6.12, 「南鮮玄米商 聯合大會 盛況」; 『매일신보』, 1928.1.29, 「大邱穀組 遂히 大奮起」.

148) 『동아일보』, 1932.1.16.

149) 『동아일보』, 1932.2.1.

▲ 임원

이 사 장　하마사키濱岐喜三郎

상임이사　오카베岡部駿策

부이사장　한익동

이　　사　다카다高田眞豊 다카키高木昌治 야와다八幡八和太 야쯔오八尾恭三
　　　　　사카보도板本埈資 시마다島田金四郎 서상현徐相鉉

감　　사　서상일徐相日 하까사키濱岐利三郎 쯔지辻邦米

또 대구의 곡물상들은 1932년 8월말에 379명을 회원으로 하여 경북곡물협회를 설립하였다. 그리고 대구상공회의소는 남조선 육도 실업가대회를 개최하려는 계획을 세우기도 했다.[150]

150) 『매일신보』, 1931.11.30, 「大邱穀商組合에서 米穀取引所 申請」; 『매일신보』, 1932.9.1 ; 『매일신보』, 1932.8.24.

3

조선인자본가층의 사회·정치활동

1. 대구의 계몽운동 참여와 국채보상운동 전개

1) 계몽운동 단체의 설립과 교육활동

(1) 대구광문사大邱廣文社

대구의 계몽운동은 1898년 9월에 독립협회 지회가 설립되면서 시작되었다.[151] 이후 대구에서는 교육진흥사업이 착착 진행되어,[152] 개진협회開進協會·흥화학교 지교興化學校 支校·달성학교達城學校 등이 설립되었다. 특히, 달성학교는 대구 최초의 본격적 사립학교로서 국가를 개명하기 위해서는 반드시 교육이 필요하다는 인식에서 설립되었다.[153] 이런 교육활동은 1906년 이후 계몽운동이 보다 활성화되면서 더욱 강화되었다.

151) 『황성신문』, 1898.9.22, 「又許支會」.
152) 權大雄, 「韓末 慶北地方의 私立學校와 그 性格」, 『國史觀論叢』 58, 1994 ; 金度亨, 「韓末 慶北地域의 近代敎育과 儒敎」, 『啓明史學』, 10, 1999.
153) 光武 3年(1899) 7月, 「私立達成學校創設趣旨及校則」 참조.

1906년 대한자강회가 창립되었지만 대한자강회가 지방지회 설립에 소극적인 입장을 취함으로 인해 경북에서는 청도와 고령 등 두 곳에서만 지회가 설립되었다. 이러한 사정에서 대구에서는 자생적 계몽운동단체가 설립되었다. 곧 1906년 1월 세워진 대구광문사大邱廣文社 또는 達城廣文社였다. 대구광문사에는 거대 상인·지주층, 전직관료, 개명 유교지식층 등 지역의 유지들이 적극적으로 참여하였다. 동사의 구성원이 되기 위해서는 엽전 100냥을 출연하여야 했다. 동사의 사장에는 김광제金光濟[154], 부사장에는 서상돈徐相敦이 맡았다. 동사는 계몽운동, 그 가운데에서도 교육진흥에 역점을 두면서 사회 발전을 목적으로 하였다.[155]

대구광문사는 1906년 4월에 개최한 총회에서 학교 설립에 관한 방침을 의결하였다. 동사는 교육과 학문을 진흥시키고 학교를 설립하기 위한 방침을 적극적으로 추진해 나가기 위해 광문사 내에 문회文會을 설치하고, 그 회원으로 4, 5백 명을 확보하고자 하였다.[156]

1906년 2월, 김호규金濩圭 등의 대구광문사 사원은 경북관찰사 이근호를 통해 학부에 올린 보고에 "치국治國의 요무要務은 교민敎民에 있고, 교민敎民의 방법은 학교의 설립에 있다"고 하면서, 관찰부의 관할인 낙육재樂育齋, 양사재養士齋 양재에 김광제를 교장으로 하는 사립보통학교 설립 인가를 요청하였다.[157] 특히 김광제는 학교 설립의 필요성에 대해

---

154) 김광제는 1866년 忠南 保寧郡 熊川面 坪里에서 태어나 1888년 兵曹效力 龍驤尉 副司勇을 시작으로 宣略將軍 龍驤衛 副司果·通訓大夫 訓練院 僉正·通政大夫 秘書院丞·湖南視察使·東萊警務官 등을 역임했다. 1905년 외세의 침탈과 내정의 부패를 비판하는 상소를 올렸다가 古群山島로 유배를 당하기도 했다. 두 달 후 특별사면되어 法部參事에 임명되었으나 사임하였다. 그 직후 대구에 들어와 대구광문사를 설립하였다.(『民族解放을 꿈꾸던 先覺者』, 1997, 1~28쪽)

155) 金光濟, 「國債報償發起會演說」, 『民族解放을 꿈꾸던 先覺者』-獨立志士金光濟先生遺稿集- 日新堂, 1995, 292쪽.

156) 『대한매일신보』, 1906.4.22, 「慶學大興」 ; 『황성신문』, 1907.2.4, 「文會建議」 ; 『황성신문』, 1907.2.22, 「廣會建議」.

유학 고전을 인용하여 강조하였다.[158)]

대구광문사는 새로이 경북관찰사로 부임한 신태휴申泰休와 연대하여 학교설립에 적극적으로 나섰다. 1906년 3월 관찰사 신태휴는 학교 설립에 매진하라는 황제의 칙유勅諭와 천 원의 하사금을 매개로 하여[159)] 달성군수 김한정과 함께 관덕정觀德亭(일명 觀德堂, 考藝齋 등)을 수리하여 교사 양성을 위한 사범학교 설립에 나섰다. 이에 대구광문사 사원 다수가 그 발기인이 되어 기금조성에 적극적으로 동참하였다.[160)] 또한 신태휴는 탁지부의 훈령대로 측량강습소를 설치하였다. 그리고 관찰부 소재 낙육재와 연계재 소속 전토를 합해 달명의숙達明義塾을 설립하고, 교장에 이현주李玄澍, 부교장 겸 강사에 김광제 등이 선임되었다.[161)] 그밖에 낙육재에 공립대구중학교, 대구사립양성학교 등이 설립되었다. 이리하여 경북 관내 41개 군에 370여 개의 학교가 설치되고, 학생 수가 무려

---

157) 『대한매일신보』, 1906. 2. 8, 「學校創設」.

158) 김광제는 "大學에 曰作新民호되 日新又日新이라하고 書에 周雖由邦이나 其命維新이라 하였으니 其時聖人은 何不守舊런지 固執哉라"고 하면서, "國民의 資格을 養成하야 우리 家國을 保全하랴거든 學校를 擴設하고 敎育을 擴張하옵시다. 各其實地에 實業으로 從事하야 遊食의 弊를 無케하랴거든 各家靑年을 沒數히 學校로 勸入하옵시다. 國家를 富强之域에 致하고 人民을 文明한 程度에 致케하랴거든 人生八歲以上 男女를 다 小學校로 引導하옵시다. 國民에게 敎育이 소중한 줄 人孰不知리오. 必不待本人之敎設고로 略此 陳述하나이다"고 하였다.(김광제, 「學校의 必要와 舊學의 爲弊」, 『民族解放을 꿈꾸던 先覺者』-獨立志士金光濟先生遺稿集-, 日新堂, 1995, 293~295쪽.)

159) 『황성신문』, 1906. 3. 29, 「特獎嶺學」; 1906. 3. 31, 「學訓慶北」. 사범학교는 대구부성의 남문 밖에 있던 觀德亭을 수리하여 사용하였다. 이 학교의 설립에 참여한 발기인과 기금조성에 참여한 인사는 다음과 같다. 전군수 金潤蘭, 전시찰 徐相敦, 전승지 鄭圭玉, 전주사 徐丙五, 전의관 李善烔, 전참봉 徐敦淳, 군수 鄭在學, 전승지 徐佑淳, 전시종 徐相夏, 전승지 徐相奎,오위장 崔聖祚, 부위 李章雨, 전참봉 鄭載來, 전돈령 郭義見, 오위장 李錫珍, 朴致瑞, 사인(士人) 李一雨, 李成玉, 주사 崔萬達, 전주사 徐相春 등.

160) 『황성신문』, 1906. 3. 29, 「廣告」.

161) 『대한매일신보』, 1906. 10. 24, 「達塾讚揚」.

4천 5백 여명에 달했다. 이 가운데 대구군의 학생 수는 470여 명에 이르렀다.[162)]

1907년 들어 경북관찰사로 부임한 이충구李忠九도 전관찰사 신태휴에 이어 학교설립에 적극적으로 나섰다. 그리하여 대구 최초의 여성교육기관인 대구양성여학교가 설립될 수 있었다.[163)] 이에 대해 김광제金光濟는 여학교의 설립이 "나라의 한 번 경사보다 이십배나 좋은 일이라…"고 높이 평가하였다.[164)] 또한 경북관찰사 이충구는 협성학교協成學校 등을 설립하였다. 그리고 서기현이 계남학교桂南學校를[165)] 이근하가 가산학교를[166)] 각각 설립하였다. 이같이 1906, 7년경 경북관찰부와 대구광문사 등 계몽운동 단체가 연대하여 대구지방에 많은 학교를 설립하였다. 이것은 대구지방에 신학문이 발흥할 수 있는 계기가 만들어지는 것임과 아울러 근대적 지성이 생성되는 주요한 기반이 되었다.[167)]

1907년 2월에 대구광문사 문회는 학교설립 활동을 보다 적극적으로 추진해 나가기 위해 명칭을 대동광문회大東廣文會로 바꾸고, 회장에 박해령朴海齡, 부회장에 대구광문사장 김광제를 각각 선출하였다. 동 문회는 학문진흥과 학교설립에 대한 황제의 조칙을 낭독 선포한 후 회원들은 각 군을 순행하면서, 학교 설립에 필요한 재원 마련 방안을 강구하는 동시에 학교 설립 방침과 사회적 취지를 내용으로 하는 연설회를 열었다.[168)]

---

162) 『대한매일신보』, 1906. 6. 3, 「嶺校擴張」.
163) 『황성신문』, 1907. 8. 20, 「何慶北女子界」; 1907. 9. 20, 「敎育必自女校始」.
164) 김광제, 「女學校 設立의 問題」, 『민족해방을 꿈꾸던 선각자』 -獨立志士金光濟先生遺稿集-, 日新社, 295~297쪽.
165) 『황성신문』, 1907. 8. 20, 「서씨 열심 교육」.
166) 『대한매일신보』, 1907. 9. 12, 「실업과 교육」.
167) 『대한매일신보』, 1907. 11. 14, 「達察助校」.
168) 『대한매일신보』, 1906.4.22, 「慶學大興」; 『황성신문』, 1906.4.23, 「慶北校況」; 『대

이후 대동광문회는 크게 두 가지 실행 대책을 내놓았다. 하나는 뒤에 언급하는 것과 같이 서상돈, 김광제 등에 의해 제기된 국채 일천삼백만 원을 갚자는 국채보상운동이었다.169) 국채 문제는 당시 전국적인 관심사였는데, 그것은 차관이 매국의 문서가 되어 이집트처럼 국권을 완전 상실하지 않을까 하는 우려에서 나온 것이었다.170) 이처럼 국채보상운동은 일본의 침탈에 대한 대구지역 상인들의 경제적 저항만이 아니라 계몽운동의 위기가 중요한 배경이 되었음에 주목해야 할 것이다.

다른 하나는 의무교육 실시론의 결정이었다. 그것은 교육진흥 사업이 박중양 등의 관리와 윤영섭 등 소위 '부랑배'로 지목되는 인민의 무지와 저항으로 인해 어려움에 봉착했다는 판단에서 비롯되었다.171) 또한 국권 부식과 민력 진흥의 대책이 교육에 있음을 다시금 인식하고, 학교설립에는 막대한 재정이 요구되기에 정부적 차원에서 강제적으로 시행되어야 한다는 인식에서 제기된 것이었다. 그리고 민영휘의 의무교육 실시를 담은 상소를 계기로 국가가 온 국민에게 강제적으로 교육을 시키는 의무교육제를 시행해야 한다는 것이었다.172)

그 외에도 대동광문회는 외국의 교육진흥 단체와 유대관계를 맺었다. 곧 일본의 동아동문회東亞同文會, 청나라의 광학회廣學會과 교류하면서, 교육진흥 방안을 모색하였다.173)

또한 대구광문사는 출판 활동에도 역점을 두었다. 곧 동서양 서적의

한매일신보』, 1906.4.25, 「慶北盛學」.

169) 『대한매일신보』, 1907.2.21, 「國債一千三百萬圜報償趣旨」; 국채보상운동의 진행 과정에 대해서는 김도형의 앞의 글을 참조할 것.

170) 『대한매일신보』, 1906.3.27, 「再論一千萬元借款」; 『대한매일신보』, 1906.10.18, 「論說, 第三會借款問題」.

171) 『황성신문』, 1907.2.4, 「文會建議」.

172) 『황성신문』, 1907.2.22, 「廣會建議」.

173) 『대한매일신보』, 1907.2.23, 「連絡廣學」.

번역 출판과 충효열행忠孝烈行에 관한 사례집을 발간하고자 하였다. 또한 각 군 관리의 잘잘못과 인민의 선악을 조사하여 매월 3회씩 잡지로 발행하고자 하였다.[174] 그리고 대구광문사는 출판사업을 보다 강화시키기 위해 동사 내에 찬술원을 두었다.

그리하여 대구광문사는 알렌 영(Allen Young)이 한역한 법학서 『만국공법요략萬國公法要略』(원제, 로렌스(Laurence)의 *Handbook of International Law*)을 출판하여 보급하였다.[175] 동사의 신교과서 편찬 방침에서 주목되는 점은 전통적 인성 교육을 강조하고 있다는 것이다. 당시 설립된 학교 교육은 덕육, 지육, 체육 등 삼육 함양에 초점이 맞추어져 있었다. 그러나 서구의 것으로는 인성교육이 부족한 것으로 판단하고, 그 보완책으로서 사서四書의 심성정心性情과 인의예지仁義禮智 등을 참조하여 교과서를 편찬하고자 하였던 것이다.[176] 곧 유교적 덕육 교육을 강조한 것이다.[177] 그리고 잡지의 발행은 사원들의 국권에 관한 각기 의견과 정책을 실을 수 있는 『영남신보』라는 신문 발간으로 계획되어져 1907년 6월 농상공부로부터 승인을 받았다.[178] 이러한 출판 활동을 위해 동사는 활자와 활판을 일본에서 들여오고자 하였다.[179]

1906년 5월 대구지방에는 계몽운동과 동일한 목적을 추구하던 자치조직으로서 인민대의소人民代議所가 조직되었다. 인민대의소는 대구광문회와 대동광문회를 주도했던 서상돈과 김광제를 중심으로 하여 만들어졌다. 대구광문사 부사장인 서상돈이 경북관찰부를 통해 내부에 올린

174) 『대한매일신보』, 1906.1.14, 「廣文創設」.
175) 獨立志士金光濟先生遺稿集, 『民族解放을 꿈꾸던 先覺者』 日新堂, 1995, 371~372쪽.
176) 『황성신문』, 1906.7.26, 「廣文社長主意」.
177) 김도형, 앞의 글, 299~300쪽.
178) 『대한매일신보』, 1906.5.24, 「文社大進」; 1906.6.2, 「新聞承認」.
179) 『대한매일신보』, 1906.6.22, 「廣文承認」.

인민대의소人民代議所 설립 청원서에 의하면, 그는 "당시 한국이 빈약하고 관리의 압제 및 외세의 침입을 받는 이유는 민지民智이 개발開發되지 못했기 때문"이라 지적하고, "민지개발民智開發과 설교흥학設教興學을 위해 인민대의소 설립이 필요하다"고 주장하였다.[180] 그리고 인민대의소 총의장으로 선출된 김광제도 "인민대의소人民代議所의 취지趣旨은 민지民智를 개발開發하고 민권民權을 부식扶植"하는 것이라 하였다. 나아가 그는 교육방침을 근면勸勉히 연구硏究하는 동시에 농업과 상공업을 발달시킬 방책을 강구해야 한다고 주장하였다.[181] 그러므로 인민대의소는 민지개발民智開發, 민권부식民權扶植, 설교흥학設教興學, 식산흥업殖產興業 등을 목적으로 하면서, 연령과 신분을 초월한 인민의 회의체였고, 자치 및 자강을 도모하여 국권을 확립하고자 한 단체였던 것이다.[182] 결국, 인민대의소는 대의기구적代議機具的 형태로 민의를 결집하고 민기民氣를 진작시키고 민지를 개발하여 국권을 지키기 위한 방안으로 설립되었던 것이다.

다만, 김광제는 이 과정에서 지방통치기관과의 유대를 강조하였다. 곧 그는 관리들에게 법률 범위 이내에서 질문 혹은 건의를 하되 대항적이어서는 안 된다고 하였다. 이런 활동의 목표 및 방법은 당시 계몽운동단체가 추구하던 이념과 활동지침이 거의 동일하였다.[183]

(2) 대구광학회大邱廣學會

1906년 8월 무렵 대구에서는 대구광문사大邱廣文社와는 다른 별개의

180) 『황성신문』, 1906.5.14, 「設立代議請願」.
181) 『황성신문』, 1906.6.1, 「慶北代議所」.
182) 『대한매일신보』, 1906.8.26, 「慶尙北道大邱府 民議所長 金光濟氏의 警告文」.
183) 김도형, 앞의 글, 296~297쪽.

계몽운동 단체로서 최대림崔大林·이일우李一雨·윤영섭尹瑛燮·김선구金善久·윤필오尹弼五·이종면李宗勉·이쾌영李快榮·김봉업金鳳業 등이 중심이 된 대구광학회大邱廣學會가 만들어졌다. 대구광학회는 "우리나라가 위기에 닥쳐있고 망하게 된 것은 민지民智가 개발開發되지 못했기 때문"이라고 지적하고, "독립의 권한을 부식하려면 교육으로 국민의 정신을 양성하는 것과 같은 것이 없다"고 주장하였다. 곧 민지개발을 위해 교육의 확대 실시를 강조하였다. 이를 위해서 구체적으로 세계 열강처럼 광범위하게 학교를 설립하고, 유치원·박물관·도서관·박람회·토론회·연설회·도서종람회·신문종람소 등 각종 교육 시설을 세워 학술을 강구하여, 지식을 연마하자는 방안을 제시하였다. 곧 광학회의 설립은 국민의 학문을 넓히고자 하는 욕민광학欲民廣學에 있었던 것이다.[184]

대구광학회는 발기인 이일우李一雨가 운영하던 우현서루友弦書樓를 사무소로 활용하였다. 이일우는 대구 부호 이동진의 아들로 민지개발民智開發을 위해 스스로 자금을 마련하여 시무학당時務學堂을 설립한 인물이었다. 이일우는 학문에 뛰어난 사람을 초빙하여 학당장으로 삼았고, 지식발달에 유익한 내외국 신구 서적과 각종 신문·잡지 등을 광범위하게 구입하여 학당에 비치하였다.[185] 그리고 윤영섭尹瑛燮은 경북관찰사 신태휴의 학교 설립 노력에 적극 협조하였고, 달명의숙達明義塾의 교감으로 교육에 힘을 쏟았다.[186]

또한 서상돈, 김광제가 중심이 된 인민대의소와는 별개의 대구시의소大邱市議所가 만들어져 활동하고 있었다. 대구시의소에는 교육부가 있어 교육부 주관으로 환등회幻燈會를 개설하여 무료로 교육의 기회를 제공

---

184) 『대한매일신보』, 1906.8.21, 「大邱廣學會趣旨」.

185) 『황성신문』, 1905.2.1, 「有志開明」.

186) 『대한매일신문』, 1906.6.19, 「贊成校務」; 1906.7.22, 「尹氏志願」; 1906.10.24, 「達塾讃揚」.

하고자 했다.[187] 이 시의소市議所는 대구광학회와 관련이 있는 것으로 보인다. 그 외에도 후술하는 바와 같이 대구광학회의 윤영섭尹瑛燮·윤필오尹弼五·양재기梁在淇 등은 민의소民議所 형태의 시청市廳을 설립하였다.[188] 시청은 당시 관찰사 박중양朴重陽의 주도 아래 만들어져 각종 사회문제에 연루되었던 것으로 보인다.

이와 같이 대구에서의 계몽운동은 1898년 독립협회 대구지회 설립으로 시작된 이래 1906년을 계기로 대구광문사大邱廣文社(그내 문회 → 대동광문회)와 그것과 관련을 가진 인민대의소人民代議所를 한 축으로 하고, 대구광학회大邱廣學會와 그것과 관련을 가진 시의소市議所을 다른 한 축으로 하여 진행되었다. 양자의 목적이나 활동 방향은 동일한 것으로 간주할 수 있다. 결국 양자는 단체를 달리했지만, 당시 계몽운동에서 제기하던 실력양성을 통한 국권회복을 전망하였고, 특히 교육 보급을 통한 민지개발民智開發, 민기진작民氣振作으로 자치, 자강을 꾀했다.[189]

하지만 이 시기 대구의 계몽운동은 통합·단결이 아니라 분열된 채 진행된 면이 없지 않았다. 대구의 계몽운동을 둘러싼 반목은 이미 1906년 6월경 언론을 통해 시작되었던 것으로 보인다. 곧 당시 대구사립학교 교감 윤영섭尹瑛燮과 대구사범학교 학감 김용선 등이 황성신문에 "광문사장 김광제와 광학회원 이일우 등이 항상 근심스럽게 하고, 서로 욕하고 허점을 들추어내니 어떻게 우리에게 다행스럽다 하겠는가"라는 내용의 글을 기고했던 것이다.[190] 또한 당시 김광제가 경북관찰사 신태휴

187) 『대한매일신문』, 1907.4.28, 「幻燈開設」.

188) 『대한매일신보』, 1907.6.26, 「광고」, 그것은 동상면장 裵永洙와 서상면장 崔處殷이 대한매일신보에 실은 광고에서 확인할 수 있다. 배·최 면장은 윤영섭 등 3명이 '民議所를 조직하고 本郡 公廨 중 사령방을 차거하여 市廳으로 불렀다'고 주장하였다.

189) 김도형, 앞의 글, 298쪽.

190) 『황성신문』, 1906.6.19.

의 뇌물 수수 및 각종 비리 연루 보도와 함께 서상돈, 정덕견鄭德見, 김병순金炳淳 등을 비난하는 기사를 실은 국민신보의 보도 내용이 잘못되었다는 것을 해명하는 것에서도 알 수 있다.[191] 그리고 그러한 보도는 신임관찰사인 이근호와 그의 측근 인사들이 전임관찰사인 신태휴를 비난하기 위해 제기한 것으로 알려졌다.

그러나 이러한 현상이 대구의 계몽운동 진영에 도움이 될 리 없었다. 때문에 신태휴의 학교 설립에 대한 업적을 두둔하거나[192] 전관찰사 신태휴와 신임관찰사 이근호와의 갈등이 없음을 해명함으로써 양 진영간의 갈등을 봉합하려 하였다. 그리하여 달성광문사장 김광제는 "국권의 확립은 민기의 진작에 있고,… 민기를 진작하는 계책은 단결에 있다"고 하여, 단결을 강조하였다.[193]

그런데 1906년 대구군수 박중양朴重陽이 신태휴 교체 이후 공백 상태에 있던 경북관찰사 서리로 부임하면서, 대구의 계몽운동에 혼란이 야기되었다. 그는 부임 후 혁구개신革舊改新이라는 이름 아래 대구부성 철거, 대구시가 도로 개수, 관찰부 및 대구군 관할의 공공건물 매각, 대구시장 개선 등을 시행했으나 일본인의 이익을 대변하였기에 지역민과 여론으로부터 비판을 받아야 했다.[194] 특히, 대구시가의 도로를 개수하는 과정에서 재대구 일본거류민단이 서문에서 동문까지 통하는 도로를 건설한다는 명목으로 대구공립보통학교의 담장을 허무는 일까지 발생하였다.[195]

---

191) 『대한매일신보』, 1906.6.19, 「達城廣文社長 金光濟씨의 奇函이 如左하니」.

192) 『대한매일신보』, 1906.6.20, 「嶺學風瀾」.

193) 『대한매일신보』, 1906.8.26, 「慶尙北道 大邱府 民議所長 金光濟氏의 警告文이 如左」.

194) 『대한매일신보』 1906.11.24, 「言之醜也」, 數百年 城堞을 政府에 報告하지 않고 無認許 私設 所爲 市廳 浮浪輩 尹弼五, 尹瑛燮, 梁在淇 3한과 附同하여 어려지 않게 毁破하여 石物은 방금 日本人에게 放賣하고 城上의 枯木도 역시 買食함.

그는 그런 일을 위해 윤영섭 등을 동원해 민의소 형태의 시청市廳을 설립하였던 것이다. 그런데 시청은 일반적으로 교육진흥과 산업발달을 위한 자치적 기구이며, 관찰사를 거쳐 내부의 승인을 얻은 후에 설립되는 것이었다. 그러나 관찰사 서리 박중양은 도내 4곳에 시청을 설립해 각종 비리와 민원을 일으켰다. 심지어 시청을 사칭하여 민간인 토지 및 가옥을 탈취하는 일까지 벌어지기도 하였다.[196] 결국 시청은 일본인의 이익을 옹호하거나 각종 부정부패를 일삼는 비리의 온상이었다. 이런 박중양의 행동은 '보호조약' 이후 일제의 한국에 대한 침탈 양상이 대구에서 나타난 구체적 사례였던 것이다.

이처럼 대구광문사와 대구광학회로 나뉘어 진행되던 대구의 계몽운동이 국채보상운동을 계기로 통합되는 성과를 거두기도 하였다. 또한 국채보상운동을 통한 실력 저항은 정식 관찰사의 부임을 이끌어 냈다. 관찰사로 부임해 온 한진창은 대구군수 박중양의 파면을 정부에 요구하는가 하면, 한진창 후임의 관찰사 이충구는 박중양이 설립한 시청을 혁파하는 등 일련의 개혁을 실시하였다.[197] 물론, 이런 운동이 당시의 국면을 전면적으로 전환시키지는 못했지만 계몽운동의 실력을 보여주는 사례가 되었다.

2) 국채보상운동의 전개

대구에서 국채보상운동이 제기된 때는 1907년 1월 29일(음 1906년 12월 16일) 대구광문사 문회는 특별회를 열고 문회 명칭을 대동광문회大東廣文會

195) 『대한매일신보』, 1906.12.12 ; 『황성신문』, 1906.12.22 ; 『황성신문』, 1906.1.19.
196) 『대한매일신보』, 1906.11.24, 「不法何多」.
197) 『대한매일신보』, 1907.2.26, 「達察遞任理由」; 『대한매일신보』, 1907.5.7, 「達察初政」.

로 바꾸었다. 회장으로 박해령朴海齡, 부회장으로 김광제金光濟를 선출하였다. 그 자리에서 대구광문사 부사장인 서상돈이 일제의 국채 1천 3백만 원을 갚아 국권을 보전하자는 단연 국채보상운동을 제기하였다. 『제국신문』 1907년 2월 16일자에 실린 당시의 상황은 다음과 같다.

> 대구광문사회 회명을 대동광문회라 개칭하는 일로 음력 납월 16일에 특별회를 열고 사무를 필한 후에 회원 서상돈씨가 동의하기를 국채 일천 삼백만원을 갚지 못하면 장차 토지라도 허급할 것인데, 지금 국고금으로는 갚지 못할지라. 우리 이천만 동포가 담배를 석 달만 끊고 그 대금을 매삭 매망 하 이십 전 씩만 수합하면 그 빚을 갚을 터인데, 호가 말하기를 우리나라 인종이 강단과 열심이 없어 일제히 담배 끊기 극난하다 하나 그렇지 않은 것은 우리가 충의를 숭상하던 바라. 어찌 힘이 아니 드는 담배 석달이야 못 끊을 자 어디 있으며, 설혹 사람마다 못 끊더라도 일원으로 백원 천원가지 낼 사람이 많을지니 무엇을 근심하리오. 나부터 팔백원을 내노라 한데, 만장이 일치하여 서상돈씨의 동의가 가하다 하는지라. 광문사 김광제씨가 말하기를 일은 개왈 가라 하니 물론 모사하고 실시하는 것이 귀함인즉 당장에 실시하노라 하고 연죽煙竹과 초갑草匣을 없이하고 삼삭 담배값 60전과 돈 10원을 내니 제인이 다 회장의 결심을 찬성하여 담배 끊은 자 무수하고 각각 출의하여 당장에 이천여원에 달하였고, 그 회장은 박해령씨로 추선되어 각 군에 통첩하였는데, 일본 헌병도 그 회사에 와서 사실을 탐지하고 그러이 역였다더라.

그리고 이 취지서는 「국채일천삼백만환보상취지」라는 제목으로 대한매일신보와 대한자강회월보에 소개되었다. 그 내용의 일부를 소개하면 다음과 같다.

> …지금 우리의 국채 1천 3백만 환은 대한의 존망이 달린 일이라 할지니

이를 갚으면 나라는 존하고 갚지 못하면 나라가 망함은 필연적 추세이라. 지금 국고로는 갚기가 어려운 형편인 즉 장차 삼천리강토는 우리나라의 소유도, 우리 국민의 소유도 되지 못할 것이다. (중략) 2천 만 동포가 석 달만 담배를 끊어 한 사람이 한 달에 20전씩만 대금을 모은다면 거의 1천 3백만 환이 될 것이니 만약 모자란다면 1원, 10원, 백 원, 천 원씩 낼 수 있는 사람을 골라 출연시키면 될 일이라. 국민들이 당연한 의무로 여겨서 잠시만 결심하면 되는 일이니, 이 일을 저들 일본의 결사대나 짚신을 삼아 팔고 반지를 빼 팔아 군비를 조달한 일과 비교하면, 어느 것이 더 무겁고 어느 쪽이 더 가벼우며, 어느 것이 더 어렵고, 어느 것이 더 쉬운지를 알 수 있을 것이다. 아, 우리 2천 만 가운데 조금이라도 애국사상이 있는 이가 있다면 이를 반대하지 않을 것이다. 우리들이 감히 이를 발기하고 그 취지문을 부치면서 피눈물로 엎드려 원하노니. 대한의 신민 첨군자는 말로 혹은 글로 서로 전하여 알려서 모르는 이 한사람도 없게 하여 기필코 실시함으로써 위로는 성명聖明에 보답하고 아래로 우리 강토를 유지하기를 천만행심이로다.198)

국채보상 발기인에는 대구광문사장 김광제, 부사장 서상돈, 대동광문회장 박해령, 부회장 김광제, 회원 장상철, 서병오 등이 참여하였다. 국채보상운동을 위한 군민대회는 취지서가 대한매일신보에 보도되던 날인 1907년 2월 21일 성밖 북후정에서 개최되었다. 그리고 이 대회 날짜로 금연상채회禁煙償債會 명의로 관찰부에 국채보상에 관한 청원이 이루어졌다. 그리고 이 운동을 전개하기 위한 실행기관으로 성밖 북후정에 민의소民議所를 설치하고, 임원을 정하였다.199)

---

198) 『대한매일신보』, 1907.2.21.

199) 김도형, 「한말 대구지방 상인층의 동향과 국채보상운동」 『계명사학』 8, 1997, 참조.

금연상채회 임원

의 장	전 군수	이현주		
부의장	전 군수	정재학		
총 무	전 승지	정규옥		
재 무	전 군수	김병순	전 시찰	서상돈
평의원	전 주사	서병오	진사	이근중
	전 부위	이장우	진사	박민동
	유학	장상철	전 주사	도정호
	전 주사	최종륜	전 사과	김우근
	전 참봉	김석빈	유학	이병두
	전 교관	박정동	유학	도성호
	유학	김재덕	전 오위장	이효순
	전 의관	이중관	유학	최응백
	유학	이종희	학무국장	유성준
	전 참봉	박병익		
서 기	유학	김남수	전 주사	정해붕

금연상채회의 구성원 대부분은 자본가층을 비롯한 유생, 전·현직 관리 등이었다. 단체로 보면 대구광문사 계열을 중심으로 대구광학회 계열이 참여하는 형태를 보이고 있다. 특히, 이 운동이 전국적으로 파급됨과 동시에 민중층의 참여가 적극적으로 이루어지는 가운데 대구광학회 계열의 이일우·최대림·이종면 등은 이현주·서상돈·정재학·김병순·최시교·박승동·박기돈·서병오·정규옥 등과 함께 대구금연상채소(금연상채회, 금연동맹회 등과 혼용해 사용) 명의로 광고를 내어 전국민의 대동결의를 주장하기도 하였다.[200] 1907년 4월 현재 서상돈이 1천 원, 정재

200) 『대한매일신문』, 1907.7.25, 「경북각군국채의무금수합소, 대구금연보상소 고백」.

학 4백 원, 김병순·정규옥·이일우는 각 1백 원을 기부하였다. 이처럼 국채보상운동은 대구의 자본가층의 적극적인 참여 아래 진행되었고, 그 가운데서도 농공은행 설립 주체의 참여가 가장 적극적이었다. 결국 국채보상운동은 계몽운동 주도 세력과 그 계몽운동의 목적에 합류한 자본가층의 결합에 의해 진행되었던 것이다.

3) 대한협회 대구지회 활동

(1) 대한협회 대구지회의 설립과 운영

국채보상운동의 진행과정에서 김광제는 서울로 떠나고, 서상돈은 계몽운동에서 멀어져 가는 등 변화가 나타나면서, 대구지역의 계몽운동 세력들도 새로운 방향을 모색해야 했다. 때마침 대한자강회의 이념을 계승한 대한협회大韓協會가 창립(1907년 7월)되고, 지방지회 설립에 적극적으로 나섰다.

이러한 흐름은 1908년 들어 대구의 계몽운동 세력들이 대한협회 대구지회를 설립하는 것으로 이어졌다. 동 지회의 설립 과정을 보면, 1908년 1월 3일 조병희趙秉禧·이교섭李敎燮·이석진李錫珍·박해령朴海齡·서봉기徐鳳綺·서흥균徐興均 등이 서문 밖 김우근金愚根의 집에서 대한협회 대구지회 설립에 관한 윤함을 공포하였다. 그 후 1월 25일 달본소학교達本小學校에서 대한협회 대구지회의 발기인 대회가 개최되었다. 이 자리에서 서봉기·임봉식 등 2명이 발기 취지를 설명하고, 서울 본회에 입회 및 지회설립 청원서를 제출하기로 하였다.[201)]

201) 대한협회 대구지회에 관한 주요 자료로는 『대한협회록』과 『대한협회대구지회록』이 있다. 여기서는 대체로 『대한협회대구지회록』을 주로 활용하였다. 특별한 전거가 없으면 『대한협회대구지회록』을 인용한 것으로 한다.

같은 해 2월 10일 서울 본회의 윤효정尹孝定이 대구지회의 설립 요건을 살펴보기 위해 시찰위원으로 파견되었고, 3월 14일에 열린 서울 본회의 통상총회에서 대구지회의 설립이 인가되었다. 그 후 3월 22일 대한협회

〈표 24〉 대한협회 대구지회 임원 변동

일 시	회의명	임원 선정
1908. 3. 25.	특별총회	회장 朴海齡 부회장 徐鳳綺 총무 鄭在憓회계 鄭來郁 서기 許協 평의원 徐丙五 李一雨 朴基墩 李宗勉 崔大林 趙秉憙 권석우 최해윤 장상철 徐興均 강덕노 윤상우 梁在淇 徐基夏 오유창 간사원 안택호 채헌식 이영숙 김병노(간사원6명은 추후 선정하기로 함)
1908. 5. 14.	통상총회	찬의장 정재학 찬의원 이교섭 정래조 최시영 현경운 정재동 서상춘 박최동 허찬 서병규
1908. 8. 19.	특별총회	회장 서봉기 부회장 조병희 평의장 최대림 평의원(보선) 김봉업 이쾌영 김재열 서병규
1908. 9. 15.	통상총회	교육부장 현경운 실업부장 이일우
1909. 3. 25.	제2회 임원 선거회	회장 서봉기 부회장 총무 이종면 서기 허협 평의원 李一雨 徐基夏 徐丙奎 최해윤 李章雨 崔克鎔 梁在淇 崔大林 許協 李快榮 鄭鎭永 鄭海鵬 金炳先 梁?淳, 朴基敦 찬의원 李敎燮 權錫禹 崔萬達 玄擎運 裵東鉉 崔義林 李冕周 崔준昇 교육부장 徐相春 실업부장 徐丙奎
1909. 5. 4.	평상총회	교육부원 金善久 裵正燮 金鳳業 李의根 李冕周 崔海潤 徐基夏 許協 金在烈 실업부원 姜晩馨 金潤聲 權尙敦 徐相汶 裵文오 朴光郁 李一雨 朴基敦 李柄學 李快榮 수금위원 崔海潤, 李一雨 裵相熹 李柄學 鄭海鵬
1909. 7.	시벌연구위원	최재익 이일우 서기하
1909. 10. 28.	통상총회	회장 서상하
1909. 12. 3.	특별총회	회장 이교섭 부회장 최대림 교육부장 서병규 실업부장 최재익
1910. 3.	제2회 설립 기념식 및 총회	회장 이교섭 부회장 이종면 총무 이일우 부총무 김종석 회계 박병태 교육부장 서병규 실업부장 최재익 평의원 서기하 최대림 정진영 박기돈 서만곤 이규목 장상철 이장우 김봉업 김재열 이병학

※ 자료; 『대한협회 대구지회록』에서 정리함.

대구지회는 임시회를 열고, 동월 25일에 창립대회격의 특별총회를 개최할 것과 임원 선정을 하기 위해 정재덕鄭在悳·최대림崔大林·이일우李一雨·양재기梁在基·박기돈朴基敦·이종면李宗勉 등 6명을 임원선정위원으로 선출하였다.

대한협회 대구지회는 3월 25일 임시회의 결정에 따라 특별총회를 개최하고 <표 24>와 같이 임원을 선출하였다. 또한 동회 대구지회의 임원 변동도 <표 24>와 같다.

대한협회 대구지회의 조직 구성 및 그 운영 체계를 보면, 먼저 조직 구성의 경우 설립대회 당시에는 회장, 부회장, 총무, 서기, 회계, 평의원 및 간사원 등을 두었고, 이 해 5월에는 새로이 찬의원제를 채용하였으며, 1910년 1월에는 찬의원을 의사원으로 다시 변경하였다. 1908년 9월에는 교육부와 실업부를 두었고, 다음해 5월에는 그 위원을 선정하면서, 흥학설교·식산흥업이라는 문화계몽운동의 두 방향을 실천해 나가고자 하였다. 다음 동 지회 운영의 경우 1908년 1월 25일 발기회에서 설립대회가 열린 동년 3월 25일 특별총회까지 4차례의 임시회를 개최하였다. 설립대회(특별총회) 이후 해체되는 1910년 9월까지 79회에 걸쳐 회의가 진행되었다.[202] 곧 임시평의회, 임시총회, 통상평의회, 통상회, 임시회, 통상총회, 통상찬의회, 특별총회, 특별평의회, 특별연설회, 통상의사회 등의 회의를 통해 지회를 운영하였다. 이 가운데 가장 많이 개최된 통상평의회와 통상의사회가 대구지회의 의사를 결정하는 중요 회의였다. 통상평의회는 설립대회 이후 1909년 6월까지 진행되었고, 7월부터는 통상의사회로 변경되었다.

그런데 동 지회의 설립 과정은 윤영섭의 일로 인해 순탄치 않았다. 그는 몇 년 전 경상관찰사 서리 박중양과 함께 시청市廳을 빙자해 민의소의

202) 자료 관계상 1910년 6월까지만 파악되었다.

운영을 방해하고, 대구부민에 대해 여러 가지 부정을 자행하는 등의 문제를 일으킨 바 있었다. 그런 그가 동 지회에 가입하려 하자, 회원들이 과거 시청의 불법성을 제기하며 비난을 퍼부었다. 그에 따라 윤영섭의 가입 여부가 불투명해지자 윤영섭은 자신을 가장 많이 비난했다고 판단되는 최처은崔處殷·배영수裵永洙·이영숙李英淑 등을 의병이란 혐의를 씌워 대구주둔 일본군대에 고발하였다. 그로 인해 세 명은 일본군대에 붙잡혀 조사를 받게 되었고, 이 일로 인해 동 지회의 정재덕·권석우·서봉기 등 3명이 석방 활동을 펼치기도 하였다. 또한 동 지회의 지회 발기문 및 회원 명부, 본회 규칙 등과 연설회에서 사용된 연설문을 압수해 가는 일도 자주 있었다. 이처럼 동 지회는 설립과 함께 일제의 간섭과 감시의 대상이 되어 실제 활동에는 일제의 상당한 견제와 탄압 아래 전개되었다. 그에 따라 동 지회는 정치적 활동을 펼치기에는 제약이 있었다.

그들의 출신 배경으로는 먼저, 주로 유생과 전·현직 관리를 들 수 있다. 곧, 박해령朴海齡·서봉기徐鳳綺·정재덕鄭在悳·정래욱鄭來郁·허협許協·서병오徐丙五·박기돈朴基敦·최대림崔大林·조병희趙秉憙·서흥균徐興均·양재기梁在淇·서기하徐基夏·최만달崔萬達·장상철·강덕노·윤상우·현경운 등이 그들이다. 또 양재기梁在淇·서병화徐炳和·서만곤徐萬坤·박규동朴奎東·김병노金秉魯(간사원)·서기하徐相夏, 경주지회의 최선동崔善東, 대한자강회 고령지회장을 지낸 최곤술崔坤術, 대구군 금연상채회의 이종희李宗熙(평의원)·도성호都性浩(평의원) 등은 1902년에서 1906년 사이 경상북도 관찰부의 관할인 낙육재樂育齋에서 공부한 유생들이었다. 전통적 교육을 담당했던 낙육재가 을사조약 이후 근대적 교육기관으로 전환해 나갔던 것과 마찬가지로 낙육재 출신 인물들이 계몽운동 세력으로 형성되었던 것이다.

다음으로 지주·상인층들을 들 수 있다. 이일우李一雨·이종면李宗勉·정재학鄭在學·이장우李章雨·정해붕鄭海鵬·서병규徐丙奎·이병학李柄學·

박병열朴炳兌 등이 그들이다. 그들은 대구의 계몽운동과 국채보상운동에 적극적으로 참여한 바 있었다.[203] 그 외에도 서봉기·정진영·김재열·이교섭·최재익·김봉업·허협 등은 동 지회를 통해 처음으로 계몽운동에 참여한 인물들이었다. 이처럼 이들의 주요 관직 및 사회경력은 <표 25>와 같았다.

〈표 25〉 대한협회 대구지회 주요 참가층의 관직·사회경력

이 름 (생몰년)	주요 관직	사회 경력
서병오 徐丙五 (1865~1935)	1896 대구부주사(판7) 1908 대구지방위원 1909 신령군수(주4)	1907 대동광문회 발기인 1907 금연상채회 평의원
최만단 崔萬達(崔萬淳)	1903 경상북도관찰부 주사	
정규옥 鄭圭珏 (1851~1931)	승지	1907 대동광문회 발기인
정해붕 鄭海鵬 (1871~1950)	1908 동양척식주식회사 설립위원 1908 대구지방위원 주사	1907 금연상채회 서기
정재학 鄭在學 (1858~1940)	1907 대구지방위원 1908 개령군수(주4)	1907 금연상채회 부의장
이병학 李柄學 (1866~1942)	통신원 주사	
김병순 金炳淳(金允蘭)	1902 경주군수 1904 경상북도 각광 감리	1907 금연상채회 재무
이종면李宗勉 (1870~1932)	1903 제주목 주사 관6등 1904 종사랑 승6품 승훈랑 1908 대구 협성학교 정리위원	1906 대구광학회 발기인 1907 대구 단연보상소

※ 자료 ; 안용식『한국행정사연구』1, 2 대영문화사;「경상남북도거래안」1907년 2월 4일;『황성신문』:『대한매일신보』;「제적등본」

203) 김일수,「일제하 대구지역 자본가층의 존재형태에 관한 연구」,『국사관논총』94, 2000년, 140~141쪽.

이들 가운데 일부는 일제가 민회 활동의 주요 인물들에게 관직을 주어 회유하는 작업에 끌려 들어가기도 하였다. 곧 1908년 여름경 동 지회의 주요 회원인 박해령(회장)은 칠곡군수, 김영수(평의원)는 장기군수, 정재학(찬의장)은 개령군수, 서병오(평의장)는 신령군수로 각각 발령되었다.

(2) 대한협회 대구지회의 이념

대한협회 대구지회의 이념은 서울 본회의 영향을 받으면서도 일정한 독자성을 가진 것으로 보인다. 서울 본회에서는 대한협회의 근본 취지를 정치·교육·산업 등 세 분야의 발전에 두었다.[204] 그 가운데 대한협회는 정당론을 펼치며, 정치활동을 주요 활동으로 설정하였다.[205] 그에 따라 동 협회 대구지회에 연사로 초대된 윤효정尹孝定도 '정치의 기인基因, 정부의 조직 원의原意, 정당의 기인基因, 정당의 정신, 국민의 현상, 본회 전도의 추향趨向' 등 정치와 정당에 대해 강연의 내용을 채웠다.[206]

그렇지만 동 협회 대구지회는 본회와는 달리 정당론에 대한 입장을 명확히 밝히지 않았던 것으로 보인다. 그것은 앞에서 본 바와 같이 동 지회가 '윤영섭 사건'으로 인해 대구 경찰서로부터 감시의 대상이 된 것과 동 지회의 주도층의 경제적 성격과도 연관되는 것이었다.

다만, 대한협회의 강령[207]에 대해 주지하고, 활동의 방침으로 설정해 나가고자 했던 것으로 보인다. 그것은 이일우가 행한 「본회 7강령의

---

204) 「대한협회 취지서」, 『대한협회 회보』 1호(1908.4), 5쪽.

205) 이에 대한 연구는 김도형의 앞의 책과 유영렬·박철하, 「대한협회의 정당론과 정치활동」, 『숭실대 논문집』(인문과학편) 25집, 1995, 참조할 것.

206) 『대한협회』 제4호(1908.7), 57~58쪽.

207) 대한협회의 강령은 "① 교육의 보급, ② 산업의 개발, ③ 생명·재산의 보호, ④ 행정제도의 개선, ⑤ 관민폐습의 교정, ⑥ 근면저축의 실행, ⑦ 권리, 의무, 책임, 복종의 사상의 고취" 등이었다.

의지」를 통해서 보더라도 강령 4항 '행정제도의 개선'에서 인민의 안락을 조성하는 것이 정치의 덕목이라고 지적하면서도, 의식 향상을 위해 교육의 보급이 필요하다고 강조하였다. 그리하여 동 협회 대구지회의 주요 활동 방향으로 교육 진흥·식산흥업을 강조하면서, 봉건성의 극복과 근대 정신의 실현을 내용으로 하고 있었다.

또한 동 협회 대구지회는 의병에 대해 비판적인 입장을 취했다. 1910년 7월 안동의 협동학교協同學校가 의병에게 공격을 받은 사건이 있었다. 이때 대구지회는 특별회를 개최하여 의병을 '완고배頑固輩'라 규정하고 그들을 비토하는 완고배성토문頑固聲討文을 발포하여 의병의 학교 침탈에 격앙된 입장을 보였다. 또 대구지회와 밀접한 관계를 맺고 있던 협성학교 학생들도 의병을 '폭도'로 규정하였다.208)

(3) 대한협회 대구지회의 교육·식산흥업 활동

대구지회는 교육부와 실업부를 통해 계몽운동을 전개해 나갔다. 이를 위해 강연회 및 토론회를 개최하여 계몽운동의 의의를 고취해 나갔다. 그것은 다음 <표 26>과 같이 대구지회 설립 이후 총 10회에 걸쳐 실행되었다.

<표 26>에서와 같이 연사로 활동한 사람은 이일우·이은우·최대림·장상철·이쾌영·이윤·최해윤·서기하·김봉업 등이었다. 연사들은 계몽운동의 의의에 대해 식견을 가진 사람들로서 대구지회의 활동에 중요한 역할을 담당한 인물들이었다. 연설 내용은 연설문의 대부분을 통감부에서 압수해 갔기 때문에 구체적인 것을 파악하기는 쉽지 않으나 연설 제목을 통해 볼 때, 대한협회 활동의 의의 및 필요성, 교육 활동,

---

208) 『황성신문』, 1910.7.27, 「聲討安東 頑固」; 1910.8.19, 「學生冒險演說」.

〈표 26〉 대한협회 대구지회 강연·토론회 일람

일 시	대 회	연사 및 강연 제목
1908. 3. 12.	임시총회	연사 윤효정, 「정치의 기인, 정부의 조직 원의, 정당의 기인, 정당의 정신, 국민의 현상, 본회전도의 추향」
1908. 3. 30.	임시총회	이일우, 「본회 7강령의 意志」, 이은우, 「시간존행이 단체에 밀접 관계」, 최대림, 「사회교육이 亦급무」
1908. 4. 15.	통상회	장상철, 「今日 民族의 支保가 在於團體」, 이쾌영, 「文明의 進步가 在於捨舊就新」
1908. 4. 29.	임시회	이종면 전진수 이일우 최동길, 우의 / 서기하 허협 최대림 조병희, 좌의로 「生命上에 自由와 衣食이 孰輕孰重」, 自由 右議의 得勝 연사 이윤, 「我韓 現時의 急務」
1908. 5. 14.	통상총회	최해윤, 「社會之命運이 在於 尊公理 去私黨」 / 이은우, 「社會之主旨가 在於團體」
1908. 5. 28.	특별연설회	윤효정, 「大韓協會는 民聲의 機關」, 이은우, 「社會의 進步할 點」
1908. 6. 13.	통상총회	이윤, 「역사는 국민의 특성을 발휘하는 요소라」, 김봉업, 「苦는 甘의 本始라」
1908. 7. 13.	통상총회	이쾌영, 「원동력은 타동력을 산출하는 母라」, 서기하, 「단체의 효력
1908. 9. 15.	통상총회	이은우, 「완병자의 거의 기락하는 습성은 대방가 감대적 수단에 재함」
1909. 2. 5.	통상총회	이쾌영, 「信者는 人道의 本」, 이윤, 「社會는 國民活動의 機關」

※ 자료: 『대한협회 대구지회록』에서 정리

근대정신 등이 많은 부분을 차지하였다.

대한협회 대구지회는 교육 진흥을 주요 활동 목표로 설정하였다. 우선 동 지회는 교육부를 설치하여 교육 활동을 전담케 하였으며, 초대 교육부장은 현경운(→서상춘→서병규)이 맡았다. 1908년 4월말 법률

야학회를 회관 내에 개설하여 근대적 법률체계에 대한 공부를 하고자 했다. 이를 통해 근대적인 법률 이론을 습득하였다. 5월에는 이일우의 제안으로 국문야학교를 세우기로 하고, 그 설립연구위원으로 이일우·이종면·백일용·서기하·김재열 등을 선정하였다. 6월에는 노동야학교를 개설하고, 교장에 현경운, 교사에 최시영·이쾌영·이종면·김재열·이일우·김봉업·서기하·이은우·허협 등을 선정하였다. 그리고 협성학교協成學校와 협의하여 학교의 임원개선과 교과목 선정 그리고 학사행정에 깊숙이 관여하였다.

수창학교壽昌學校의 설립과 운영에도 깊히 관여하였다. 이 학교의 취지서에는 "구학舊學이 없이는 신학新學을 교육할 수 없다"는 점을 분명히 하였다.[209] 곧 인성 혹은 덕육에 관해서는 전통적 교육을 중시하겠다는 것을 강조하였다. 여기에는 동 지회의 회장 서봉기를 비롯한 많은 회원이 관여하였으며, 대구지회의 주도 아래 운영되었다. 그에 따라 수창학교의 상황은 대구지회에 지속적으로 보고되었으며, 교과목을 비롯한 학사행정 및 재정에 관한 전반적 운영이 대구지회에서 논의되었다.[210] 또한 수창학교는 학부學部로부터 재정을 보조받는 지정학교로 선정되어 학교 운영에 필요한 재정의 상당 부분을 국가로부터 해결하고 있었다.[211]

대한협회 대구지회도 계몽운동의 전국적 흐름과 같이 식산흥업에 관한 활동에 중점을 두고자 하였다. 이에 동 지회는 실업부實業部을 설치하여 식산흥업활동을 벌여 나가고자 하였다. 초대 실업부 부장은 대구광학회 발기인으로 활동한 바 있었던 이일우(→서병규→최재익)가 맡았다. 이일우는 식림 장려를 계속적으로 주장하였다.

209) 김도형, 앞의 책, 169쪽.
210) 『대한협회 대구지회 회록』 참조.
211) 「慶尙北道學校一覽表」, 1910, 2쪽.

그러나 동 지회는 식산흥업의 경우 교육진흥 운동 및 계몽 강연과 달리 활동 방향으로만 설정된 듯한 느낌이 강한 것으로 생각된다. 동 지회는 대체로 식산흥업의 중요성에 대해 인식하고 있으리라 생각되지만 조직의 차원에서 공통의 사업을 성사시키지 못했던 것으로 보인다. 다만, 개인적 차원에서 동업이나 지분 참여 그리고 개인 경영의 사업에 큰 관심을 두었다. 이는 조선인 사이에서도 경제적 이해관계에 대한 공통성을 얻어내기가 쉽지 않았기 때문인 것으로 생각된다. 따라서 정부적 차원에서 진행되는 사업에는 실질적 이윤을 노리고 적극적으로 참여하지만, 조직 차원의 사업은 명목적 입장으로 간주하여 소극적으로 대응했던 것이 아닐까 한다.

(4) 대한협회 대구지회와 대구지방 동향

대한협회 대구지회는 일제의 조선 침탈에 대한 영향이 대구지역에도 파급되면서, 그에 따라 발생하는 사회 문제에 입장을 나타내지 않을 수 없었다. 먼저, 객사客舍 철거에 관한 입장을 살펴볼 수 있다. 앞서 살펴본 바와 같이 대구성벽 훼철로 인해 많은 비난을 받았던 박중양이 다시 경북관찰사로 부임해 오면서, 공소원을 건축한다는 명분 아래 역대 조선 왕들의 위패가 모셔져 있던 객사를 철거하기 위한 행동을 취했다. 이때 대구부민들은 스스로 자위대를 구성하여 객사 철거를 막고자 하였으며, 「중양타령重陽打令」이라는 노래를 만들어 박중양의 행동을 강하게 비판하였다.[212]

---

212) 『대한매일신문』, 1909.1.16, 「重陽打令」, "重陽佳節 말 말아라. 痛哭일세 痛哭일세. 屢百年을 尊崇하던 大邱客舍 어데갔노. 哀邱 大邱 흥. 重陽佳節 말 말아라. 어이할고 어이할고 大成至聖夫子廟는 呑吐중에 들었고나 哀邱 大邱 흥. 重陽佳節 말 말아라. 前後後無 肥己手段 大邱城郭 舊公廨를 壹時間에 팔아먹네. 衷邱 大邱 흥.… 重陽佳節 말 말아라. 떠나갔네 떠나갔네 協成學校 떠나갔네 一道 青年 어이할고.

이렇듯 객사 철거 문제가 대구부의 최대 현안으로 부각되자, 대구지회도 그에 대한 입장을 표명하였다. 우선, 대구지회는 1908년 11월 19일 임시평의회를 소집하여 이일우로부터 객사 철거에 관한 보고를 들은 후에 중립적인 입장을 결의하였다. 곧 "당군 객사 훼철사로 인민의 감정이 격발함은 편견으로 발생하였고, 관청의 처신도 타당하다 할 수 없다. 본 지회는 무편무당無偏無黨한 방법과 유정유직한 의견으로 지방장관에게 건의하기로 의결하다"라고 하였던 것이다. 그 의결에 따라 서병규·정해붕을 총대 위원으로 선정하여 관찰부에 건의서를 제출하였다. 그 내용을 보면, 관찰부에 대해서는 부민에 객사 철거에 따른 동의 절차가 미흡했고, 부민들은 행동보다는 대화로 문제를 해결해야 한다는 다소 중립적인 태도를 취했던 것이다. 동시에 감정이 폭발하여 객사를 점거한 부민들에게는 동 총대위원으로 하여금 위문 방문을 하였다. 또한 강연회를 개최하여 부민들에게 행동의 자제를 촉구하기로 하였다.

다음으로 동 지회는 지역의 계몽운동과 유대를 강화하는 가운데 인근 지역에까지 동 협회의 운동을 파급시켜 나갔다. 먼저, 동 지회는 대구에서 조직되어 활동하던 애국부인회와 교육부인회(여자교육회) 그리고 달성친목회와도 유대관계를 맺었다. 대구애국부인회는 1908년 12월에 관찰부 부속 청사를 빌어 사무실을 열고 공식적으로 활동했다.[213] 대구에서 여성의 사회활동은 국채보상운동의 전개 과정에서 부인·상인·기생 등의 다양한 직업의 여성들이 적극적으로 참여하면서 비롯되었다.[214] 이러한 여성들의 국채보상운동 참여는 이면주李冕周(대한협회대구지회 회원)의 부인인 서주원徐周媛을 중심으로 하여 대구남산국채보상부인회의

哀邱 大邱 훙"

213)『황성신문』, 1908.12.25,「大邱愛國婦人會 開所式」; 1909.3.5,「可謂 愛國婦人」.

214)『대한매일신문』, 1907.3.1,「達市義損」; 1907.3.8,「경고아부인동포라」; 1907.3.28,「靑평論價」; 1907.5.17,「大邱郡 斷煙償債會 의연한 婦人 姓氏와 金額」

결성으로까지 이어졌고,[215] 나아가 애국부인회가 결성될 수 있었던 것으로 보인다. 애국부인회는 찬성원을 대한협회 대구지회 회원으로 구성하고, 동 지회의 부인을 회원으로 가입시킴으로써 동 지회와 밀접한 관계를 맺었다. 대구애국부인회에는 회장 서주원徐周媛, 총무 염복은廉卜恩 등이 중심 인물로 활동하였으며, 염복은은 고아원을 설립하여 봉사활동을 벌이기도 하였다.[216] 따라서 대구애국부인회는 국채보상운동을 통해 여성들의 조직화가 이루어졌고, 대한협회 대구지회와 연계하여 계몽운동을 벌인 여성 단체였다.

1909년에는 교육부인회(여자교육회)가 결성되어 교육 활동을 전개하였다. 이 회는 이일우의 계수季嫂인 김화수金和秀를 비롯한 100여 명의 여성들이 결성한 단체였다. 교육부인회는 서상돈·이일우 등이 발기하여 설립한 대구사립달서여학교大邱私立達西女學校의 운영을 지원하는 것을 주요 활동으로 한 것으로 보인다. 김화수는 회원으로부터 200여 원의 기금을 모아 달서여학교에 기부하고 그 내에 부인야학교를 설립하여 20여 명에게 교육을 실시하였다.[217] 교육부인회를 통해 대구의 여성들은 계몽운동에 보다 적극적으로 참여하였고, 이를 통해 여성들에게도 근대적인 교육의 기회를 제공하여 신여성을 양성해 나갔던 것이다.

동 협회 대구지회는 1908년 9월 5일 대구에서 이근우李根雨·김용선金容璇 등이 중심이 되어 결성한 달성친목회達城親睦會와도 관계를 맺었다. 김용선은 1906년 당시 대구사립사범학교의 학감을 역임했다.[218] 달성친목회는 조선인 청년의 교육·실업장려를 목표로 하여 활동하였다.

215) 『대한매일신문』, 1907.6.20, 「婦人愛國」.
216) 『황성신문』, 1909.3.5, 「可謂 愛國婦人」.
217) 『대한매일신문』, 1909.12.30, 「達校振言」; 『대한민보』, 1910.1.8, 「達西女學校發展」; 『대한매일신보』, 1910.4.14, 「金氏 熱心」.
218) 『대한매일신문』, 1906.6.20, 「兩氏義助」.

1909년 제1회 창립기념식에는 교남교육회 교육시찰위원 남형우와 이원식이 참석하여 연설을 행하였다. 달성친목회는 지역에서 자생적으로 조직된 계몽운동 단체였고, 대한협회 대구지회와도 연계하여 활동하고자 하였다.[219]

또한 동 지회는 1908년 3월 서울에서는 경상도 출신들이 흥학설교興學設校을 통해 교육을 진흥시키기 위하여 결성한 교남교육회嶠南敎育會와도 관계하였다.[220] 교육회에는 대구광문사장을 역임했던 김광제金光濟이 평의원을 맡았고, 대한협회 대구지회에서 활동하던 이윤李潤도 평의원으로 활동하였다. 달성친목회의 김용선金容璇도 회원으로 활동했고, 그 외 향후 주목되는 인물로 서상일徐相日·남형우南亨祐·김응섭金應燮·이경희李慶熙 등도 회원이 되었다. 교남교육회가 대한협회 대구지회와 긴밀한 관계에 있지는 않았다 하더라도 일정한 교류는 행하고 있었을 것으로 판단된다.

그리고 동 지회는 칠곡 인동에 근거한 인동 장씨仁洞 張氏 문중을 자극하여 대한협회 칠곡지회의 설립을 이끌어냈다. 칠곡의 장지필張志必은 1908년 4월 15일 대구지회 통상회에 방청하였다가 장상철과 이쾌영의 연설에 감명되어 칠곡지회의 설립에 노력을 기울여 이 해 12월에 지회를 설립하였다.

---

219) 『대한매일신문』, 1909.9.25. ; 大警 第2339號, 大正 8年 7月 24日, 達成親睦會 및 講遊園에 대한 復命書, 國史編纂委員會, 『韓民族獨立運動史資料集』7, 國權回復團 1, 296쪽.

220) 嶠南敎育會에 관해서는 權大雄의 「韓末 嶠南敎育會 硏究」(重山鄭德基博士華甲紀念韓國史學論叢, 1996.12.)를 참고.

2. 일제강점기 총독정치 자문기구와 관변단체 활동

1) 1910년대 교풍회와 자제단 활동

(1) 교풍회

1917년 총독부는 민풍을 개량한다는 명목하에 교풍회矯風會를 조직하고자 하였다. 그해 10월 10일 대구경찰서가 주도하여 대구에서도 교풍회가 조직되어 11월 1일부터 활동을 시작하였다. 대구교풍회는 부윤, 경무부장, 참여관 등을 고문으로 하고 회장을 비롯한 임원은 조선인들로 구성되었으며, 회원은 80여 명 정도였다. 회장 서경순徐耕淳, 부회장 서병규徐丙奎(慶一銀行)·정해붕鄭海鵬(大邱銀行) 등으로 선정하고, 각 구에 통장, 구장, 감시 각 1인식 두고, 통장은 구장으로 정하였다. 그해 12월 12일 열린 교풍회의 총회에서 서기하徐基夏(慶一銀行)는 회원 실행 조항 4가지를 설명하였다. 다음 해 2월 교풍회는 대구부민 가운데 자신들이 내세운 실행할 일을 실천한 사람들에 대해 효孝·성誠·미美·선善 등 4분야로 선발하여 표창하는 행사를 가졌다. 여기에 표창을 수상한 사람은 최현달·하동수·김찬수·서병조·지의원·서병원·이재혼·곽병학·이장춘·도남이·최정일·최하형·김점선·이상분 등이었다.[221) 교풍회에 참여한 조선인으로서는 정재학·서병오·이병학·정해붕·이장우·장상철·진희규·서병조·김응섭·서상춘·정석규 등으로 대부분 금융자본가와 일치하였다. 결국, 교풍회는 일제가 조선인을 지배체제내로 인입하기 위해 만든 관변단체였던 것이다.

221) 『매일신보』, 1917.2.16, 「矯風會 組織」; 『매일신보』, 1917.10.11, 「대구의 교풍회」; 『매일신보』. 1917.11.8, 「風會 實施」; 『매일신보』. 1917.12.15, 「青年 導率과 弊風의 矯正」; 『매일신보』. 1918.2.15, 「교풍회 표창」.

(2) 자제회단

1919년 3월 8일 대구 만세시위운동을 계기로 3·1운동이 경북 각 지역으로 파급되어 나가자 이에 대응하기 위해 일제는 대구부내 조선인들로 자제회단自制會團을 만들어 만세운동이 확산되지 못하도록 하고자 하였다. 그 주요 목적은 독립운동 참가자의 검거와 첩보활동 이었다. 단장은 대구읍성의 훼철毁撤에 앞장섰던 경상도 관찰서 서리 겸 대구군수를 지낸 박중양이었고, 발기인은 이병학·이장우·정해붕·이일우·이영면·정재학·한익동·김홍조·서경순·장상철·서철규·서병원 등이었다.[222] 서경순·장상철 등을 제외하고는 은행의 주주 혹은 중역으로 참여한 인물이었으며, 두 사람도 계몽운동에 참여한 경험이 있었다. 또한 교풍회의 회원과도 대부분 중복된다. 이들은 자제회단의 활동 유지에 필요한 기금을 마련하거나 경북 각 지역으로 출장하여 만세운동이 확산되지 못하도록 연설회를 진행시켰다.[223]

2) 1920년대 지역 사회활동

(1) 대구구락부大邱俱樂部 활동

1923년 들어 대구지역 사회운동에서 일정한 변화가 나타났다. 그것은 실력양성론적 입장에서 문화운동을 추진하던 대구청년회가 침체되고, 본격적인 농민운동을 앞세운 대구노동공제회가 발흥하는 형태였다. 곧 노자협조적 분위기에서 계급적 색채를 표방한 사회단체의 등장으로 새로운 사회적 분위기가 형성되었던 것이다. 이때 부르주아 운동에 적극

222) 오미일, 앞의 논문, 171쪽.
223) 『매일신보』 1919.4.21, 「慶北의 自制團」; 1919.4.30, 「자제단 근황」; 1919.4.30, 「자제단 평의원회」.

적이었던 인물들이 문화운동을 추진할 새 기관으로 대구구락부의 결성을 시도하였다.

1923년 7월 7일에 서상일을 비롯한 김의균金宜均·김재환金在煥·박기돈朴基敦·백남채白南埰·서병원徐丙元·서병조徐丙朝·서철규徐喆圭·양대경梁大卿·윤홍렬尹洪烈·이상린李相麟·이상악李相岳·이선호李宣鎬·장직상張稷相·정봉진鄭鳳鎭·한익동韓翼東 등이 대구구락부를 창립하였다.

대구구락부의 인물들을 간략하게 소개하면 다음과 같다. 김의균金宜均은 김해 김씨 김형진金炯振의 장남으로 법조계에서 활동한 인물이었다. 그는 1912년 3월부터 대구지방재판소 판사와 1913년 9월 대구복심법원 판사를 거쳐 1914년 2월 판사직을 사임하였다. 그 후 대구에서 변호사로 활동하였다. 그의 셋째 아들은 김석형이었다.[224)]

김재환金在煥은 대구출신으로 1910년 경상북도 서기를 거쳐 1911년 이후 평북 창성, 평북 선천, 경북 의성, 경북 달성 등 군의 군수를 지낸 총독부 관료 출신으로서 1927년 대구학교평의원 회원, 대구상업회의소 제7대 특별의원을 지냈다. 또 1920년에 설립된 대구은행의 주주였고, 그 후 경상합동은행 중역·주주로 활동하면서 1928년 대구조선양조주식회사를 설립하였다. 1937년 중일전쟁 발발 후 전조선 명사 59이 행한 제2회 각도 파견 시국 순강 때 강사로 친일 행각을 벌였다.

박기돈朴基敦(1873~1948, 晦山)은 1907년 대한자강회, 1908년 대한협회 대구지회의 회원으로 활동했고, 1910년에 대구상무소의 의장을 역임하였다. 또한 1920년 조선노동공제회 대구지회 회장을 거쳐 1924년에 대구노동공제회 집행위원장을 지냈다. 그리고 명신여학교를 운영하기도

224) 김일수, 「이병도와 김석형 -실증사학과 주체사학의 분립-」, 『남과 북을 만들 라이벌 -인물로 보는 남북현대사-』, 역사비평사, 2008.

하였다. 경제적으로 대구은행 및 경일은행의 중역으로 활약하였다.

백남채白南埰(1888~1951)는 경북 경산의 기독교 가정에서 태어나 사립 계성학교, 중국 협화대학(현 북경대학)을 차례로 졸업하였다. 귀국 후 계성학교 교감 및 이사장으로 취임하였으며, 1915년 교남기독청년회를 조직했다. 1919년 대구만세시위운동을 주도했다. 1920년 조선연와회사를 설립한 경제인으로 활동하였다. 그 후 1924년 대구학교평의원, 1926년 희도보통학교 이사장, 1929년 대구상업회의소 의원 등의 사회활동을 했다.

서병조徐丙朝(1886~1952)는 대구에서 국채보상운동의 주동 인물인 서상돈의 아들로 태어났다. 어려서부터 일본 문화에 심취한 그는 1904년 사립 계정 일어학교桂亭 日語學校을 세웠다. 1909년 서상돈이 운영하던 대구잠업전습소를 경영하면서 경제계에 첫발을 디딘 후 1915년 경상농공은행 이사, 1916년 대구전기주식회사 주주로 활동했다. 그 뒤 1918년 10월 조선식산은행, 1919년 계림농림주식회사, 1920년 대동무역주식회사, 1924년 조양무진주식회사의 주주였다. 그 후 1932년 대구제사주식회사 등에 자본을 투자함과 동시에 경북지역에 퍼져 있는 자신의 토지를 관리한 대지주였다. 1920년대에 대구상업회의소, 부협의회, 도회, 학교평의회 등 일제 관변기구에서 의원으로 활동하면서 명치신궁봉찬회, 국민협회 등 관변친일단체의 위원으로 활동하였다. 이에 당시 일본인들은 그를 "경북의 유력가로 중추원 참의가 된 우리의 충실한 협조자"로 높이 평가하였다.

서철규徐喆圭(1883~1956)는 대구의 대지주인 달성 서씨 서병징徐炳徵의 장남으로 태어났다. 그의 장녀 서득수는 대구은행 두취인 정재학의 4남 정부돌鄭扶乭과 혼인했고, 그의 둘째 딸 서석이는 대구의 대부호인 이종면李宗勉의 장남 이근상李根庠과 결혼했다. 그는 1923년 한익동韓翼東과 함께 합자회사 공호상회公湖商會를 설립하고 주주로 참여했다.

정봉진鄭鳳鎭은 한말·일제 초기 대구지역의 대지주로서 계몽운동에 참여했던 정규옥의 둘째 아들이었다. 그는 1924년 조선인들이 중심이 되어 설립된 조양무진주식회사에 참여하고 중역·주주로 활동하였다.

윤홍렬尹洪烈(?~1946)은 윤필오의 아들이고, 대구의 사회주의계 청년운동의 중심인물이었던 윤우열과 형제 사이였다. 그는 동아일보 대구지국 기자로 활동하면서, 부르주아의 이익을 대변했었고, 특히 서상일의 정치적 동지로 활동한 인물이었다.

장직상(1883~1959)은 경북 칠곡(현 구미)에서 경북관찰사를 지낸 장승원의 둘째 아들로 태어났다. 그의 형은 일제하 금융자본가이자 대지주인 장길상이며, 그의 동생은 해방후 수도경찰청장을 지낸 장택상이다. 그는 1903년 경기전 참봉을 시작으로 벼슬생활을 하여 1910년 6월에 경북 신령군수, 1913년 선산군수를 지냈고, 1915년 경북지방 토지조사위원을 지낸 것을 끝으로 관직생활을 그만두었다. 그는 1917년 남선합동전기주식회사의 주주 및 중역으로 활동하면서 1920년에 왜관금융창고주식회사를 설립하고 대표이사가 되었다. 또한 대구은행, 선남은행 등에 자본을 투자한 후 경일은행을 설립하였다. 1929년 조양무진주식회사 주주, 동아인촌주식회사 설립, 고려요업주식회사 중역, 남선양조주식회사 주주, 1937년 경북산업주식회사 대주주로 활동하였다. 그리고 조선인으로 유일하게 대구상업회의소의 회두를 두 차례 역임했고, 대구부회, 경북 도회를 거쳐 중추원 참의를 지낸 예속자본가였다.

이상악李相岳(1885~1941)은 대구의 대지주이자 대자본가인 이일우의 장남으로 태어났다. 그의 동생은 이상무李相武, 이상간李相侃, 이상길李相佶 등이며, 사촌동생으로 이상정李相定, 이상화李相和, 이상백李相伯 등이 있다. 그는 1924년에 설립된 조양무진주식회사 주주로 자본 활동을 벌였다. 그 후 1928년 중외일보 이사, 1930년 조선국자제조주식회사 이사, 1937년 대구약주양조주식회사 중역·주주, 1937년 경북상공주식회사 이사, 1938년 경북무진주식회사 중역·대주주(2,381) 등 상공업에 종사한 인물이었다.

이상린李相麟은 대구은행 이사, 1920년 대동사주식회사 이사·주주, 1932년 남선금융주식회사 이사 등을 역임한 자본가였다. 서병원徐丙元은 대구의 대지주로 1920년 고려요업주식회사의 중역·대주주였고, 1924년 조양무진주식회사 상무이사·대주주였다. 그 후 1928년 경상합동은행 이사·대주주(3,187주), 1932년 합자회사 환일상회丸一商會 주주, 1938년 경북무진주식회사 중역·대주주(1,439)로 활동한 자본가였다

그런데 대구구락부의 참여 인물들은 1921년에 구성된 대구예월회大邱例月會과 관련이 있는 듯 하다. 예월회는 회원상호간 친목도모, 사회 문제 연구 등을 취지로 하여 결성되었다.[225] 당시 언론은 예월회가 발기인과 회원 전부가 '당지當地 일류一流 신사紳士이요 일류 실업가, 일류 자산가' 들로 구성되어, '대구의 사회적 중심기관이 될만한 회이다'라고 평했다. 그리하여 지역사회에서는 대구의 중추기관으로서의 자기 역할을 충분히 해주리라고 큰 기대를 나타냈다.

그러나 예월회는 기대와는 달리 매월 1회씩 모여 친목을 빙자한 여흥만 즐길 뿐 그 어떤 사회성을 띠지 못했다. 그에 따라 예월회에 대한 사회적 비판이 여론화되었다. 이렇듯 오락성의 친목만을 유지했던 예월

---

225) 『동아일보』, 1921.9.30, 「大邱閑話, 例月會에 對하야」 대구지국 일기자(韓圭錫), 예월회의 취지는 다음과 같다. "나날이 노력하는 모든 괴로움에 싸인 心身을 每月 公暇 一日을 잘 利用하야 趣味잇는 消遣으로써 休養을 하고 水平面上에 波起破滅하는 모든 問題에 대한 硏究도 이 社會識者 先輩의 階級되는 우리가 連帶解答치 아니치 못하리라는 것은 同懷하얏스리라. 그럼으로 會하야 親하며 親하는 中에서 樂하며 樂하는 中에서 識하고 究하려는 것이라"

회의 구성원들은 1923년에 들어와 변화되는 사회적 분위기에 대응하기 위해 대구구락부에 참여했을 것으로 생각된다.

대구구락부의 서상일에 따르면 구락부를 결성하기 위한 기성회가 1921년 봄에 이미 구성되어 있었던 것으로 보인다.[226] 동 기성회는 회관을 건립하기 위한 기금을 조성하면서, 1922년 4월에 그 공사에 착수하여 동년 10월에 완공하였다.[227] 그에 의하면 대구구락부기성회의 취지는 "우리 사회의 중추기관이 되어 민중복리의 증진을 도圖하려는 성실한 봉사적 정신의 고조" 그리고 "문화운동을 전개키 위해서"였다. 따라서 대구구락부기성회는 문화운동의 중추기관임을 자임하였던 것이다.

동 기성회는 대구청년회 활동의 위축이 두드러진 1923년 7월에 정식으로 대구구락부를 결성하였다. 서상일은 대구구락부의 참여 인물에서 보여지듯 대구지역의 대표적 부호들과 함께 문화운동을 실행하려 했다. 이처럼 서상일은 문화운동을 추진하기 위해서 예속적 성향을 보이고 있던 대부호들과도 공동보조를 취하기도 했다. 그러나 서상일의 기대와는 달리 대구구락부의 활동공간인 회관은 몇몇 '유산자有産者'의 오락장이 되고 말았고,[228] 두드러진 활동을 기대하긴 어려웠다.

(2) 산업자문 활동

1921년 9월 무렵 조선총독부는 회사령 철폐이후 조선 산업의 방향이 정립되지 않은 상황에서 조선산업조사회를 개최하여 조선산업의 발전

---

226) 그런데 조양회관의 설립 취지에는 다른 의견이 있었던 것으로 보인다. 곧 조양회관은 구락부의 회관이 아닌 대구청년회 회관으로 하여 조성 기금을 마련했으나 준공 후에는 구락부의 회관으로 사용되었던 것으로 보인다(『개벽』 37, (1923.7.), 「大邱漫筆」).

227) 『동아일보』, 1926.11.20, 「순회탐방」 13.

228) 「대구만필」, 『개벽』 37, (1923.7.).

에 관한 방침을 세우려 하였다. 그에 따라 이 산업조사회에 대한 조선인 자본가층의 기대는 컸다고 할 수 있다. 그러나 이 산업조사회에 대해서는 사회 전반적으로 조선인을 위한 산업방침이 아니라, 일본인을 위한 산업방침이라고 평가절하하는 분위기였다.

> …조선의 산업상 계획은 일본국산업정책의 방침에 순응하야써 일선 및 일선의 관계련락을 일층 밀접케 하는 방법하에서 일선공동의 경제적 발전을 기하자 하얏도다. 물론 조선의 금일 형편에 잇서 산업정책상에 일선인 및 일선의 관계 연락을 취하게 될 것은 비록 면부득免不得의 일이라 할지나 기능상으로나 자력상으로나 기타 무엇으로나 정도가 부제不齊한 양개의 민족을 동일한 경우에 두고 다못 양 민족의 연락관계만 밀접케 하면 그 구실로는 여하히 양 민족공동의 경제발전을 기한다 할지라도 결국은 정도-우월한 일방 민족을 본위로 하는 산업정책에 돌아갈 것이라. 이 의미에서 조선인의 산업에 대한 특별보호정책을 쓰지 아니하고 다못 조선인보다 정도 우월한 일본 및 일본인과 그러치 못한 조선 및 조선인과의 관계연락 뿐을 밀접케 하기에 주의를 둔 금회今回 산업조사회의 결정안은…229)

여기에는 대구은행 두취 정재학을 비롯하여 이병학·정해붕·서병조·장길상·이종면·이병학 등 대구의 대지주·대자본가들이 대거 참여하였다. 이 가운데 이병학은 경성상업회의소가 중심이 되어 1921년 7월 무렵부터 준비한 전국의 일선인실업가대회에 발기인으로 참여한 바 있었다.

이후 총독부가 산업 정책의 입안 활동으로 진행된 산업조사위원회를 지방으로 확대할 때인 1922년 8월 무렵 대구에서는 경상북도산업자문

229) 「우리의 正中動觀」, 『개벽』 16호(1921.10.18.).

회慶尙北道産業調査會[230]가 구성되었다. 이 산업자문회는 일선실업가대회 결의[231]와 유사하게 농업·면작·잠업·축산·수산·임업·상공·금융 등 9개 분야에 걸쳐 조사를 실행하였다. 이를 위해 경상북도는 조선인 및 일본인으로 산업자문회를 구성하고, 그 아래 3개 분야를 두었다.[232] 산업자문 위원으로 위촉받은 조선인은 진희규秦喜葵·정해붕鄭海鵬·이일우李一雨·서병조徐丙朝·문명기文明琦·김명옥金明玉 등이었다. 이들 가운데 문명기[233]는 경북 영덕의 자본가이며, 김명옥은 경북 청도의 대지주였다. 나머지는 대구의 대표적인 지주·자본가로서 은행에 많은 자본을 투자하고 임원이 된 자들이었다. 그에 따라 산업자문회의 조선인 위원은 일찍이 예속화한 자본가로 구성된 특징을 보였던 것이다. 이처럼 경북지역도 중앙과 마찬가지로 조선 산업정책의 입안 과정에서 조선인의 요구나 입장이 배제된 채 총독부의 주도로 진행되어 갔다.

그런데 총독부 주도의 산업조사회와 별도로 조선인산업대회가 발기되었다. 이 대회에 대해 당시 동아일보는 '경제연구단체의 필요'라는 사설을 통해 조선 경제의 발전을 위해 조선인산업대회의 필요성을 옹호하였다. 그리고 '산업정책의 근본방침'이라는 사설을 통해 "일반 민중의 행복을 기도하는 의견을 표하기를 희망하노라"는 입장을 밝히면서, "일

---

230) 『매일신보』, 1922.8.5, 「今秋新開할 慶北産業調査」.

231) 오미일, 『한국근대자본가연구』, 한울아카데미, 2002, 423쪽.

232) 『동아일보』 1922.12.16, 「慶北産業諮問」, 이 가운데 각 분야별 조선인 자문위원은 다음과 같다. ▲농업 : 朴炳采 金明玉 裵東玉 秦喜葵 李豊煥 金龜鉉 鄭海鵬 申命煥, ▲임업·산업·상공업·부업 : 李一雨 禹象學 權丙宣 韓翼東 朴正準 李起韶 文明琦, ▲실업교육시설 : 徐丙朝 金南洙 南廷卓 鄭元朝 金相基.

233) 文明琦(1878~?)는 평남 안주의 빈농 출신으로 慶北 盈德에 정착하여 제지 공장과 광산개발을 통해 많은 자본을 축적한 후 영덕전기회사·강구주조합자회사 등을 운영한 경북 굴지의 사업가였다. 또한 그는 경북지역의 대표적인 경제적 친일파로 활동한 인물이었다(김정미, 「문명기」, 『근대 대구·경북 49인』, 혜안, 1999, 320~325쪽).

반민중을 주체 삼아 사업을 경영케 함이 불가하다함은 일종의 편견이며 종래 경제학의 미신을 벗어나지 못한 자이라 하노라"며 일반 민중 본위의 산업정책을 제안하였다. 여기에는 서상일을 비롯하여 이영국·한익동·이우진·김홍조·홍주일·편동현(포항)·최준(경주) 등이 참여하였고, 대회 위원으로 서상일·이우진, 최준의 동생 최순 등이, 지방위원으로 한익동이 선출되었다. 이들 가운데 서상일·한익동·이우진·편동현 등은 미곡상, 편동현·최준 등은 지주·자본가, 홍주일은 태궁상점의 직원, 김홍조는 대구에서는 한약상·부산에서는 금융업 등에 종사하였다. 최준을 제외한 이들의 대부분은 대구의 대지주 부류에는 들지 않으면서 상업활동을 벌이던 인물들이다.

(3) 대구상업회의소

대구의 조선 지주·자본가들이 일본인 상업조직에 맞서 객주조합, 대구민의소와 같은 조직을 만들었던 것은 이미 앞에서 살펴본 것과 같다. 그러나 일제가 조선을 합병한 이후 대구의 상업 조직은 일본인들의 상업회의소와 같은 조직에 비해 활동성이 크게 약화되어 유명무실해 질 수밖에 없었다. 점차 일본인 상업조직이 조선인을 포괄하는 형태로 변화되었고, 그렇게 해서 구성된 것이 대구상업회의소였다. 대구상업회의소의 의원으로 활동한 조선인은 많지 않았다. 그 가운데 장직상의 활동은 특징적이었다.

장직상은 5대 특별의원(1923~1924)이 되면서 대구상업회의소의 활동을 시작하여, 조선인 최초의 대구사업회의소 회장을 지냈고, 6대와 7대를 연임하였다. 그가 대구상업회의소의 회장을 연임할 때 조선총독부에 산업발달에 관한 건의서를 제출하였다. 그 내용은 조선 산업개발상의 대계를 위해 ① 조림 촉성, ② 하천 정리, ③ 공업 진흥, ④ 광업 개발,

⑤수산업 진전과 어항 조축, ⑥주요 항만 완비 등을 조선총독부의 정책으로 추진해 달라는 건의였다.

이후 대구상업회의소는 일제의 전쟁정책이 추진되는 1930년대에 접어들면서 대구상공회의소로 재편되었다. 이때 금융자본가들이 대구상공회의소 의원으로 활동한 것을 보면, 제1대(1931-1934) 및 제2대(1934-1937)에 조선인 의원 13명 중 장직상, 서병조 등 2명만이 활동했는데, 모두 특별의원이었다. 제3대(1937-1940)에 부회두 정운용鄭雲用, 특별회원 장직상, 서병조 등 3명이었다. 이전 시기에 비해 상공회의소에 조선인 금융자본가들이 줄어든 것은 연령, 사망 등의 이유도 있었겠지만 2세들의 경제활동이 1세대에 비해 미진했다는 것의 반증이었다.

(4) 빈민구제사업

1910년대 말 일제는 빈민구제를 담당할 임시 단체로 대구빈민구제회를 관민 합동으로 구성하고 기금을 모금하였다. 여기에 조선인 가운데 상담역에 경상도 관찰사를 지낸 박중양, 협의원으로 정해붕·서병조·이병학·이종면·이장우·서경순·이영면·정재학 등이 참여하였다.[234] 그러나 이런 활동도 지역사회에서 강한 비판을 받고 난 후에야 이루어진 행동이었다. 곧 농공은행장 이병학을 비롯한 정재학·이장우·서병조 등이 자진하여 의손금을 내너라 자신이 갖고 있던 미곡을 저렴하게 파는 경우만 있었을 뿐, 다수의 자산가들이 스스로 빈민구제 등 사회활동을 벌인 경우는 거의 없었다.[235]

지주나 자본가들이 사회 원호사업을 벌이는 경우는 개별적 차원에서 자연 재해가 심한 상황에서 인정적 차원에서 전개하는 경우가 많았을

---

234) 『매일신보』, 1918.9.4, 「臨時救濟會規則 改正」.
235) 『매일신보』, 1918.8.30, 「大邱富人 某某에게 警告」.

것이다. 1921년 말 김지일金志一·이선호李宣鎬·김재환金在煥·서병조徐丙朝 등 대구·경북의 자산가들은 사회 원호사업을 지속적으로 전개하기 위해 경북고아구제회慶北孤兒救濟會를 결성하고자 하였다. 이 구제회의 활동을 위해 지역의 자산가들로부터 10만원의 기금을 조성하여 재단법인화 하고자 하였다. 자산가들은 이 활동에 모두 약 6만원의 기금을 기부 약속하였다.236)

그러나 자산가들이 기부 약속을 지키지 않음으로써 경북고아구제회의 재단법인 설립은 난관에 봉착하게 되었다. 다음해인 1922년 2월 일제 당국의 관료와 조선인 자산가들이 함께 하여 새로이 대구사회사업연구회大邱社會事業硏究會를 구성하기로 하고, 그 교섭위원으로 정재학·이영면·정해붕·이선호·허주許柱 등을 선정하였다.237) 그러나 이마저도 진행이 부진하자 매일신보마저 사설을 통해 대구의 자산가들을 비판했다. 같은 시기에 빈민 구제사업에 가장 많은 기금을 납부한 대지주 서우순徐佑淳이 낸 금액이 3백 원이었다.238)

다음 1923년부터 1924년, 1925년 전국적으로 일본에서도 재해가 발생해 민들의 고통이 심했다. 특히 1924년 여름 대구에서는 수재와 한재가 연이어 발생해 사회 문제가 되었다. 1923년 여름 서해지역에 수해가 발생하자 대구에서도 관변단체, 사회단체 및 신문 지국의 후원으로 구제회가 구성되어 기금을 모집하였다. 그리고 같은 해 일본에서 관동대지진이 발생하여 막대한 피해가 발생하자 관민 연합으로 구원회가 구성

---

236) 『매일신보』, 1921.11.4, 「社說 「慶北富豪의 社會事業(上)」.

237) 『매일신보』, 1922.2.20, 「大邱社會事業硏究」; 『매일신보』 1922.3.4, 「大邱社會事業硏究」; 『매일신보』, 1921.3.8, 「嶺南共濟會」 許柱는 滿洲 保民會의 총무로 활동하다 대구로 들어와 '고아 수용, 실업자 구제'를 방침으로 영남공제회의 결성을 추진한 인물이었다.

238) 『매일신보』, 1918.9.8.

되어 기금 모집과 필요 물품을 모집하였다.[239] 곧 지방행정 기구가 주도한 원호사업에 적극적이었다. 이러한 사회 원호사업에 대한 대구의 자산가들의 태도와 자세를 볼 때 지역사회 혹은 민족사회에 대한 정체성이 대단히 미약함을 알 수 있다. 자산가들의 경제적·사회적 이익이 보장될 때만 사회활동에 참여하는 이기적인 모습을 보여주었다.

그러한 사례를 들어보기로 하자. 우선 경제적 이익이 매개되는 경우를 보면, 1918년 대구부가 상공업의 진작을 위해 공진회를 개최할 때 대구협찬회를 구성하고 회원들에게 회비를 거두어 들였다. 이 때 금융자본가를 비롯한 대자본가, 그리고 중소상인들까지도 모두 참여하여 낸 회비 납부액도 적은 금액이 아니었다. 곧 김진옥·서병규 등은 30원, 정재학 3백 원을 납부하였다.[240]

3) 전시체제기 지역 사회 활동

(1) 대구의 도시계획과 자본가 동향

대구의 본격적인 도시계획은 조선총독부의 방침에 따라 1937년 무렵 추진되었지만, 1920년대에도 대구부의 시가지 정리사업이 추진되었다. 그리고 이 도시계획 사업은 행정당국뿐 아니라 지역의 최대 관심사로 부각되었기에 지주·자본가의 경제적 이해관계와도 긴밀히 연관되어 있었다.

먼저, 1920년대 대구의 도시계획에 대해 살펴보자. 대구의 도시계획은 1922년 8월에 대구부가 총독부 직원으로부터 「대구부도시계획개요」

239) 『동아일보』, 1923.8.17, 「大邱도 救濟會 組織」; 『동아일보』, 1923.9.8, 「大邱에 救援會 組織」.

240) 『매일신보』, 1918.9.4 ; 1918.9.8 ; 1918.9.12 ; 1918.9.18 ; 1918.9.21.

를 제출받으면서 시작되었다.[241] 두 일본인 토목기사로부터 도시계획안을 제출받은 대구부 당국은 대구도시계획위원회를 구성하였다. 1923년 1월 30일에 위원 37명 중 21명이 참석한 가운데 열린 제1회 대구도시계획위원회에서 대구부도시계획조사규정을 결정하였다. 이 위원회의 민족별 구성을 보면 조선인은 11명(김재환·한익동·서병조·이병학·정재학·서상일·이병우·이재희·정해붕·양익순·이장우), 일본인은 26명이었다. 조선인 위원은 당시 대구부협의회 의원 또는 구락부 회원이었으며, 경제적으로는 대구를 대표할만한 지주 및 자본가들이었다. 위원회의 심의는 비밀리에 진행되었고, 심의가 끝나 원안이 거의 수정 없이 성안 확정된 것이 1923년 말 무렵인 것으로 추측된다.[242]

대구의 도식계획을 둘러싸고 일본인과 민족간 이해관계의 대립이 분명한 가운데 조선인 사회 내부에서 마저 이해관계가 상충하였다. 그것은 1924년 발생한 수해로 서문시장과 그 주변 주택지역(신정, 新町)이 피해를 입은[243] 후 복구과정에서 조선인간 대립 구도가 나타났다. 수해 직후 조선인들은 개별 유지들과 사회단체들로 응급구제단을 구성해 자발적으로 수해복구에 참여했으며[244], 다른 한편으로는 서문시장을 조성할 때 배수시설을 잘못한 결과 발생한 인재라며 대구부에 대책을 촉구하였다.[245]

다음으로 대구부는 1937년 3월 조선총독부 고시 제 186호로 도시계획에 관한 법령이 공포되자, 도시계획을 본격적으로 추진하였다. 그리하

---

241) 이 자료에 대해서 필자는 손정목, 1990, 『일제강점기 도시계획 연구』, 일지사 ; 대구시, 『대구도시계획연혁』 등을 참고하는 것으로 대신한다.

242) 손정목, 『일제강점기 도시계획연구』, 일지사, 1990, 136~137쪽.

243) 『동아일보』, 1924.7.26, 「大邱 全市 危險」.

244) 『동아일보』, 1924.7.27, 「大邱 水害의 後報」.

245) 『동아일보』, 1924.7.25, 「대구홍수는 부윤의 실책으로」.

여 대구부는 대구시가지계획[구역·가로망·토지구획정리지구] 결정이유서를 발표하였다. 여기에서 확장된 행정구역은 달성군 성북면 4개동, 달서면 중 10개동과 수성면 전체의 14개동으로서 기존 행정구역의 2배에 달했다. 또한 인구는 1936년 기준으로 10만 8천여 명에서 16만 8천여 명으로 50% 이상 늘어나게 되는 것을 예상하였다.246)

대구의 행정구역은 1937년 5월 시가지계획이 공고된 이래 1938년 10월 1일 달성군의 수성, 달서, 성북면 등 3개 면을 대구부의 관할구역에 편입하고, 편입지에 부출장소를 설치함으로써 완료되었다.247) 이에 대구부의 행정구역의 면적은 115.64㎢가 되었고, 인구는 17만 명으로 크게 증가하였다. 그런데 대구부의 행정구역은 1910년 한일합방 당시의 그것과 크게 차이나지 않았다. 대구의 시가지 계획 가로망 정비를 보면, 가로선 수 144에 총연장 207,800미터를 계획하였다. 이 기간에 부설된 주요 도로는 소개공지대 가로망으로서 동인동에서 달성동 간 철도 경부선 연선, 태평로 2가에서 계산동 2가까지의 가로선, 남일동에서 하서동선 등이었다. 또한 대구부는 경부선 철로가 가로막고 있는 칠성동에 50만원의 공사비로 길목 지하도 공사에 착수하였다.248) 이로써 대구의 중심부를 관통하는 주간선을 완성하고, 중심부와 북부지역과의 연결이 진행

---

246) 조선총독부, 『대구시가지계획[구역·가로망·토지구획정리지구] 결정이유서』, 1937, 대구시가지계획에 관한 언급에 특별한 전거가 없으면 이 자료를 인용한 것으로 한다.

247) 조선총독부령 제196호에 따라 1938년 10월 1일부터 대구의 구역을 확장하였는데, 그 내용을 보면 대구부는 종전의 대구부 일원에다 종전까지의 달성군내 수성면 전역과 성북면내의 4개 동, 달성면의 10개 동으로 설정했다. 동아일보』 1938년 10월 4일, 대구부에 편입된 지역은 구대구부일원 대구부 중동, 하동, 신천동, 신암동, 효목동(일부), 만촌동(일부), 범어동(일부), 황청동(일부), 두산동, 상동, 봉덕동, 평리동, 비산동, 원대동, 조야동(일부), 노곡동(일부), 내당동(일부), 성당동(일부), 산격동(일부), 침산동 등이며, 면적 약 67,217,700평방미터였다.

248) 『동아일보』, 1938.7.28.

되었다.

1937년 이후 대구부 당국의 주요 관심은 도시계획의 실시와 함께 주요 공장과 기반 시설의 유치 활동 그리고 전쟁동원정책의 수행이었다. 예를 들어 주요 공장과 기반 시설의 유치 활동으로는 대구방속국 유치[249], 종방 대구 공장 유치 활동, 대구부세심사회를 통한 공장 유치 활동, 미곡창고 유치 활동 등을 추진해 공업도시로의 변화를 꾀했다. 이중 종방 대구공장 유치만 전쟁으로 중단되고, 나머지 사업들은 모두 대구에 유치되었다. 또한 중일전쟁 이후 산업경제의 전시체제로의 정비를 꾀하던 총독부의 방침에 대응하여 동종의 개별 법인회사를 단일 법인으로 통합하는 작업에 적극 개입하였다.

전시동원체제의 정비 작업에도 대구부는 적극적이었다. 중일전쟁 직후 국방헌금 모금 활동, 1938년 국민정신총동원 조선연맹 지방조직, 애국부인회 지회 조직, 대구부외 7군 연맹으로 군사후원 상담 활동 등에 직간접적으로 개입하여 전쟁정책을 추진하였다.

이상과 같이 대구시가지계획은 대구를 지방행정 중심도시로 계획하는 것이었다. 이에 대구부의 행정구역이 확대되고, 인구의 증가, 가로망의 정비 등이 함께 진행되었다. 그러나 대구시가지계획이 갖추어지기 이전 대구부 행정구역상 민족별 위계가 해소된 것은 결코 아니었다. 이러한 시국상황아래 시가지의 민족별 균형적 발전을 모색하거나 추진하는 정책입안이나 요구는 더욱 어려운 처지에 놓이게 되었다. 그리하여 조선인 주거지역의 개선과 도시기반 시설의 확충 등의 변화는 나타나지 않았다. 예를 들어 대구부 남부에서 서부에 이르기까지 조선인들의 주요 거주지를 관통하는 달서천의 개선 등 주요 숙원사업이 시국상

---

249) 대구일일신문사, 『경북연감』, 1942, 138~139쪽.

황에 묻혀 버린 것이다.

이러한 1930년대 도시계획 추진은 대구의 지주측과 일정한 협의를 거치면서 진행되었다. 특히, 도시계획에 따른 구획의 설정과 정리, 도시계획에 필요한 예산 마련이라는 측면에서 지주들과의 협의는 불가피한 것이었다. 그에 따라 대구의 지주들은 자의든 타의든 도시계획에 관심을 가지지 않을 수 없기에 유지간담회 형식을 빌려 직간접적으로 참여하였다.[250)]

(2) 지역 자본가의 지방 자문기구와 참여

조선총독부는 1914년 10월 제령 제7호로 부제를 공포하였다. 이는 청일전쟁과 러일전쟁을 전후하여 도시에 집중 거주하고 있었던 일본인이 조직한 거류민단과 외국인의 거류지회제를 폐지하고 일본인과 기타 외국인들의 권리능력을 획일적으로 정리함으로써 조선인과 동일한 지위를 부여하여 총독부치하에 예속시키려는 목적이 있었다.

이런 부제실시에 따라 설치된 것이 부협의회였다. 부협의회가 관官의 협찬기관에 지나지 않았음은 무엇보다도 그 구성을 보면 알 수 있다. 부협의회는 당해 부府의 조선인과 일본인을 동수로 구성하되 부윤이 그 의장을 맡게 되어 있었다. 협의회원은 부내거주자 중에서 조선총독부의 인가를 얻어 도장관이 이를 임명하기로 되어있었다. 그 권한에 있어서도 부府 조례의 설정 또는 개폐, 세입·세출 예산의 편성 및 기타 부윤이 필요하다고 인정하는 부의 사무에 관해 부윤의 자문에 응할 권한밖에 인정되지 않고 있었다.

이처럼 부제는 공법인으로서 처음으로 설치된 지방단체이기는 하였

250) 『동아일보』, 1937.10.31, 『동아일보』, 1938.7.14.

지만 부정府政에 관한 제반중요사항을 심의 의결하여 집행부로 하여금 구속을 받게 하는 의결기관으로서의 권한을 전혀 갖지 못하고 있었기 때문에 실제로는 부윤의 협찬기관에 불과하였다. 부제시행규칙에 따르는 대구부협의회의 정원은 조선인 5명, 일본인 5명 모두 10명으로 구성되었으며 협의회원은 명예직으로서 임기는 2년이었다. 부협의회에서 활동은 조선인은 다음과 같다.

부협의회

제1기	1914. 4.~1916. 3.	정해봉 최만달 이일우 서병조 서병규
제2기	1916. 4.~1918. 4.	박기돈 정해봉 서병조 이종면 이일우
제3기	1918. 5.~1920. 10.	박기돈(이장우) 정해봉 서병조 이종면 이병학
제4기	1920. 11.~1923. 10.	정해봉 서병조 이장우 한익동 양익순 이정희
제5기	1923. 11.~1926. 10.	서병조 한익동 서철규 박병열 서병주 서기하 정용기
제6기	1926. 11.~1929. 10.	김의균 한익동 박병열 김정오 김두성 정도균 조주영 유교하
제7기	1929. 11.~1931. 5.	한익동 배영덕 손병영 배국인 한규용 이재용 곽진영

여기에서 나타나듯 정해봉·이일우·서병조·이종면·이장우·박병열·정도균 등은 대구은행 또는 경일은행에 자본을 투자하고 중역으로 활동한 인물들이었다.

1930년대 만주침략 이후 점차 전시체제로 전환되면서 조선인 금융자본가층의 사회활동에서 정치성이 더욱 심화되었다. 그리고 지방자치기구의 형식을 빌면서 실제로는 식민지 지배 수단에 불과했던 지방 통치의 자문기구도 변화를 보였다. 부협의회는 1931년 부회로 변경되었다. 대구협의회에 참여한 조선인은 다음과 같다.

부회

제1기 1931~1935 배영덕 허 지 손지은 허 진 임상조 곽진여 김완섭 서병화 박창근 김정오

제2기 1935.1939 허 지 임상조 김완섭 정운용 진기태 배병렬 허 지 배승기 윤병은 배국인 소진무 추병섭 주병환

제3기 1939~1943 배영덕 배병렬 임상조 허 지 진기태 배승기 정운용 윤상혁 서석현 이상렬 서창규 서정오 추병무

1910년대~1920년대에 비해 1930년대에 금융자본가층이 일제 지방통치의 자문기관에 진출한 수는 훨씬 줄어들었다. 이는 은행 설립 주체들의 연령의 고령화, 그에 따른 사망 등이 원인이 될 수 있으며, 은행 설립 주체들의 2세가 은행업에 진출하는 경우가 드물다는 사실과도 관련이 있다. 그것은 은행 설립 주체 2세 가운데 정운용만이 유일하게 부회로 진출하고 있는 것에서도 알 수 있다. 다른 한편으로 부회 의원 가운데 신흥 자산가들이 등장하고 있다는 것의 반증이기도 하다.

도평의회 역시 도회로 변경되었는데, 1933년 현재 관선의원으로 서병조, 이선호李宣鎬, 민선으로 서병화徐炳和(달성) 등이 있었으며, 1936년 현재 김두하(영일), 이선호李宣鎬(안동), 서병조(대구) 등이 있었다.

조선인 금융자본가층은 중추원에서도 정치 활동을 행했었는데, 진희규(1930~1932) · 서병조(1933~1939) · 이선호(1935) · 장직상(1931~1939) 등이 그들이었다. 그리고 최준의 동생 최윤(1936~1938)도 중추원 참의를 지냈다. 양재하는 총독부 내무국 사무관(1931)을 거쳐 충북 참여관(1936-1937)을 지냈다. 1930년대 은행 설립 주체들의 중추원으로의 진출은 1920년

대에 비해 증가하였다. 그들의 경제·정치경력을 중앙차원으로 넓힐 수 있는 발판이 되었다.

(3) 전시동원체제기 전쟁 정책 참여·자본가층

1937년 중일전쟁 발발 이후 일제의 전쟁동원정책은 본격적으로 추진되었는데, 그 내용은 정치적으로는 내선일체와 황국신민화의 추구였고, 경제적으로는 병참기지화 정책과 전쟁물자의 인적·물적자원의 동원에 있었다. 일제의 전쟁동원정책은 1938년 3월 국가총동원법의 제정에서부터 본격적으로 추진되었다. 같은 해 4월에 공포된 이 법은 '전시동원체제 확립'을 명분으로 하여 모든 분야를 통제할 수 있는 강력한 법안이었다.

1938년 7월에는 조선총독부 학무국이 중심이 되어 국민정신총동원조선연맹이 중일전쟁 개시 1주년을 기해 발족되었다. 이 운동은 중국침략전쟁에 대처하고 국가총력전에 대비하여 국민운동의 통제를 강화하고 정보선전의 필요로부터 거국일치·진충보국·견인지구·내선일체 및 황국신민화라는 목표를 갖고 시작되었다.[251]

1938년 8월 22일에 국민정신총동원 경북연맹 결성식이 열렸다.[252] 이후 일제의 전쟁동원정책에 충실을 기해 오던 총동원 경북연맹은 1939년 12월 1일부터 31일까지 약 한 달간 경제전강조운동기간으로 설정하고 다음과 같은 사항을 실천하고자 하였다.[253]

▲ 소비절약

1. 물자의 사장死藏을 배제하고 적극적으로 활용을 기하기 위하여 이용 및 애호사업을 강구할 일

251) 한국사편집위원회, 『식민지의 사회경제(1)』 한국사 13, 한길사, 1994, 168~178쪽.
252) 『동아일보』, 1938.8.21.
253) 『동아일보』, 1939.11.29.

2. 물자소비를 극력으로 절약하여 불요불급품의 구입 또는 사치품의 구입같은 것은 절대로 하지 말 일
3. 기타 일상생활을 극력 간소히 할 일

▲생활쇄신
1. 증담품의 폐지
2. 망면회, 신년회, 연하회 등은 되도록 피하고 정 부득이할 경우에는 극히 내밀하게 할 일
3. 허례적 연하장 폐지
4. 도소屠蘇은 금지할 필요가 없으나 음주경향을 조장치 말도록 할 일

▲전시식량의 충실을 기하기 위해 특히 쌀의 소비를 절약할 일

▲국민저축증가를 임하여 연말상여 수당재수의 생활쇄신, 소비절약 등으로서 생활잉여금을 극력 저축하도록 할 일

▲실시에 당하여 특히 유의할 사항
1. 도읍의 집단지에 주력을 경주할 일
2. 은진산업관계자 및 사회의 상층부에 특히 실천을 촉할 일
3. 만근 구주전쟁의 아我 경제계에 미치는 영향을 낙관하고 공연이 전쟁경기를 구가함과 같은 것은 가장 경계를 요할 것인 것을 강조할 일
4. 경제통제에 위반하는 행위는 가증한 비국민적 죄악인 소이를 강조할 일

총동원 경북연맹은 1939년 12월 10일 대구공회당에서 '거도일치擧道一致 재해극복災害克服'을 부동의 철칙으로 결의하는 행사도 가졌다.[254]

254) 『매일신보』, 1939.12.13

1940년 10월 제2차 세계대전이 시작되면서 새로운 정세에 대처하기 위하여 일제는 국민정신총동원연맹을 비롯한 각 부문의 여러 총동원 관련 운동을 통합하여 국민총력조선연맹을 조직하였다. 총력연맹은 총독정치와 일체가 된 국민총력운동을 전개한 것이다.[255] 이러한 총동원 경북연맹과 국민총력조선연맹에는 장직상, 서병조, 박중양 등이 적극적으로 참여하였고, 이들은 생산보국 지도방침 아래 통화정책의 핵심인 내선일체를 실현하면서 후방의 결전 활동을 전개하였다.

1941년 8월 24일 서울의 조선호텔에서 친일단체인 흥아보국단 준비위원회가 열렸다. 여기에 장직상과 서병조는 경북 대표로 참석하였다. 그들은 같은 해 12월 22일 서울 부민관 대강당에서 열린 조선임전보국단 결성대회에 참여하였다. 장직상은 이사에 서병조는 평의원으로 선출되어 일제의 황국신민화 정책의 첨병이 될 것을 맹세하였다.

1941년 9월 무렵 대구에서는 대구시국협력회大邱時局協力會가 결성되어 전시하 국민의 의식을 새롭게 한다는 명목아래 국채 소화, 유기 헌납, 폐품 회수 등 물자동원 사업을 목표로 활동하였다. 이 협력회는 조선임전보국단의 결성에 조응하여 1941년 11월 21일 대구공회당에서 해체하고 조선임전보국단 경북도지부 설립위원회로 전환하였다.[256]

조선임전보국단 중앙 조직 결성에 앞서 12월 7일 대구 욱정旭町공립학교 강당에서 최린·이상환 등이 참석한 가운데 열린 조선임전보국단 경북지부 결성대회에서 고문 4명, 상임이사 15명, 이사 36명, 평의원 46명, 감사 4명을 선출하고, 선서문을 낭독하고 최린으로부터 '대동아공영권 확립과 태평양', 한규복韓圭復로부터 '조선임전보국단朝鮮臨戰報國團의 사명'이라는 제목으로 축사가 있었다. 다음과 같이 15인으로 구성된

255) 한국사편집위원회, 앞의 책, 172~174.
256) 『매일신보』, 1941.11.24.

상임이사가 되어 일제의 전쟁수행을 물적으로 지원할 것을 맹세하였다.[257]

정해붕鄭海鵬 이용우李龍雨 서병국徐丙國 서병조徐丙朝 서병원徐丙元 서철규徐喆圭 정운용鄭雲用 김용주金龍周 안병규安炳圭 문명기文明琦 이호李浩 이채우李採雨 김성재金聖在 김두하金斗河 추병화秋秉和

이 가운데 장직상은 1945년에 친일반민족 단체인 대의당 당원, 대화동맹 심의원으로 활동했다. 또 충북 일원에서 학병을 권유하는 연설을 행하여 일제의 침략정책을 찬양하고 조선의 젊은이들을 전장으로 내모는 일을 하였다.

3. 조선인 지주자본가층에 대한 사회적 여론과 비판

1) 대구 지주의 소작관행과 비판

조선의 남부에서 대도시로 성장한 대구에는 토지자본을 가진 지주들이 많았다. 그들은 식량증산을 주요 목표로 하는 일제의 농업정책에 편승해 식민지 아래서도 전통적 토지소유관계인 지주제의 틀을 유지하며 부를 축적하였다. 또 이를 확대시키기 위해 더 많은 자본을 유치할 수 있는 은행 경영에 깊은 관심을 보였다. 그렇기에 대구의 대지주들이 은행 경영진과 일치하고 있음을 이미 살펴보았다. 여기서는 대구의 금융자본가와 일치하는 대지주층에 대한 사회적 여론과 비판을 살펴보기로 한다.

---

257) 조선임전보국단, 『조선임전보국단 개요』, 1941.

일제의 식민지로 전락한 1910년대 전반기 대구에 거주하고 있는 지주는 약 158명으로 집계 되었는데, 그 가운데 전답田畓 50두락斗落 이상을 소유한 대지주는 서병조·이장우·정재학·이일우·정해봉·김덕경金德卿·박병윤朴炳允·최만달·서철규 등 10여 명에 이르렀다.[258] 토지조사사업 이후 식민지지주제를 기반으로 하여 1920년대 일제의 농업정책인 산미증식계획이 추진되었기 때문에 농촌에서는 고율의 소작료와 소작인의 지세 부담 등 지주의 소작인에 대한 부당한 행위가 자행되고 있었다. 그러나 지주들은 농민운동 단체의 확산과 언론의 비판적 시각으로부터 견제의 대상이 되었다. 게다가 도道 농무과 또는 농회 또한 지주의 무리한 소작 관행에 다소 제동을 걸기도 하였다. 이러한 사회 상황에 따라 지주들은 사회의 비판적 시각을 벗어나기 위해 형식적으로나마 지방지배기구의 방침에 순응하는 것처럼 행동하였다.

지주제하에서 착취를 당했던 소작농들의 쟁의가 전남 암태도, 경북 안동 등지에서 일어나고, 대구에서는 노동공제회의 농민운동 전개방침에 따른 변화가 발생하자 지주들도 대응책을 강구하였다. 그 계기는 경산군청에서 경산군에 토지를 두고 있는 대구의 지주들을 모아 지주간담회를 열고 소작관계 관련 방침을 결의하고 서약서를 체결하는 형태의 타율적이고 소극적인 것에서 마련되었다.[259] 서약서의 내용은

1. 소작권의 이동을 물행勿行할 것.
2. 한수해旱水害의 우려가 적은 답은 아무쪼록 정조定租로 할 것. 단, 새로이 정조를 협약할 경우에는 주작물의 3개년 평균 수량의 반수半數을 표준으로 할 것.

258) 『매일신보』, 1913.5.31.
259) 『시대일보』, 1924.9.22.

3. 소작지에 관한 세금은 지주의 부담으로 할 것.

이다. 이 보도에 따르면 첫째 조항을 뺀 나머지 둘째, 셋째 조항은 이미 경기지방에서 실행하고 있는 것이어서 이것을 통해 보더라도 이전까지 대구의 지주들이 얼마나 폭력적이었는지 가늠할 수 있다. 게다가 서약서에 도장을 찍지 않겠다고 완명(頑冥 ; 완고하고 미욱함)한 무리까지 있었다고 한다. 이 지주간담회에서 아래와 같은 내용의 선전문이 나왔는데, 그 내용이 사회적 논란거리가 되었다.

▲선전문

(上略)만세세태挽世世態)의 추이는 총總히 사각태私各態에 심원深遠하야 중심衆心을 선동煽動하고 종種의 계획을 감행불영敢行不營라. 추중追中엔 혹 미명美名을 표방標榜하야 노동조합이란 혹 노동공제회란 또는 소작인조합이란 조직하에 기치를 게양하야 범아지주凡我地主에 강경대항强硬對抗코저 하는 기세氣勢을 보임에 그 영향이 전선 각지에 □만하고 이미旣히 소작인 쟁의를 야기하는 예가 불□한지라. 본도에 한하야 안연구□晏然謳 □)함을 □得리오. 목하目下 안동군소작인조합의 사실을 전문轉聞함에 심담心膽의 냉율冷慄을 금禁키 난難한지라. 차시此時을 써以하야 호상자각의 필요를 夙抱하든바 금회 대지주 대 소작인 문제에 대하야 본일 경산군청으로부터 직원이 래구하여 동군 □□지주와 □□의 신청이 유한즉 차제 당국과 의견을 교환함이 결코 무익의 사事이 안이며 오히려 자익自益인줄 생각思覺한다.下略 발기인 정해봉 서병주 이장우 홍남걸洪南杰 미야이宮井正一 등260).

이 선전문을 지켜 본 언론은 「소작운동과 지주, 대구지주의 선전문을 보고」라는 글로 지주의 태도를 비판하고, 소작운동의 정당성을 강조하

260) 『시대일보』, 1924.9.22.

였다.[261] 또한 시대일보 대구지국에서는 착취의 정도가 심한 지주의 실명을 거론하면서 지주의 잘못된 소작관행을 고발하는 형태의 보도를 지속적으로 내보냈다. 먼저, 경산에 토지를 둔 지주로서 위 지주간담회의 채택된 서약서에 서명하지 않은 장길상과 이병학의 태도를 비판하였는데, 특히 장길상에 대해선 그의 사생활까지 파헤쳤다.

> 경북 경산군청에서는 시대의 순응을 달할 소작인 문제에 대하여 지난달 20일에 군속을 파견하야 지주를 재향군인회에 모으고 여러 가지로 말한 후 소작료에 대하여 서약서지 받았다 함은 이미 보도한 바어니와 그 때에 온 지주에게 날인을 받았으나 오지 않은 지주에게는 받지 못하였던바 경산군청에서는 수일 전에 군속 두 사람을 보내어 각지에 보내어 각 지주를 찾아보고 승낙을 받았다는데 결국 영남에서는 백만장자로 현금 대구 남산정 49번지에 벽돌로 높이 담을 싸고 수만 원의 재산을 들여 굉장한 집을 짓고 처첩을 한 곳에 두고 호화로이 지내는 장길상은 군속을 대하야 나는 소작료의 사건으로 아무리 와서 말하여도 들을 수 없다. 경관이나 오면 듣겠고 또 한 경관의 명령은 두렵지마는 군속의 말이야 들을 것도 없고 또한 두려울 것도 없다는 굉장하고도 거룩한 말씀을 의기 좋게 토하고 군속을 사람 같지도 않게 보았다하며 그 다음에는 중추원 찬의 이병학은 나는 승낙서에 도장을 찍을 수 없다. 거저 우리 조선이야 종래의 습관과 풍속을 따라 할 것이지 웬 소작쟁의니 무엇이니 하며 떠드느냐. 내 토지는 나의 처분대로 할 것이지 소작인이던지 다른 사람은 관계할 필요가 없다고 말하며 서약서에 도장을 안 찍었다는데 좌우간 대구의 대지주는 다 승낙하였으나 전기 돈만 알고 불쌍한 노동자의 피아 땀을 빨아 모은 재산가 두 사람 장길상, 이병학은 서약서에 도장을 안 찍고 버티었다는 바 군속도 대단한 분개와 불평을 품고 돌아갔다는데 자본가로서는 완고 불평할 뿐 외에 다만 자기만 생각하는 자라고 비평이 자자하다고 한다.[262]

---

261) 『시대일보』, 1924.9.23.

또 언론은 「대구의 악덕지주」라는 제목 아래 6할 이상의 소작료를 징수하고, 지세를 소작농에게 전가시키는 지주의 명단을 공개하고, 소작농의 절박한 경제생활 처지를 언급하였다. 여기서 실명이 공개된 지주들은 정재학·서우순·장길상·장직상·이병학·최재교·마석룡·이상태 등이었으며, 이 가운데 대부분은 대구·경일은행의 대주주들이었다.[263] 그리고 대구노동공제회는 농민부 대표자회를 열고 달성군내 각 면의 대구출신 지주 가운데 수탈이 심한 지주의 명단과 그 착취 행태를 고발하였고, 이 내용은 언론에 보도되었다. 달성군 옥포면의 경우 서우순이 거론되었고, 해안면의 경우 이병학·서우순·서병주·이길우 등이었다. 그 착취 행태를 보면 소작권이동을 강력한 무기로 악용하여 소작농에게 작료를 최고 16할까지 물리거나 소작농에게 지세를 전가시키는 방식이었다.[264]

> …지주가 부담하기로 결의까지 한 이들이 소작인에게는 지세를 내어라 두세를 내어라고 호통을 하야 불쌍한 소작인의 피와 땀을 팔아먹는 사회와 관철을 속이는 악덕지주들의 소위는 참아 견딜 수 없다고 원한의 빛이 보일 것 외에 각 면의 소작인들은 원성이 자자하다고 하는 바…

이처럼 대구에서 대구노동공제회의 활동과 시대일보 대구지국의 취재 열기가 높을 때 대구 지주의 소작관행을 잘 살펴볼 수 있었다. 그런데 이런 지주제의 운영 방식은 그 이후에도 지속적으로 이루어지고 있었다. 그런 사례는 당시 언론 보도에서 잘 드러나는데, 그 제목을 제시하면 <표 27>과 같다.

---

262) 『시대일보』, 1924.10.13.
263) 『시대일보』, 1924.12.9.
264) 『시대일보』, 1924.12.16, 「지주의 瀰天罪惡」.

〈표 27〉 대구지주의 소작관행

신문명	보도일자	기사 제목
중외일보	1929. 1. 28.	40호의 소작권 불시에 박탈, 지주에게 하소하려갔건만은 대리인 소위라고 대화도 않아,
중외일보	1929. 5.10.	주구무압(誅求無厭)하는 대구 지주 서모소작료 보통 징봉이 7할.
중외일보	1929.11.16.	배약악덕(背約惡德)의 대구 지주 서모(徐某). 작료감면에 동의하고 실지는 예년과 같게
동아일보	1928.10.21.	지주회서 승낙하고 암암리에 작료 징수, 반성하라고 여론이 비등.
동아일보	1930.12.21.	전개된 지세불부담 문제, 소작계약을 몰수, 지세부담을 강요. 대구 정모 지주가 70명 소작인에게 계약을 몰수하고 지세를 부담하라 해. 소작관도 엄중 항의.
동아일보	1935.10.26.	도조(賭租)도 매기 전에 입도차압한 지주, 작료 못낼 염려 있다고. 칠곡군 약목면에 있는 이모 지주.
조선 중앙일보	1934. 2.13.	명년 소작료를 미리 받는 지주(윤수일-가명), 수납액이 2천여 원인 것을 경찰이 전부 반환시켜, 대구 모지주의 소행
조선 중앙일보	1934. 3.18.	요구 불응한다고 작권 이동을 획책, 대구 안지주의 소행에 작인, 농조와 대책 강구
동아일보	1932. 3.15.	지세 두세는 구관 그대로, 지주 서병국씨 담.
조선 중앙일보	1934. 3. 6.	고령지방에 1천 두락을 가진 대구 정모 지주 얼마전부터 지주가 부담하던 2기 세를 소작인에게 지세 강징

이처럼 대구의 대지주들의 지주제 운영 방식은 말 그대로 '악덕', '호학'한 모습이었고, 소작농의 곤궁한 경제생활에 조금의 관심도 없었다. 그 한 예를 들면 당시 조선총독부의 기관지인 『매일신보』는 1932년 말에 개최된 전조선지주대회에 참가한 지주들에게 농촌 파괴현상에 대한 설문 조사를 하였다. 이때 대구의 대지주인 정해붕鄭海鵬은 '소작인의 궁상의 원인'이 그들의 소비생활에 문제가 있는 것으로 답하였고, '자작

농 창정'에 대해서는 "생각해 본 일이 없다"고 답했다. 대구의 대지주 서병룡徐丙龍 또한 '자작농 창정'에 대해 "생각해 본 일이 없다"고 답했다. 예컨대 지주들은 소작농의 몰락 현상이 식민지지주제에 기인한다기보다는 소작농의 소비생활에 원인이 있는 것으로 간주했고, 자작농 창정에도 별 관심이 없음을 표명하였던 것이다.[265]

그러나 예외적으로 소작농들이 지주의 호의에 감사하는 송덕비를 건립하는 경우도 있었다. 이일우가의 이상악과 추영구가 바로 그런 인물들이었다. 이상악은 경북 청도군에 많은 토지를 소유한 지주였고, 추영구는 경북 의성군에 많은 토지를 보유한 지주였다. 이상악은 1928년에 발생한 자연재해로 인해 청도군의 소작농들이 거의 수확을 못해 아사지경에 빠졌을 때 소작인 3, 4백 명에게 일인당 정도 5두씩을 나누어 주었으며, 특히 재해가 심했던 각북면에는 정조 30석을 면사무소에 의뢰하여 피해 농민을 구제케 하였다. 또 청도군수와 면장 명의의 차용서를 받고 정조석을 무이자로 배부하여 굶어 죽기 직전의 빈민을 구제하였던 것이다. 이런 도움을 받은 청도의 농민들이 목비를 세워 지주 이상악의 선행을 칭송하였던 것이다.[266]

지주 추영구는 1928년에 발생한 한해로 인해 의성군내 약 천여 호의 소작인의 경제생활이 극히 곤궁해지자 4천 석에 가까운 엄청난 규모의 소작료를 면제해 주는 조치를 자발적으로 취했다. 이런 선행을 높이 산 소작농들이 추영구의 송덕비를 세웠던 것이다.[267]

---

265) 『매일신보』, 1933.1.1~3. 일.
266) 『중외일보』, 1930.5.30.
267) 『중외일보』, 1928.10.5.

2) 대구 사회 각계의 지주에 대한 비판

대구에서 미곡을 통해 상업 방면에서 두각을 나타냄과 동시에 부르주아적 입장에서 사회·언론 활동을 펼치던 서상일[268]은 다음과 같이 자신의 생각을 밝혔다. 서상일은 대구의 경우 봉건적 정치세력이 몰락했음에도 불구하고 여전히 봉건적 지주세력이 강력하게 유지되고 있고, 그것이 대구경제계의 특징이라고 이해하였다. 그러한 지주세력은 현실적으로 자신들이 소유한 상당한 부력을 토지에 사장死藏키시고 있고, 소작인 착취와 고리대금에 관심이 있거나 동척東拓이나 식은殖銀을 통해 자금을 대출 받아 토지매입에만 열을 올리고 있다는 비판을 하였다. 또 그는 지주들이 겹겹으로 싼 벽돌담 안 고루광식高樓廣室에서 고리대금과 기생축첩을 챙길 뿐으로 일반 사회에 하등 이익이 없어 대중으로부터 질시의 대상이 될 뿐인 것으로 보았다.[269] 이런 지주세력은 용단력과 진취성이 결여되어 있어 시대의 변화에 능동적으로 대처하거나 적절히 조응하지 못하는 전근대적이고 보수적 특성을 가진 존재들이라고 비판하였다. 그는 이러한 구조에서 대구의 산업이 농업에 집중되었기에 대구의 상업공이 서울에 비해 질적·양적으로 비교할 수 없을 만큼 낮은 수준을 보이는 주요 배경이 되는 것으로 분석하였다.

동시에 지주세력 마저도 금융자본의 농촌 침투로 인해 농업의 성장이 상당히 제약을 받아 지주층이 점차 몰락하는 것으로 보았다. 서상일은 지주세력이 봉건적 지주경영과 소유 토지 규모의 확대에만 관심을 가질 뿐 자신의 자본을 근대적 상공업으로 전환하지 못하는 자들이라고 비판하였다. 또 그러한 강고한 보수성향의 온존이 변화에 능동적으로 대처

---

268) 김일수, 『서상일의 정치·경제이념과 활동』, 성균대학교 대학원 박사학위논문, 2000년 참조.

269) 大邱支局 一記者, 「都市의 行進曲 第2陳 大邱」, 『新東亞』, 2권 6호(1932년 6월).

하지 못하게 할 뿐 아니라 사회성이 취약하거나 단결력의 약화를 초래하고 있다고 보았다.

대구의 지주를 바라보는 언론의 시각 또한 비판적이었다. 대구는 단결이 취약하고 공익성이 결여된 노인의 세력이 완고한 지역으로서 사상성이 박약한 도시라고 비판하였다.[270] 또한 대구의 부호들 가운데 상당수는 과거 신분으로 볼 때 다수가 향리계층이었는데, 그들은 구신분제도舊身分制度몰락이후 재산을 배경으로 오히려 양반행세를 한다고 비판하였다.[271] 1921년 무렵 교남학원嶠南學院이 경영난에 빠졌을 때 그 원인이 "소위 동족중 재산가 양반내의 눈물이 없는 무양공자無腸公子에 가까운 냉정한 소이所以"라고 지적하면서, "가령 이러한 현상을 통분痛忿히 느끼며 통분의 병으로 이 세상을 떠난다 할 것 같으면 재산가 양반내에게 대한 무한한 원한을 품고 돌아갈 것이다. 창기娼妓와 술은 자멸적이니 제발 각성하십시오"라며 비난하였다.[272]

또 대구는 '재산보호의 도피민逃避民'이 몰려드는 곳이고, 그런 재계의 인사들은 '보수적이며 퇴영적'이라고 규정하면서, '이러한 무리들이 아무리 나날이 증가된다 하더라도 대구의 발전과는 아무 상관이 없는 것이다. 대구의 공기만 탁하여 질뿐이다. 대구는 이같이 침체할 기분뿐인고'라고 지적하였다.[273] 나아가 대구가 상당한 부력을 가진 도시이지만 수십 명의 재산가들에 의해 독점된 것에 정비례하여 사회 기반 시설의 허약하다고 지적하였다.[274] 이러한 언론비판은 주로 동아일보 대구지국을 통해 이루어지는 경우가 많았는데, 대구지국은 부르주아적 발전

---

270) 「朝鮮文化의 基本調査 其二, 慶北道 上」, 『開闢』, 36호(1923.6.).
271) 『동아일보』, 1926.1.1, 「大邱迎新」-死大邱 生大邱」(大邱農村社 徐萬達).
272) 『동아일보』, 1921.10.3, 「大邱閑話, 嶠南學院을 보고」(大邱支局 一記者).
273) 『동아일보』, 1923.10.13, 「大邱의 一面觀」(5).
274) 『동아일보』, 1926.1.3. 「地方論壇, 計劃과 實行」(大邱 一記者).

논리를 가진 서상일, 윤홍렬 등에 의해 운영되고 있었으며, 대구의 예속 상층자본가의 계급적 이기성과 취약한 사회성을 비판하는 입장에 서 있었다.

3·1운동 이후 근대적인 농민운동이 일어나 대구에도 파급되었다. 대구의 대표적 농민운동 기관은 대구노동공제회였다. 대구노동공제회는 결성 직후인 1923년 3월 9일 농민대회를 개최하여, 농민 문제를 주요 활동방침으로 설정했다.[275] 이 활동방침에 따라 대구노동공제회는 대구 인근의 달성군 11개 면에 소작조합의 결성을 추진하여 1925년 3월 현재 달성군의 가창면, 성서면, 옥포면, 화원면, 논공면, 해안면, 월배면 등 7개 면에 소작인조합을 결성하였다.[276] 이어서 대구노동공제회는 농민부를 설치하여 소작인조합을 지도하고자 하였다.[277]

대구노동공제회의 지주에 대한 비판은 지주에 대한 투쟁으로 이루어졌다. 대구노동공제회가 발표한 선전문의 내용을 보면 다음과 같다.

> "소작인아! 저 들에 가득하게 성숙한 오곡은 낱낱이 모두 우리 노력과 혈한血汗의 산물이다. 도도熖熖한 적일赤日하에 전무간田畝間에서 신고辛苦하든 우리는 이제 지주의 탐욕이 자행될 집혜기執穗期을 당하야 또한 억울한 가슴을 잡고 태식한탄太息怨歎치 아니할 수 업다. 이때를 당하여 우리는 더욱더욱 결속하야써 그들의 무리한 탐욕을 제지하고 과도한 요구를 배척하야 금춘今春 농민대회農民大會에서 결의한 좌기 조항을 철저히 실행하자. 만일 우매한 생각으로 지주의게 아부阿陷하야 각각 사리私利을 도모코저 하면 필경 파멸뿐이니라."

---

275) 『동아일보』, 1923.3.13.

276) 『동아일보』, 1924.12.21.

277) 박애림, 「조선노동공제회의 활동과 이념」, 연세대 대학원 석사논문, 1992, 92~103쪽.

이 선전문에서 그려진 지주의 이미지는 '탐욕', '과도한 요구'를 하는 사람들이었다. 이런 탐욕과 요구에 대해 대구노공공제회는 소작인간의 단결, 결속을 밑거름으로 하여 ① 지세 및 일체 공과금의 지주 부담, ② 소작료는 해당 토지의 소출에만 한하되 반분 이상의 요구에는 절대 불응, ③ 소작료 두량 방법은 도량 방법에 따를 것, ④ 소작료운반은 왕복 30리 이내에만 한하여 소작인이 부담할 것, ⑤ 수세 및 기타 무상노역의 요구에 절대 불응, ⑥ 마름에 대한 무상노역, 선물 및 잡세의 일체 폐지, ⑦ 소작인은 토지에 농작물을 개량하여 수확의 증가를 도모할 것 등을 지주에 대한 비판의 행동방침으로 설정하였다.[278] 그리고 궁극적으로는 '생산자를 본위로 하는 토지의 사회화'를 목표로 하였다. 그 내용은 대구노동공제회의 핵심 인물인 정운해가 『시대일보』에 기고한 「소작운동의 현재와 장래」에서 확인할 수 있다. 곧, 그는 "조선에 소작인이 전인구의 8할을 점하였고, 조선에 생산자는 그네들뿐이다. 조선에 주인은 그네들이다. 그들은 제1기의 운동에 단결을 도성圖成하고, 제2기의 운동에 계급의식이 확립하야 최후의 운동에 종극의 목적을 달할 것이다. 생산자를 본위로 하는 토지의 사회에"라고 주장하였다.[279]

1924년 3월 대구에서는 대구노동공제회가 본부 역할을 맡아 이루어진 당시 최대 규모의 남선노농동맹 창립총회가 열렸는데, 이 대회에서 지주를 「백도(白盜 ; 백주의 도둑)」라고 규정하고 지주에 대한 경고문이 발표되었다. 그 내용은 대체로 다음과 같다.

> "각 지주는 자기 양심에 소하여 탐욕에 마취痲醉되지 말며, 정의 인도의 관념으로써 소작인의 가장 온건 염치한 태도로 기탈한 권리의 기분지일이

---

278) 『동아일보』, 1923.3.13.
279) 『시대일보』, 1925.1.1.

라도 회수코저 하는 정당한 주장을 시인하라. 다수 소작인의 호혈의 결정물인 생산품을 소수 지주 계급이 착취하여 종세 노고하는 소작인은 기근에 읍泣하는대도 십지부동十指不動하며 일생에 안일한 생활을 하는 것은 모순의 극이다. 진리는 민중으로 하여금 영원한 비굴맹종을 긍정치 아니하고 정의는 민중으로 하여금 각성의 력力을 지시한다."[280]

대구노동공제회는 소작인에 대한 수탈을 일삼는 악지주 박멸을 내세우며[281], 소작인의 지주에 대한 투쟁을 지원하였다. 대구노공공제회의 지도를 받는 소작인조합은 대개 달성군의 면단위로 결성되었고, 소작인조합은 대구에 거주하는 지주를 상대로 쟁의를 일으켰다. 달성군 가창면에 천여두락을 소유한 서우순徐佑淳에 대한 쟁의[282], 달성군 화원에 토지를 둔 지주 김병제金秉濟에 대한 쟁의 등이 빈번하게 제기되었다.

280) 『동아일보』, 1924.4.5.
281) 『동아일보』, 1925.3.29.
282) 『동아일보』, 1923.5.7.

이상에서와 같이 일제하 대구지역의 금융자본가층의 형성과 농공은행 및 어음조합에의 참여, 조선인 일반은행의 설립, 은행 합병을 통해 금융자본가층의 존재형태를 살펴보았다.

대구의 지주 상인층은 조선후기 이래 곡물류를 중심으로 한 상업 활동을 벌이면서 부를 축적하였고, 구한국정부가 재정기구로 시행한 외획제도를 통해 축적된 부를 증대시킬 수 있었다. 그러나 외획폐지 및 화폐정리사업으로 인해 대구의 지주 상인층은 몰락의 위기를 맞았으나 일제의 금융정책의 특혜를 받는 이석진·서상돈·서병오·최만달·정규옥·정해붕·정재학·이병학·김병순·이종면 등 자본가들이 있었다. 이런 과정을 통해 그들은 조선이 식민지로 전락하는 과도기에 일제의 경제구조 속으로 재편되어 갔다. 그리고 농공은행을 설립한 자본가들은 토지와 상업을 통해 축적한 자본으로 은행을 설립하고 나아가 제조업까지 진출하여 근대 부르조아지로 변모해 나갔다. 또한 자본가들은 대구지역 계몽운동의 중심세력이었다.

1910년대 일본의 금융정책에 따라 대구에는 4개의 일반은행이 설립되어, 금융도시로 성장하였다. 이들 4개 일반은행 가운데 조선인계 2개, 일본인계 2개로 민족별 구별이 분명하였다. 조선인 자본가 가운데 대구은행 및 경일은행, 두 은행 모두에 관계한 자본가로서 장길상·이병학·정재학·이종면·이영면·진희규·최준·박기돈·장직상 등 9명이었다. 이들이 대구를 대표하는 대자본가 그룹을 형성하였던 것이다. 두 일반은행의 경영 구조를 볼 때 은행업 상업 대출을 통해 미곡 무역을 하기 위한 기관으로 이용된 면이 강하여, 그로 인해 두 은행 모두 차입금의 비중이 30%를 초과하는 기형적인 경영 구조를 보이면서 총독부와 조선은행으로부터 경영권을 침해당해 은행의 독자성 내지 자율성이 취약했다. 따라서 지역의 조선인 대자본가들이 총독부의 정책에 응하지 않을 수 없는 구조가 발생하였던 것이다. 이런 점에서 금융자본가층은 식민지 사회구조에서 자신들이 처한 경제적 처지 때문에 당국과의 긴밀한 관계 유지가 필요했거나 자본가로서 자기 계급의 이익에 충실했을 양면성이 내포된 것으로 보인다.

1920년대 말 총독부의 일반은행 합병정책에 따라 대구의 은행도 합병을 통해 경상합동은행과 대구상공은행으로 재편되었다. 1940년대 전시동원체제가 강화되면서 경상합동은행과 대구상공은행은 중앙의 한성은행과 조선상업은행에 각각 합병되었다. 이로써 대구에 본점을 둔 일반은행은 모두 없어졌다. 은행의 경영 실태는 이전 시기의 그것과 큰 차이가 없었고, 합병과정에서 조선은행의 차입금이 늘어나면서 총독부의 일반은행에 대한 간섭 혹은 규제가 심해졌다. 그리고 사실상 경일은행은 대흥전기주식회사를 통해 막대한 부를 축적한 小倉武之助에게 장악되었다.

이와 같은 일반은행의 설립 및 변동에서 조선인 일반은행의 독자적 존립 가능성은 희박했고, 금융자본가로서의 지속적 성장은 차단되었다. 대구의 유력자본가들은 은행뿐만 아니라 회사 설립에도 적극적으로 참여해 근대적 자본가로 전환하는 과정을 나타냈으나 여전히 이들은 대지주들이었고 투자 방면도 곡물업, 서비스업, 소비재산업에 치중되었다. 그리고 그들은 일제하에서 원만한 경제 활동과 사회적 명예를 유지 존속시키기 위한 기반(혹 기제)로서의 관헌과의 밀접한 관계 유지, 곧 정치성은 자본가에게 있어 대단히 중요한 '덕목'이었다.

2부

근대 대구의 대표적 자본가

1. 장길상가(張吉相家)
2. 서상돈가(徐相燉家)
3. 정재학가(鄭在學家)
4. 이일우가(李一雨家)
5. 이종면가(李鍾勉家)
6. 정해붕가(鄭海鵬家)
7. 이병학가(李柄學家)
8. 이장우가(李章雨家)
9. 김홍조(金弘祚)

1

장길상가(張吉相家)

봉건적 관료생활을 통해 막대한 부를 축적

장길상가는 오늘날 구미시 오태동에 터를 잡고 살았다. 이곳은 인동(혹은 옥산)장씨 남산파의 일부가 세거한 곳이었다. 인동 장씨는 경상도의 전통적 양반가문으로, 조선 선조 때의 장현광張顯光(1544~1637, 號 旅軒, 文康公)이 대표적인 성리학자였으며, 퇴계학파의 맥을 잇고 있었다. 또한 장현광의 후손인 장복추張福樞(1815~1900)는 김흥락金興洛, 유주목柳疇睦과 함께 영남삼징사嶺南三徵士로 명성이 높았다. 그렇지만 그 뒤 후손들은 성리학적 견해를 글로 남기지 않았고, 현실문제에 대해선 철저히 전통적 봉건관료층의 차원에서 접근하였다.

장길상의 아버지인 장승원張承遠(1853~ 1917)은 홍문관 학사를 지낸 장석룡張錫龍의 아들로 태어났다. 장승원은 1885년 9월 나라에 큰 경사가 있을 때에 치러지던 증광문과增廣文科에 급제하여 1888년 6월말 승정원 주서承政院注書를 시작으로, 초기에는 주로 홍문관, 사헌부, 사간원 등에서 관직생활을 하였다. 대한제국기에는 중추원 의관, 경북 청송靑松군수,

관복을 입은 장승원

비서원승, 궁내부 특진관 등을 두루 역임하였다. 종 2품의 장승원은 윤헌의 불법탐학이 지나치자 1904년 9월경 그를 대신하여 경북관찰사에 천거된 이래 이용익이 부임해 온 1905년 2월 무렵까지 경북관찰사 겸 재판소 판사로 봉직했다. 그 뒤 궁내부특진관으로 전임된 이래 여러 관직을 거쳤으며, 1907년 당시 종 2품의 벼슬까지 지냈다.

당시 대구에 거주했던 한 일본인에 의하면, 장승원은 군수 자리에 있을 때 경북관찰사가 되기 위해 온갖 방법으로 많은 돈을 모았다고 하였다. 또 일진회의 주장에 따르면, 장승원은 청송 군수로 재직할 때 인민에 대한 늑탈로 인해 여러 차례 민상民狀에 올랐던 인물이라고 하였다. 그런데 당시 황성신문의 보도에 의하면, 장승원은 정작 관찰사가 되고 난 후에는 청간, 인척, 주사 서기, 순거청사,

장승원의 옛 집

기생도 무용이라는 오무용의 노래五無用之謠가 유행할 정도로 별 탈 없이 업무를 수행한 것으로 보는 경우도 있었다. 또한 당시 통감부 정보 자료에 따르면, 장승원은 의병장 허위許蔿(1854. 4. 1.~1908. 9. 27.)와 친분이 있으며, 3천 원 정도를 군자금으로 지원했을 가능성이 있다고 보고 있다. 물론, 이 일로 인해 장승원이 입은 화는 없었던 것으로 보인다.

뿐만 아니라 『황성신문』(1908년 5월 20일)은 「장승원론」이라는 제목으로 논설을 실었다. 여기서는 그의 경력과 재산을 언급하고, 그가 완고한 영남지역의 양반사회를 개도開導하여 당시 시대적 과제로 부각된 교육진흥에 힘써 줄 것을 기대하였다. 그러나 그가 사회적 기대에 부응하지 못하자 실망감을 드러내기도 하였다.

> "…雖蠢蠢無識(수준준무식 ; 비록 어지럽게 움직여 무식하고) 蚩蚩下賤(치치하천 ; 무지한 아랫)의 輩(배 ; 무리)라도 不應有此(불응유차 ; 이처럼 불응하지 않는데)인데 以若張參判(이약장참판 ; 그런데도 만약 장참판)의 자격으로 豈有是也(기유시야 ; 어찌 이럴 수 있으)리오. 必傳之者誤(필전지자오 ; 반드시 그것을 전한 자가 잘못 전했을 것이)로다. 雖然(수연 ; 비록 그러하)이나 同氏(동씨)가 若果有此(약과유차 ; 만약 이와 같이 했다)하면 非但 自家(비단 자가)의 不幸(불행)이라 嶺南全省(영남전성)에 障碍(장애)되는 鉅害(거해)가 有(유)하겠기로 不得不擧此公筆而論之(부득불거차공필이논지 ; 부득불 이 붓을 들어 그것을 논)하노라."

당시 대한협회 지회활동이 활발하게 펼쳐지던 대구와 성주는 그가 살던 곳과 매우 가까운 거리였다. 그렇지만 위 언론보도와 같이 장승원이 계몽운동에 참여한 흔적을 발견하기란 매우 어렵다. 이처럼 장승원에 대한 평가는 상반되었다. 그렇지만 당시의 사회적 상황을 고려할 때, 관리 중에서도 지방 장관의 자리는 부의 축적에 중요한 기반이 된 것은 틀림없다. 이미 장승원이 관료를 그만 둘 때 그는 수 만석의 거부였다.

장승원은 슬하에 장길상張吉相(1874~1936), 장직상張稷相(1883~1959), 장택상張澤相(1893~1969) 등 3형제를 두었다. 이 중 차남인 직상이 1903년 경기전참봉慶基殿參奉)을 시작으로 1904년에 감조관 산릉도감監造官 山陵都監, 1910년 6월에는 경북 신령군수가 됨으로써 대를 이어 관직생활을 하였다. 그는 합방 직후 군수를 사임하고 고향인 오태로 돌아갔다. 그러나 그는 합방으로 인해 국권이 일제에 침탈당했음에도 불구하고 같은 해 10월 다시 신령군수가 된 이래 일제의 무단통치 아래에서도 비안군수(1911), 하양군수(1912), 선산군수(1913) 등을 지냈다. 또 일제의 1910년대 경제정책인 토지조사사업에 협력하여 경상북도 토지조사위원회 임시위원(1915)을 지냈다.

장직상

이런 장직상의 관직활동에 대해 『조선공로자명감』(민중시론사, 1935)에서는 "한국시대부터 관리를 역임했으며, 한일합방 당시는 동요하기 쉬운 조선인의 사상을 선도하고 조선통치를 위해서 공헌, 내선융화에 힘썼다. 1910년 6월 군수에 취임한 뒤 각지에서 근무하면서 실업계에 뜻을 두고 지방발전을 위해 활동하였다"고 적고 있다. 곧 일제의 조선 '합병'과 초기 통치에 공로가 있는 것으로 평가하였다.

오랜 관직 생활을 경험한 장승원 부자는 관직 경험 이상으로 많은 재산을 가진 부호가 되었는데, 소유 토지만 8천 정보에 이를 정도로 당대 조선 최대 지주에 속했다. 그런 장승원은 1917년 10월 당시 국내 대표적 비밀결사였던 대한광복회(단)로부터 요청받은 육만 원의 군자금

모집에 불응하다 대한광복회(단)의 단원이 쏜 총을 맞고, 대구의 자혜의원에서 치료를 받던 중에 사망하였다. 그의 장례식은 다음 해 음력 2월 26일에 오태동에서 크게 치러졌다.

경일은행을 설립하고 상공업 활동을 전개하다

장길상 형제들은 1912년 대구의 일본인 자본가들이 한국인 자본가를 끌어 들여 선남상업은행을 설립할 때 자본을 투자함으로써 비로소 금융자본가가 되었다. 그즈음 대구의 정재학鄭在學이 중심인 된 한국인들이 일반은행인 대구은행을 설립할 때도 자본을 투자하여 대주주의 일원이 되었다.

이처럼 지방의 일반은행 설립에 자본을 투자한 경험을 가진 장길상 형제들은 1920년 4월 자신들이 소유한 자본을 매개로 대구에 본사를 둔 경일은행慶一銀行을 직접 설립하기에 이르렀다. 이때 경일은행은 자본금 2백만 원, 대주주 2백 50명에 총 4만주의 주식을 발행하였는데, 그 중 장길상이 약 7천 3백 주, 장직상이 약 2천 5백 주를 소유함으로써, 장씨 형제들이 총주식의 25%의 지분을 차지하였다. 경일은행의 실질적인 소유주였던 장씨 형제들은 장길상이 은행장을, 장직상이 이사가 됨으로써 경영권도 장악하였다.

이러한 소유 지분은 1923년도에 경일은행 총주식 4만주 가운데 장길상이 약 1만 2천 주, 장직상이 약 2천 8백 주를 가짐으로써, 이전에 비해 소유 주식의 규모도 증가하였다. 또한 장직상이 전무이사로 승진하였고, 1929년에 장택상도 상무이사가 됨으로써 장씨 형제들의 은행 장악력은 더욱 증대되었다.

그러나 은행의 경영 실적은 그다지 좋지 못하였다. 관치 금융의 구도 아래 지방 일반은행의 존립 기반이 약한데다 고정대부가 많아 수익성이 떨어진 것이 큰 원인이었다. 이에 경일은행은 1929년 1월 정기총회를 열어 자본금 2백만 원에서 1백 40만 원으로 감자하고, 경영 위기를 돌파하기 위해 1930년 8월에 경상공립은행을 합병하기로 결정함과 동시에 경남의 밀양은행의 합병도 추진하였다. 그래서 장길상은 경상공립은행의 소유주인 미야이宮井正一와 일본 도쿄東京에서 합병에 관한 절차를 마무리 지었다. 이후 경일은행은 경상공립은행이 운영하고 있던 창고업까지 겸업하였다.

1931년에 접어들어 총독부와 조선은행의 경일은행에 대한 관치금융의 경영권 간섭 압력은 거세졌다. 장길상은 대구은행 정재학과의 제휴를 통해 위기를 넘기고자 했으나 정재학측이 응하지 않았다. 이런 상황에서 1931년 6월말 장길상과 오꾸라小倉武之助 사이에 주식 매도 계약이 이루어지고, 7월에 정식 계약이 체결되었다. 이때 장길상은 경일은행의 주식 만 2천주를 소유한 지배주주였는데, 매도 계약시 한 주당 가격을 시세 6원보다 훨씬 높은 11원 50전으로 하고 계약금을 만 4천원으로 하였다. 그리하여 경일은행의 소유주는 일본인 오꾸라가 되었고, 경일은행은 일본인 은행으로 바뀌었다. 이후 경일은행은 1933년 10월에 선남은행을 매수합병하고, 12월 상호를 대구상공은행으로 변경하였다. 이때 장씨 형제들의 주식 보유 규모는 장직상만이 총주식 2만주 가운데 약 7백 주만을 소유했을 정도로 현저히 약화되었다.

경일은행으로 상징되던 장씨 형제들의 경제적 부는 더 이상 유지되기가 어려웠다. 특히, 경일은행의 실질적 경영주였던 장길상의 명성은 막을 내리게 되었다. 더구나 1936년 장길상의 사망은 봉건적 관료생활을 통해 부와 명예를 축적한 장씨 가문이 일제의 전쟁 동원정책에서도 건재해야 하는 새로운 환경에 적응해야 하는 과제를 남겼다.

장남 장길상의 사망 후 장씨형제들의 자본 활동은 장직상이 주관하게

경일은행의 옛 자리터

됨으로써 장직상의 활동이 두드러지게 되었다. 그는 일제로부터 "재능을 발휘하여 모두 양호한 성적을 보여, 기획과 경영 모두에 기의機宜에 적당하다는 것은, 씨의 재정적 수완에 의한 것(『조선공훈자명록, 1935』)"이라는 평가를 받을 정도로 사업에 수완이 있었다.

이때 장직상은 경일은행 대신 오꾸라小倉武之助의 남선합동전기회사에 적극적으로 자본을 투자하고, 경영에 참여하였다. 또한 1937년 주로 새끼, 가마니를 생산하는 경북산업주식회사의 대주주, 조선신탁회사의 이사, 경북화물자동차주식회사의 대주주로 참여하여 이사가 되었다.

장직상의 1930년대 중반 이전까지의 경제 활동을 보면, 그는 1920년에 왜관금융창고주식회사를 설립하여 대표이사가 되었고, 자본금 30만원의 동아인촌주식회사도 설립하였으며, 고려요업주식회사의 경영에도 참여하였다. 또 1928년 남선양조사에 투자하고 이사가 되어 주조업에도 관여하였다. 1929년에는 조양무진주식회사에 주주로 참여하였다. 이처럼 장직상은 금융업, 제조업, 주조업, 운송업, 전기업, 토지 경영 등 다방면에 걸쳐 투자함으로써 경북의 주요 실업가로 자리를 굳혀 갔다.

한편, 장씨 형제들은 당시 전국 최대의 지주층에 속한 대지주였고, 장길상은 1926년 6월에 경북도 농회 부회장, 1927년 4월에 조선농회 통상의원을 지내는 등 일제의 농업정책에 편승하였다. 그들은 전국 각지에 흩어져 있는 넓은 토지를 지주제를 통해 경영하였다. 당시 지주제는 일제의 식량증산계획과 맞물려 당국의 보호를 받으면서 운영되었기 때문에 지주들은 막대한 경제적 이익을 얻을 수 있었다. 1922년 한 언론 보도에 따르면, "방금 군내에 있는 지주라고는 그 중 몇몇을 제외하고는 전반이 그 가혹한 소작료를 받는데, 1천여 두락의 전답을 차지하고 있는 장길상 등을 비롯하여 읍내에 있는 조선개척주식회사와 이와사岩佐梅吉, 후지와라藤原求平 등 대개는 일본인 지주가 많은데"라고 할 정도로, 장길상은 대지주였고, 가혹한 수탈경영을 했던 것으로 보인다.

그로 인해 농촌내 계급적 대립이 첨예하였고, 소작농의 지주에 대한 쟁의 또한 빈번하게 발생하였다. 이때 장길상도 소작인들로부터 수탈에 대한 저항을 받기도 하였다. 그 대표적인 사례로 장길상이 청도군 풍각면에 토지를 갖고 있었는데, 이 곳의 소작인들이 장길상의 과도한 소작료 징수에 맞서 풍각면 농사개량조합이라는 소작운동 단체를 결성하고, 장길상의 토지를 경작하지 않기로 하는 불경작동맹을 맺었던 것이다.

장씨 형제들은 사회활동으로 사회적 신망을 얻다

장길상은 관직생활 중인 1908년 3월 교남교육회嶠南敎育會의 창립에 참여하여 재무부장 겸 평의원 그리고 부회장을 역임하였다. 또한 1920년대 문화운동에 참여하여, 왜관청년회 설립에 200원을 기부하였다. 그리고 장씨 형제들에 따르면, 장직상은 그의 형 길상이 상해 임정에 만원 가량의 자금을 보낼 때 형을 대신하여 전달하기도 하였다고 한다.

1922년 초 대구의 유지들이 중학교 수준의 교남학교嶠南學校의 설립을 계획할 때 장길상이 20만원, 장직상 5만원, 장택상 5만원 등 장씨 형제들이 30만원의 금액을 기부하기로 약속하였다. 같은 해 5월 장직상의 형 길상은 조선교육협회에서 교육계에 공헌이 많은 자들 가운데 한 사람으로 선정하여 은관 및 은잔 한 벌씩을 받았다. 1924년 대구에 큰 수해가 났을 때 장길상은 백미 10가마니를 기부하였다. 뿐만 아니라 장길상은 1927년 민족협동전선운동의 형태로 창립된 신간회에 발기인으로 참여하였다.

장직상은 대구상업회의소의 특별평의원(1923~1924)을 거쳐 1925년 7월 회두로 선출되었으며, 1927년에 재선되었다. 당시 일본인이 주도하던 상업회의소에서 조선인이 회두가 되는 경우는 극히 이례적인 것이었다.

그는 대구상업회의소 회두에 재임 중 조선총독부에 몇몇 건의서를 제출하였다. 먼저, 조선산업개발의 대계를 위해 ① 조림의 촉성, ② 하천의 정리, ③ 공업 진흥, ④ 광업 개발, ⑤ 수산업의 진전과 어항의 축조, ⑥ 주요 항만의 완비 등을 총독부 정책으로 확립해 달라는 것이었다. 다음으로 조선상업회의소령을 속히 발포하되 관계법규의 제정에 앞서 조선상업회의소연합회에 자문을 해달라는 것이었다. 그리고 대구상업회의소 회두로 있을 당시 대구에는 의학전문학교 설립 문제가 관심사로 떠올라 있을 때였는데, 그는 이장우, 서병조 등 조선인과 그리고 일본인이 포함된 의학전문학교설치 실행위원으로 선출되었다.

이후 대구상업회의소는 총독부의 시책에 따라 대구상공회의소로 변경되었는데, 그는 1~3대 특별의원(1931~1940)으로 활약하였다. 1944년에는 총독부가 각도에 상공경제회를 설립할 때 조선인으로는 서병조와 함께 경북상공경제회 설립위원으로 임명되어 활동하였다. 이러한 장직상에 대해 당시 일본인들이 "재능을 발휘하여 모두 양호한 성적을 보여, 기획·경영 모두가 시기에 적당하다는 것은, 장씨의 재정적 수완에 의한 것"이라고 평가할 정도로 일제에 예속된 자본가였던 것이다.

총독 정치 아래서 장씨 형제들의 정치활동

장씨 형제들은 경제적 부와 사회적 명예를 계속적으로 유지하기 위해서 총독 통치 아래 정치활동을 적극적으로 벌여 나갔다. 일제하 지배당국의 신뢰는 경제적·사회적 이익을 보장할 수 있는 일종의 주요한 통과의례였기 때문이다. 총독 정치 아래서 장씨 형제들의 정치활동은 주로 장직상을 통해 이루어졌다.

장직상은 1920년대 일제가 문화정치를 실시하면서 민의창달이라는 미명아래 지방 통치의 보조수단이자 자문 기구로서의 역할을 한 대구부회, 경상북도 도회 등 지방자치 기구의 의원으로 활동하였다. 지방자치 기구에서의 활동 경험을 통해 1930년 6월 조선총독부의 중추원 참의가 되었다. 1942년까지는 주임관 대우의 중추원 참의였으며, 1944년부터 일제 패망까지는 칙임관 대우의 중추원 참의를 지냈다. 중추원은 유명무실한 총독의 자문기관이었으나, 중추원 의관은 당시 조선인으로서 가장 출세한 자리였다. 특히 그는 그러한 활약으로 인해 우가키宇垣총독의 두터운 신임을 얻기도 하였다. 이처럼 장직상은 경제 활동뿐 아니라 정치적 활동도 경북지역에서 가장 두드러진 행보를 보임으로써 경북지역에서 정·재계에 가장 영향력 있는 인물로 자리를 굳혀 갔다.

장직상은 1931년 일제가 만주를 침략한 후 전쟁을 확대하면서 전시체제를 강화해 나가자, 친일 단체에 적극적으로 관여하여 일제의 전쟁정책을 수행해 나갔다. 1934년 천도교의 최린 등이 신생활 수립, 신인생관 확립, 내선일가內鮮一家의 결성 등을 내세워 친일단체 시중회時中會를 창립할 때 발기인으로 참여하였다.

1937년 7월 중국을 침략한 이래 1940년 이후 일제는 내선일체를 내세우며, 국가총동원법을 조선에 시행하는 등 국가총동원체제를 확립해 나갔다. 이에 장직상은 1940년 일제가 동화정책을 추구하기 위해 창씨개명을 실시하자 하리모토張元稷相로 창씨하고, 일제의 지배정책에 적극적으로 동조하였다. 나아가 1940년 국민총력조선연맹의 평의원 겸 경제부 경제위원, 1941년 흥아보국단 경북도위원, 조선임전보국단 이사, 1945년 대의당 당원, 대화동맹 심의원 등으로 활동하였다. 또 학병을 권유하기 위해 충북 일원에서 연설을 행하여 일제의 침략전쟁을 찬양하고 동족을 전장으로 내모는 일을 하였다. 특히 그는 막대한 재력으로 일제의 전쟁 수행에 필요한 물자를 자진 기증하기도 하고, 또 대표적 친일자본가 박흥식 등과 함께 가장 악질적 친일단체인 대화동맹의 경비와 사업비를 담당하였다.

장길상의 장남 병천의 사랑이야기

장병천(1903~1923)은 일본에서 유학하던 중 사회주의 사상을 수용한 인물이었다. 그는 1922년 1월 "무산대중의 황량한 현실을 춘일화양의 화원으로 개조, 혁신해야 한다"며 박희도, 이승준 등이 발기로 성립된 잡지 신생활사에 자본을 투자하였다. 또한 1922년 2월 이영·심상완·신일용 등과 함께 "인류생활의 공존공영적 진리를 파악하여 민중문화의 건설을 목적으로 한다"는 목적으로 사상단체인 신인동맹회를 결성하였다. 신인동맹회는 같은해 3월말에 성격을 같이하는 사상단체 무산자동지회와 합병하여 '무산자동맹회'가 되었다. 특히 그는 서울회계 사회주의자 이영과 친밀하게 지냈다.

이처럼 초기 한국 사회주의 운동에 참여했던 장병천이 강명화실기라는 소설에 등장하기도 하였다. 이에 따르면 강명화는 평양기생이었고, 두 사람은 연인사이였다. 그러나 전통적 신본을 고려할 때, 두 사람의 사랑은 쉽게 이루어지질 수 있는 것이 아니었다.

당시의 봉건적 신분관과 사회적 처지의 큰 차이에도 불구하고 장병천의 강명화에 대한 사랑은 깊어 갔다. 이에 대한 장씨 집안의 강한 반대, 사회적 질시는 두 사람의 사랑에 깊은 상처를 가져다 주었고, 결국 강명화가 자살하는 비극까지 몰고 왔다. 이로써 두 사람의 관계가 끝나듯 했지만 강명화를 잊지 못한 장병천 또한 사랑병을 이기지 못한 채 죽음에 이르고 말았다고 한다. 이때 그의 나이는 약관 20세에 불과하였다. 명문대가의 장손으로 태어나 엘리트 교육을 받으면서 청년으로 성장한 병천이 이루어질 수 없었던 사랑으로 인해 자신의 능력을 꽃피우지도 못한 채 접어야만 했던 것이다.

해방후 장씨 형제들의 활동

일제강점기 장씨 형제들 가운데서 가장 왕성한 정치활동을 벌였던 장직상은 해방되던 다음날인 8월 16일에 전조선 전기계의 각 부문을 망라하여 결성된 조선전기문화보급협회에 남선전기회사를 대표하여 참여하였다. 같은 해 12월 임시정부 재정부장 조완구의 요청과 송진우, 김성수, 장택상(장직상의 동생) 등이 국가 수립에 필요한 자금을 마련하기 위해 결성한 애국금헌성회에 참여하고 중앙위원이 되었다. 1946년 1월 군정청이 남선전기회사를 관리하였고, 장직상은 사장으로 활동하였다.

같은 해 3월 남선전기회사의 노동자들이 회사 운영에 관해 개선을 요구하는 사태가 발생하였을 때, 장직상은 요구사항을 묵살하여 노동자들로부터 많은 비난을 받기도 하였다. 또 그즈음 그는 조선경제협의회의 감사, 대한생명보험회사의 취체역 회장으로 선출되었다. 이같이 해방후에도 장직상은 자유롭게 경제적 활동을 해 나갔다. 그의 동생 장택상이 수도경찰청장의 자리에 있는 것도 든든한 방패막이 되었을 것이다.

수도경찰청장을 지낸 장택상

정부 수립 후 반민족행위자 처벌에 관한 법률이 국회를 통과하자 장직상에게도 시련이 닥쳤다. 반민족행위처벌법이 국회를 통과하고 대통령의 인준을 받아 반민특위가 구성되자 장직상도 그 대상에서 벗어날 수 없었다. 이때 장직상은 박흥식과 함께 호남 자본가 김연수를 찾아가 대책을 강구하였지만 처벌을 벗어날 방법을 찾지 못하였다. 그리하여 그는 반민특위에 자수하였고, 불구속 상태에서 재판을 받았다. 그러나 그는 진술서를 통해 일제를 위해 일한 적이 없다고 지속적으로 강변하였다. 곧 '합방'후 관직생활도, 친일단체의 활동도 자신의 의지라기보다는 일제의 강요에 의해 어쩔 수 없었다는 것으로, 자신의 역사적 책임을 일제의 지배에 전가시키는 비양심적인 태도를 일관되게 견지하였던 것이다. 그렇지만 그의 반민족적·비양심적 행위에 대해 명확한 처벌을 내렸어야 할 재판부는 기소유예로 처리하는 과오를 저지르고 말았다.

또한 한국정부가 농지개혁을 실시할 때 장직상이 소유한 토지 가운데 답 84.4정보와 전 23.1정보가 피분배면적의 대상이 되었으며, 이 토지는 칠곡, 달성, 영천, 고령, 청도, 선산, 안동 등지에 퍼져 있었다. 이에 장씨 형제들이 소유한 토지의 규모도 크게 축소되게 되었다.

장씨 형제의 막내인 택상은 장남 길상보다 무려 19살 아래였고, 길상의 장남이었던 병천과 겨우 6살밖에 차이가 나지 않았다. 때문에 택상은 길상의 각별한 보살핌을 받고 자라나 해외 유학을 떠났다. 장택상이 영국의 애딘버러 대학의 문과를 졸업하고 귀국했던 1920년은 겨우 18세에 불과했으나 너무나 잘 알려진 가문이었기에 동아일보 대구지국은 그의 귀국을 크게 다루기도 하였다. 장택상은 일제강점기에 경일은행의 상무이사를 맡는 외에는 사업에 손대지 않았고, 정치활동에도 나서지 않았던 것으로 보인다. 특히, 그가 존경했던 큰 형 길상이 1936년 사망하고, 1938년 어머니마저 사망하자 줄곧 고향에 머무른 것으로 보인다.

그러던 그가 해방이 되자 상경하여 본격적인 정치활동에 나섰다. 해방되던 그해에 우익세력이 결성한 국민대회 준비위원회의 외교부장이 되고, 한국민주당의 창당에 참여하였다. 이때 그는 미군정의 경기도 경찰부장 곧 수도경찰청장에 취임하면서, 미군정의 실질적 권력의 핵심으로 떠올랐다. 그 후 그는 수도경찰청장의 자리에 있으면서 삼청동 학병동맹 사건, 정판사 위조지폐 사건, 10월사건 등 좌익세력 탄압의 선봉장이 되었고, 남한 단독정부 수립에 결정적인 역할을 담당하였다.

그러한 역할에 힘입어 정부 수립 후 초대 외무부장관에 지명되었다. 그러나 장관직에서 물러난 뒤 두 차례 국회의원 보궐선거에 나갔으나 낙선하고, 제2대 국회의원 선거에서 당선된 뒤 국의부의장에 오른 후 한국전쟁 중인 1952년 5월 제3대 국무총리에 취임하였다. 이때 그는 이승만정권이 권력을 연장하기 위해 취한 정치적 폭거인 소위 '발췌개헌안'의 통과에 일정한 역할을 담당하였다.

그러나 고시진古市進 사건으로 국무총리를 사임하였고, 1954년 '사사오입 사건'을 사건을 겪은 후 이승만 독재에 반대하는 활동에 참여하였다. 곧 1956년 국회의원 데모와 1957년 이승만을 탄핵하고자 하는 경고

결의안의 국회 제출에 앞장섰다. 1960년 2월 서상일·박기출·이훈구·정화암 등과 반독재민주수호연맹을 결성하였다.

이때 그가 진보당의 조봉암을 구명하고자 했던 노력은 한국 정치계의 유명한 일화로 남아 있다. 곧 1956년 제3대 대통령 선거에서 이승만에 맞붙어 이백만 표를 얻어 세간을 깜짝 놀라게 했던 조봉암이 이승만정권의 정치적 탄압에 못 이겨 간첩죄로 사형에 처해 졌을 때, 여태껏 걸어온 정치적 행보가 너무나 크게 차이가 나게도 사회주의 전력이 있던 조봉암을 구명하려 했던 것이다.

그렇지만 그의 반공논리는 이승만 반대 활동과 조봉암 구명 활동에도 불구하고 여전하였다. 그리하여 1958년 반공투쟁위원회 위원장에 추대되었으며, 1959년에 재일동포 북송반대 전국위원회 민간대표로 선출되어 유진오·최규남 등과 함께 제네바로 향하기도 하였다. 1959년 4월 그의 형 장직상도 대구 남산동에 있던 자택에서 사망하였다. 장직상의 사망은 일제강점기 대부호였던 장씨 가문의 경제적 영화가 막을 내렸음을 의미하는 것이었다.

5·16쿠데타가 발생하자 장택상은 시흥에 있는 별장에 은거했다가 1963년 군정연장안대투쟁위원회의 고문, 대일굴욕외교반대투쟁위원회 위원장에 피선되는 등의 활동을 펼쳤다. 그리고 『사실의 전부를 기술한다』, 『수상잡초』를 집필하는 활동에 전념하였다. 이처럼 5·16쿠데타 이후 군사정권 반대 운동과 집필 활동에 전념하다 77세 되던 1969년에 사망하였다.

이와 같이 장씨 가문은 대한제국 시기에서부터 1960년대까지 한국 근대 100년사에서 역동적인 우리 역사의 한가운데 서 있었다. 장길상가를 통해 우리 근대사의 한 단면을 읽을 수 있었다.

2

서상돈가(徐相燉家)

상업과 외획제도를 통해 막대한 부를 축적하다

서상돈徐相燉(1851~1913)의 집안은 달성 서씨 가문이지만 원래 대구가 아닌 서울에 기반을 두고 있었던 것 같다. 대구에 들어오기 이전에는 경북 상주에서 터를 잡고 살았었다. 그의 집안이 거주지를 서울에서 상주로 옮기게 된 것은 조선왕조의 천주교에 대한 탄압과 관련이 있었다. 곧 천주교를 신봉한 그의 집안은 1801년 신유박해 때에 탄압을 피해 강원도와 충청도로 피난을 떠났고, 그 후에도 탄압이 계속되자 경북의 문경을 거쳐 상주로 들어와 숨어 살았다.

서상돈은 1849년 무렵 상주에서 서철순徐哲淳의 장남으로 태어나 아우구스티노라는 세례명을 받았고, 열 살이 되던 해인 1859년에 아버지와 세 살의 병무丙武과 함께 대구로 이주하였다. 뒤이어 서상돈의 숙부인 익순翼淳, 종형인 상홍相洪 등 집안의 대소가가 차례로 대구로 이주하였다.

이 때 서상돈은 집안의 경제력은 그리 넉넉지 못했던 것으로 알려졌다. 그런 환경에서 청년으로 성장한 서상돈은 당시 대구에서도 서문

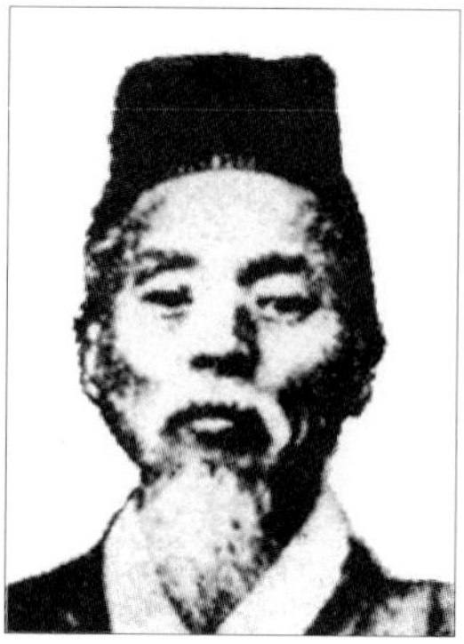

서상돈

밖시장, 남문밖시장, 오늘날 계산동 일대 에 형성된 상권에서 장사를 하면서 돈을 모았고, 그 돈으로 지물과 포목 그리고 쌀과 소금을 취급하면서 더 많은 부를 축적하였다. 특히, 지물과 포목의 경우는 중국과의 무역에서 주요 품목으로 간주되는 것이었고, 쌀과 소금은 낙동강을 배경으로 한 전형적인 무역형태인 어염미두魚鹽米豆 무역이었기에 서상돈은 짧은 시간 내에 많은 부를 쌓을 수 있었다. 그리하여 그는 많은 재산을 가지고 땅을 사들이기에 나서 3만석지기의 대지주로 성장하였다. 또한 그는 늘어나는 포목 수요에 대응하여 1902년에는 대구전보국사장大邱電報局司長 조중은趙重恩과 더불어 양잠회사를 설립하여 칠곡 문수면에 뽕나무 2만 1천 주를 심기도 하였다.

서상돈이 부호가 되는 데에는 당시 대한제국의 재정제도인 외획제도外劃制度이 큰 배경이 되어 주었다. 외획제도란 갑오개혁 이후 조세의 금납화를 전제로 하면서 근대적 금융기관이나 국고제도가 정비되지 못한 때에, 서울과 지방간의 자금의 융통을 가능하게 한 재정운용제도였다. 곧 외획은 국고의 채권자, 경비지출이 필요한 지방관청, 국고에 선납한 상인이나 차인에게 지방 각 군의 조세를 국고에 수납하지 않고 직접 현지에서 지출하는 재정운영 방식이었다. 당시 일본인들은 이들을 조세청부업자로 손쉽게 부를 축적한 한국인으로 간주하기도 하였다. 서상돈은 경상남북도 검세관, 경상남도 시찰 등으로 활동하면서 막대한 부를 축적할 수 있었다. 이 일로 인해 서상돈에게는 서시찰이란 별칭이 붙기도 하였다. 그렇지만 서상돈은 검세관 또는 시찰로서 공전무역을 할 때 일종의 경제사범으로 몰리기도 하였다. 곧 고율의 이자를 늑탈하다 경남 밀양의 박해철로부터 고소를 당해 도망하는 일도 있었고, 1900년에는 성주 상납전 5만 5천 냥을 유용한 혐의로 체포될 처지에 놓이기도 하였다.

계몽운동에 참여하고 국채보상운동을 전개하다

대구의 갑부로 성장한 서상돈은 지역에서 당시 활발히 전개되던 계몽운동에 적극적으로 참여하였다. 1905년 을사조약 체결이후 서울에서는 대한자강회가 만들어져 활동하고 있었으나 동회는 대구에 지회를 설립하지 않았다. 그에 따라 대구에서는 대한자강회와 취지와 유사한 계몽운동 단체를 자발적으로 결성하였다. 곧 1906년 1월 국민 계몽을 위해 교과서와 외국서적을 간행하고 각지의 충효열행이 있는 사람을 모아 매월 3회씩 잡지를 발행할 것을 목적으로 하여 대구광문사大邱廣文社 또는 달성광문사達城廣文社가 결성되었다. 서상돈은 부사장이 되어, 사장 김광제와 함께 대구광문사를 이끌었다. 그리고 그는 경북관찰부를 통해 내부에 인민대의소의 설립을 청원하였다. 그는 청원의 취지에서 "당시 한국이 빈약하고 관리의 압제 및 외세의 침입을 받는 이유는 민지民智가 개발되지 못했기 때문"이라 지적하고, 민지개발을 위한 기관으로서 인민대의소의 설립이 시급히 요구된다고 주장하였다. 결국 인민대의소는 대의기구적 형태로 민의를 결집하고 민기를 진작시키고 민지를 개발하여 국권을 지키기 위한 방안으로 설립되었던 것이다.

그런데 당시 대구에서는 군수 박중양朴重陽이 공석이던 경북관찰사 서리를 겸하게 되면서 복잡한 사회문제가 야기되었다. 박중양은 '혁구개신'革舊改新이라는 이름 아래 대구성 철거, 대구시가 도로개수, 관찰부 및 대구군 관할의 공공건물 매각, 대구시장 개선 등을 일방적으로 단행하였는데, 이는 철저히 일본인의 이익을 대변한 것이었다. 박중양은 그런 일을 위해 민의소를 빙자한 몇 개의 시청을 자의적으로 설치해 운영하였고, 심지어는 시청市廳을 빙자해 민간인 토지 및 가옥을 탈취하는 부정부패를 일삼기도 하였다.

이런 사정이 발생하자 대구광문사 문회는 즉각 대응책을 마련하였다. 1907년 1월 29일(음 1906년 12월 16일) 대구광문사 문회는 특별총회를 개최하고, 동회를 대동광문회로 변경하였다. 이 자리에서 서상돈은 담배를 끊어 국채 일천삼백만원을 갚자고 하는 국채보상운동을 제기하였다. 또 광문사 사장 김광제가 이 일은 성공할 것이라 하면서, 당장 실시하자고 하면서 삼삭 담배갑 육십 전과 돈 십원을 내어 놓았고 이에 찬성하는 서상돈을 비롯한 회원들이 모인 돈이 2천 원에 이르렀다. 이어 대구광문사 문회는 국채보상취지서를 발포하였고, 국채보상 발기인에는 대구광문사장 김광제, 부사장 서상돈, 대동광문회장 박해령, 부회장 김광제, 회원 장상철 등 12명이 더 참여하였다.

이후 대구광문사 문회는 '경상북도대구군금연상채회'慶尙北道大邱郡禁烟償債會를 설립하고, 이를 추진하기 위해 민의소民義所를 만들었다. 서상돈은 '담보금을 납입한 사람들에게 영수증을 만들어주고 은행적립금통장을 관리'하는 재무직을 맡았다. 대구를 거점으로 하여 전개된 국채보상운동은 『황성신문』, 『제국신문』, 『대한매일신보』 등 주요 언론을 통해 전국적으로 확산되어 갔다. 그 가운데 지식인층과 자산가층을 비롯하여 부녀자·노동자·인력거·기녀·백정 등 민중층도 참여함으로써 민족운동으로 발전해 나갔다. 당시 대중들 사이에서 불려지던 '단연동맹가'의 일부를 소개하면 다음과 같다.

" …갸륵하오 서상돈씨

담배 석 달 먹지 말고　　동맹발기 하던 날에
나라 빚을 갚아 보자　　전국동포 향응하야
불당기듯 일어나니　　사랑홉다 우리동포
천의 민심 아닌가　　애국혈성 갸륵하오
이 혈성을 크게 길러　　부강도 우리 것이오…"

이처럼 서상돈이 대구광문사 문회와 함께 국채보상을 제한한 배경에는 지역차원의 계몽운동의 위기가 중요한 배경이 되었던 것이다. 또한 국채 문제의 심각성은 이집트처럼 차관이 매국의 문서가 되어 국권을 완전히 상실하지 않을까 하는 우려에서 나온 것이었다. 이에 일제의 경제적 침탈에 대한 상인들의 경제적 저항 또한 운동의 배경이 될 수 있을 것이다.

또한 서상돈은 계몽운동의 일환으로 1907년 5월 전군수 정재학, 전참봉 서돈순徐敦淳, 전주사 윤필오尹弼五 등과 더불어 6,700여 환의 자금을 마련하여 관찰사 이충구李忠求의 도움을 받아 대구군 동서東西 청사廳舍 자리에 협성학교協成學校를 설립하였다. 계몽운동의 기본틀 가운데 하나가 학문의 진흥과 학교의 설립이었던 것이다.

한편, 서상돈은 계몽운동에 참여하고 있으면서도 일제 및 일본인과 함께 사업을 전개하기도 하였다. 그는 일본인 야기八木松太郎와 부식원富植園을 설립하여 각종 수목을 재배하였다. 또 일제가 외획제도를 철폐하고 근대적 재정금융의 제도로서 마련한 대구농공은행에 1,090주를 응모하기도 했다. 화폐정리사업이 시행될 때 대구의 부호들과 함께 경제적 특혜를 받았다. 곧 메가다目賀田는 1907년에 5전짜리 신화 30만원을 대구에 배정하여 보급토록 했는데, 그 업무를 담당한 대구이사청의 재무보좌관 카와우에川上常郎는 당시 대구농공은행의 중역과 대주주들에게 자본금 10만원의

이와세岩瀨靜

익명조합을 만들게 하고, 20만원을 2년 거치 무이자 상환조건에 '무엇에 쓰던 상관하지 않는다'는 특혜조건을 덧붙여 대부했다. 5전짜리 신화 20만환을 쓰는 조건이 2년 뒤에 이에 해당하는 엽전이나 백동화로 갚아도 된다는 엄청난 특혜였다. 이때 서상돈은 대구의 대표적 일본인인 이와세 시즈까岩瀨靜와 공동으로 탁지부가 불하한 묘포苗圃 2만여 평을 신화로 매수하여 큰 이익을 남겼던 것이다.

이렇게 볼 때 서상돈은 한편으로는 계몽운동과 국채보상운동을 일으켜 진보적 모습을 보이는가 하면 다른 한편으로는 민중에게 해를 입혀가면서 많은 돈을 모으거나 일제와 타협하여 부를 축적함으로써 이중적 혹은 양면적인 모습을 보이기도 했다. 이런 점이 서상돈을 적극적으로 평가하는 데 주저하게 하는 요인이 된다.

카톨릭 대구교구 발전에 앞장서다

서상돈은 천주교인으로서 천주교 대구교구의 확장과 전교활동傳敎活動에 누구보다 많은 관심과 노력을 기울였다. 그는 오늘날 계산성당 자리에 1898년 준공된 한국식 십자형성당, 이 성당 건물이 화재로 소실된 후 1903년 다시 축성한 대구성당의 건립에 앞장섰다. 사성돈을 비롯한 초기 대구 천주교의 중요 인물들의 노력이 1911년 6월 21일 대구대교구의 탄생으로 이어졌다. 그는 천주교대구대교구에 안주교安主敎가 부임하자, 주교의 숙사와 임시사무소를 제공하였다. 그리고 그는 자신이 운영하던 앞고개 종묘원種苗園 1만여 평을 대교구에 무상으로 제공하여 교구관리소를 신축할 수 있도록 부지를 제공하였다. 서상돈의 경제적 도움을 받아 안주교는 부임한 지 3년만인 1913년 12월 22일 앞고개 화원花園의 신축 건물에서 전교활동을 하게 되었다. 이처럼 서상돈의 천주교에 대한 종교적 관심으로 인해 오늘날 남산동 일대에 카톨릭 관련 종교시설이 집중될 수 있었다.

이때 서상돈은 부유한 경제력을 바탕으로 매년 봄·가을로 양곡 수백석을 내어 가난한 사람들을 도와주었다는 이야기가 전해지며, 이를 통해 많은 신도들을 입교入敎시켰다고 한다. 그래서 그의 사랑채에는 항상 식객들이 들끓었으며, 그는 그런 가난한 자들에게 용돈까지 챙겨주기도 했다고 한다.

이와 같이 부호로서, 계몽운동 활동가로서, 천주교인으로서 다방면에 걸쳐 활동을 벌여 온 서상돈은 1913년 6월 30일 63세의 나이로 세상을 떠났다. 그에게는 일찍 죽은 장남과 병조丙朝, 병주丙株, 병민丙敏 네 아들이 있었다. 특히, 병조는 아버지의 재산과 사회적 지위를 이어받았다.

아버지의 후광 아래 지방세력으로 성장하다

서병조徐丙朝(1886~1952)는 그의 창씨명인 대봉 병조大峰 丙朝 처럼 친일의 우뚝선 봉우리였다. 당시 일본인들은 그를 "경북의 유력가로 중추원 참의가 된 우리의 충실한 협조자"로 높이 평가하였다.

서병조는 어려서부터 일본문화에 심취하였고 일본어에 능통하였다. 그리하여 18세 되던 해인 1904년에 사립 계정桂亭일어학교를 세우고, 교사가 되어 일본어를 보급하였다. 일본 풍물을 동경해 온 그는 다음해 일본 교토京都로 건너가 그곳 실업계를 견학하면서 경영 수업을 쌓고 귀국하였다. 그 후 5년 뒤 그의 아버지 서상돈이 운영해오던 대구잠업전습소를 경영하면서 경제계에 첫발을 디뎠다. 이어서 조선농회의 경상북도 지회의 회원으로 참여하였다.

서병조

27세 되던 1913년에 그의 아버지가 사망하면서, 그는 아버지의 명성과 대구잠업전습소 경영을 바탕으로 하여 본격적인 경제 활동을 펼쳤다. 동시에 일제와도 더욱 가까워져 갔다. 1915년에는 경상농공은행의 이사로 취임하면서 금융업에도 진출하였다. 다음해에는 일본인 오꾸라小倉武之助가 주도하는 대구전기주식회사에 출자하였다. 이 회사는 1911년에 그의 부친을 비롯한 대구의 유지 20명이 출자해서 만든 회사로 1915년부터 아버지의 뒤를 이어 감사역에 취임하였던 것이다. 또한 그는 1918년 10월 조선식산은행, 1919년 계림농림주식회사, 1920년 대동무역주식회사, 1924년 조양무진주식회사, 1932년 대구제사주식회사, 1938년 경북무진주식회사 등에 중역으로 활동하였다. 그리고 1938년에 그의 자제들과 함께 공동출자하여 자본금 4십만 원 규모의 구일부동산주식회사를 설립하고, 자신은 대표 이사가 되었다. 동시에 그는 대구를 비롯한 경북지역에 두루 널려있던 자신의 토지를 관리하였다. 이렇듯 그는 아버지의 후광을 입고 지역의 대표적인 한국인 자본가로 성장해 나갔다.

또한 그는 지역의 상공단체와도 긴밀한 관계를 유지해 나갔다. 일제는 지역의 한국인상공단체와 일본인상공단체를 통합하여 자국의 필요에 따라 상업회의소, 상공회의소, 상공경제회 등으로 변화시켰는데, 서병조는 1920년대에 대구상업회의소, 1930년대에 대구상공회의소의 특별의원으로 추대되었다. 그리고 1944년에 조선총독부가 경북상공경제회를 설립할 때 장직상張稷相과 함께 그 설립위원으로 임명되었다.

서병조는 경제 활동과 동시에 정치 활동에도 적극적이었다. 그는 28

대구전기회사의 초기 모습

세 되던 1914년부터 조선총독부의 지방지배기구의 자문기관이자 조선인이 유일하게 참여할 수 있는 정치 공간이었던 부협의회, 도회, 학교평의회 등의 의원으로 활동함으로써 일제의 지배정책에 적극 참여하였다. 뿐만 아니라 그는 27세 되던 1913년부터 일본적십자사 대구지부의 협찬을 시작으로 일제의 관변단체에도 거의 빠지지 않고 가입하여 일제를 후원하였다. 그가 가입한 대표적 관변단체로는 명치신궁봉찬회 조선지부 경북위원, 재단법인 대구상성회大邱常成會 평의원, 국민협회 상담역, 제국재향군인회후원회 부회장, 대구 녹화협회 회장, 시국대응전선사상보국연맹 대구지부 회장 등을 들 수 있다. 이러한 활동을 통해 그는 일본인들로부터 두터운 신뢰를 받았다. 그는 자신과 같이 자본가이면서 일제의 지방지배 자문기구와 일제지배 후원단체에서 적극적으로 활동하던 사람들과 함께 재단법인 대구구락부회의 설립에 참여하고 이사가 되기도 하였다. 그는 이런 정치활동을 통해 일제의 강력한 협조자로서 인정받아 1924년부터 조선총독부의 자문기관인 중추원의 참의가 되었으며, 나중에는 중추원 부의장이 되어 일제의 조선 지배정책을 적극적으로 수행하였다. 나아가 1934년에는 지방공로자로 선정되어 표창을 받기도 하였다.

황국신민화 정책을 선전 선동하다

서병조는 1940년에 들어와 일제의 창씨개명 정책에 맞추어 대봉 병조大峰丙朝로 개명하였다. 일제는 같은 해 10월 16일 국민총력조선연맹을 발족시켜 일제에 충실한 주구들로써 내선일체의 철저 및 황국신민화, 신도臣道 실천, 직역봉공에 의한 고도 국방 국가체제를 확립시키려 하였다. 그는 이 연맹에 이사로 참여하여 동조동근同祖同根을 내세우며 우리 민족의 주체성을 파괴한 일제에 적극 호응하였다.

다음해 8월 24일 조선호텔에서 친일배들이 개최한 흥아보국단 준비위원회에 서병조는 장직상과 더불어 경북대표로 참여하였다. 그는 같은 해 12월 22일 서울 부민관 대강당에서 열린 조선임전보국단 결성대회에서 평의원으로 선출되어, 일제의 황국신민화 운동의 첨병이 될 것을 맹세하였다. 이에 앞서 같은 달 7일 대구 욱정旭町공립국민학교 강당에서 최린, 이성환 등이 참석한 가운데 열린 조선임전보국단 경북지부 결성대회에서 그는 15명으로 구성된 상임이사가 되어 일제의 전쟁수행을 물적으로 지원하였다.

이와 같이 서병조는 그 자신이 참여한 단체 및 공직을 합하면 60여개나 될 정도로 반민족적 친일행위에 정력적이었다. 뿐만 아니라 그의 아들 정호도 1939년부터 대구부회 의원과 경방단 대구지부 제 5분회 분단장이 되었고, 정식도 1943년 보호관찰소 보호사가 되었다. 그의 아들들은 아버지의 성을 따라 대봉 정호大峰 廷浩, 대봉 정식大峰 廷植로 각각 이름을 바꾸었고, 일제의 정책에도 적극적으로 호응하였다.

교남학교를 인수하여 대봉교육재단을 설립하다

서병조의 행적에서 가장 특기할 만한 것은 교남학교를 인수하여 대봉교육재단을 설립한 것이라 할 수 있다. 교남학교는 1921년 9월 홍주일洪宙一·김영서金永瑞·정운기鄭雲騏 등 세 설립자에 의해 대구 북성로(당시 대구부 팔운정) 우현서루友弦書樓를 가교사로 하여 사설학습강습소 교남학원으로 출발한 학교였다. 1930년대 중반에 접어들면서 교남학교는 심각한 재정난에 봉착하였다. 학교 관계자들은 이를 타개하기 위해 여러 방면으로 노력하였으나 뜻대로 되지 않았다. 결국, 교남학교 관계자들이 서병조를 찾아가 학교를 인수해 줄 것을 요청하였다. 1940년 10월 서병조는 교남학교를 인수하여 학교명을 교남에서 대륜으로 바꾸고, 재단 명칭을 자신의 창씨명인 대봉大峰을 따서 대봉교육재단으로 명명하고, 이사장으로 취임하였다. 이때 그는 자신의 답·전·잡종지 등을 포함하여 58만여 평의 토지를 대봉교육재단에 소유 이전하였다. 대봉교육재단은 1948년 1월 25일 대륜교육재단으로 명칭을 변경하였으며 서병조는 같은 해 4월까지 재단 이사장직을 수행하였다. 이러한 공로로 서병조는 1971년 대륜교육재단 설립 50주년을 기해 재단으로부터 특별공로자로 선정되기도 하였다. 대륜학교는 1963년 5월 제삼자에 인수되어 현재에 이르고 있다.

'반민족행위특별조사위원회'에 체포되다

일제가 패망하고 조국이 해방된 공간에서 우리 민족이 해야 할 가장 중요한 과제중의 하나는 민족반역자를 처벌하고 민족의 정기를 회복하는 것이었다. 서병조도 이 민족적 과제에서 예외일 수는 없었다. 그러나 서병조를 비롯한 친일파들은 미군정하에서 공개적 활동을 벌일 수 있었다.

서병조는 해방 후 정치 활동은 삼간 채 교육관계 활동은 계속하였다.

1945년 10월 대구의 유지들은 대구에 종합대학을 설립하기 위한 설립준비위원회를 구성한 이래 다음달 동 위원회를 해체하고 경북종합대학기성회를 구성하였다. 그 후 1946년 8월 기성회 내에 개교준비위원회를 구성하였고, 9월에는 종합대학재단 조성위원회를 결성하였는데 서병조는 부회장으로 선출되었다. 대학을 설립하는데 서병조의 재산이 필요하였던 것이다. 이러한 대구의 대학설립 활동으로 대구문리과대학(현 영남대학교로 통합)이 설립될 수 있었다. 그리고 대륜학교 이사장 직책도 계속적으로 수행하였다.

정부수립을 앞두고 제헌국회는 친일파와 민족반역자를 처벌하기 위한 반민족행위처벌법의 제정을 서둘렀다. 1948년 8월 5일 국회 제 40차 본회의에서 「반민족행위처벌법 기초특별위원회」안이 김웅진에 의해 긴급동의로 제안된 직후 28명으로 된 기초특별위원회를 구성, 법안 기초작업에 착수했다. 기초특별위원회에서 작성된 「반민족행위처벌법」은 1948년 9월 22일 법률 제 3호로 공포되었다. 이어서 「반민족행위특별조사위원회」(반민특위)가 구성되었으며, 동 위원회의 하부 조직을 위해 「반민족행위특별조사기관조직법」이 통과되었다. 이에 따라 1949년 2월경 반민특위 경북조사위원회가 설치되어졌고, 9월까지 30여 건의 영장을 발부하였다. 이때 서병조는 계산동 자택에서 반민특위 수사관들에게 체포, 서울로 압송되어 마포형무소에 수감되었다. 그러나 1949년 5월 국회프락치사건, 6월 6일 경찰의 특경대 습격 사건, 6월 29일 김구 암살 사건이 잇달아 발생함으로써 반민특위의 활동은 크게 위축되었다. 이러한 상황에서 반민법이 개정되었고, 공소시한도 1950년 6월 20일에서 1949년 8월 30일로 단축되었다. 이후 정부에 의해 반민특위가 해체됨으로써, 서병조를 비롯한 친일파들은 시대의 특혜를 받았다. 그 후 서병조는 한국전쟁이 전개되던 1952년 2월 29일, 67세의 일기로 영욕의 시간을 마감하였다.

3

정재학가(鄭在學家)

투전판 뒷전에서 개령군수로의 인생역전

정재학

정재학(1858~1940)은 철종 9년인 1858년 음력 6월에 영일 정씨 정석은鄭錫殷과 손남산孫南山 사이에서 1남 3녀 중 외동아들로 태어났다. 정재학에 성장과정에 대해 박영규는 자세하게 언급하고 있다. 그는 아주 곤궁한 상민의 집안에서 태어나 가난의 고통을 겪으며 자랐다. 그나마 외가의 도움을 받으며 겨우 생계를 이어갈 수 있었다. 그는 다른 아이에 비해 큰 체격과 센 힘을 투전판 뒷전에서 낭비하며, 방탕한 생활을 일삼아 왔다.

소년 시절을 그렇게 소일하며 지냈던 정재학은 20세의 청년이 되면서, 정당하게 노동을 하며 살고자 하는 굳은 결심을 하였다고 한다. 20세에 뜻을 세운다고 했던가. 그 또한 20세의 청년으로서 철이 들었던 것이다. 그러나 가난한 집안 형편 때문에 그가 손쉽게 할 수 있던 것은 남의 집살이 밖에 없었다. 그래서 그는 서문 밖 부잣집 주인을 찾아가 고용살이를 살겠노라고 청했다. 그 부잣집 주인은 시장 상인을 상대로 금전대부업을 통해 경제적 기반을 잡은 사람이었다.

어렵게 생활해서 번 품삯을 아끼고 또 아껴 저축했다. 그즈음 20대 중반경 6살 아래의 이남숙李南淑과 결혼하여 가정을 꾸렸다. 그가 27세 되던 1885년(고종 22)에 사내아이가 태어났고, 이름을 응원應源이라 지었다. 결혼하고 아이까지 가졌지만 가난의 굴레는 쉽사리 벗어날 수가 없었다. 그리하여 그는 고용살이를 그만두고 장사할 계획을 세웠다.

그는 서문 밖 시장에 나가 어떤 장사를 하면 좋을지 살펴보았다. 그 중 그에게 건어물 장사가 관심의 대상이 되었다. 실제 서문시장의 주요 거래 품목 가운데 건어물이 차지하는 비중이 높았다. 그는 건어물 가게와 상인 주변을 맴돌며 탐문한 결과 원산 명태장사가 되기로 작정했다. 그러나 그에게는 장사 밑천이 턱없이 부족했다. 그리하여 옛 주인을 찾아가 장사 밑천을 빌릴 심산이었다. 그런 그에게 옛 주인은 성큼 장사 밑천을 내 주었다. 그는 돈을 가지고 곧바로 원산으로 향했다. 원산에서 명태장사를 시작했지만 처음부터 순조롭게 일이 풀리지는 않았다. 수년간 손해를 보며 고생한 끝에 돈을 버는 데 성공하여 대구로 돌아왔다.

정재학은 명태장사를 통해 모은 돈을 이제는 낙동강 무역에 투자하였다. 당시 경상도 내륙을 관통하는 낙동강의 뱃길은 구포~삼랑진~현풍~사문진(화원)~왜관~낙동~신촌(상주)~달지진 및 마전(예천)~영호진(안동)으로 이어졌다. 이 낙동강 뱃길을 통해 바닷가에서 고기와 소금을 가져와 내륙의 미곡과 대두를 교환하는 형태의 어염미두魚鹽米豆 무역이 성했다. 그는 소금배를 장만해 소금장사를 시작했다. 마침 괴질이 유행하면서 소금이 몸에 좋다는 입소문이 퍼지자 소금의 수요는 폭발적으로 늘어났다. 소금값이 치솟는 만큼 정재학의 소금장사는 노다지나 다름없었다.

이렇게 정재학은 명태장사와 소금장사를 통해 많은 돈을 모아 서상돈, 이석진, 이동진, 이장우 등과 같이 대구의 대부호 반열에 올랐다.

반면에 정재학은 자신이 밝힌 이력에서 보면 7세부터 20세 까지 한문을 공부하였고, 23세 때부터 상업에 종사한 것으로 되어 있다. 그렇지만 그가 어떤 방법으로 어떤 분야의 상업에 종사했는지에 대해선 전혀 밝히고 있지 않다. 그런데 그의 이력에서 눈에 띄는 것이 있는데, 그것은 그의 관직 경력이다. 서른여섯이 되던 1882년에 사헌부 감찰에 서임된 것을 시작으로 1897년 탁지부 참서관, 1905년 순흥順興 군수(주임관 4등)로 임명되었다. 또 1907년 대구지방위원이 되었고, 1908년에는 개령開寧 군수로 임명되었다. 그는 조선이 일본에 강제 합병된 뒤에도 개령군수(1910)를 지냈고, 일본정부로부터 상급 천 원을 수여받았고, 경상북도 도참사(1911년)를 지냈다. 그 뒤부터 본격적인 경제활동을 벌였던 것으로 나타난다.

1905년 을사조약으로 인해 일제의 한국 침탈이 거세지는 가운데 대구에도 큰 변화가 일어났다. 근대의 상징이라 할 수 있는 경부선 철도가 건설되어 기존의 낙동강무역을 대체하게 됨으로서 상권의 변동이 불가피하게 되었다. 특히, 대구역은 물량 이동의 중심 역할을 맡게 되었고, 또 대구성벽을 허물고 도로를 만드는 과정에서 한국인 상인들은 철저히 배제되었다. 대구역 개통을 계기로 일본인의 대구 침탈은 기존의 상권 질서를 허물어뜨릴 만큼 파괴력이 있었던 것이다.

이에 대구의 상인층들은 명망가들과 함께 대구광문사 및 대구광학회 등의 계몽운동 단체를 통해 교육진흥운동과 민도의 향상을 꾀하는 한편, 대구민의소를 만들어 대구에서의 자치를 꾀했다. 이런 양상에 대해 친일관료 박중양과 몇몇 한국인들이 함께 대구시의소를 만들어 대구부민의 자치를 방해하고, 대구부민에게 탐학을 저질렀다. 이런 사정에서 대구의 계몽운동 단체와 상인층이 결탁해 국채보상운동을 전개하였다. 이때 정재학은 단연상채회의 부의장으로 활동하였다. 그러나 그의 사회활동은 지속되지는 않았다.

국채보상운동이 벌어지는 때에 대구이사청은 화폐정리사업을 추진하게 되었고, 이 과정에서 정재학을 비롯한 대구의 상인층은 특혜를 받았다. 곧 대구에서 화폐정리사업을 담당한 대구이사청의 재무보좌관 이노우에川上常郎는 당시 대구농공은행의 중역과 대주주들에게 자본금 10만 원의 익명조합을 만들게 하고, 20만 원을 2년 거치 무이자 상환조건에 대부했다. 5전 짜리 신화 20만 환을 쓰는 조건은 2년 뒤에 이에 해당하는 엽전이나 백동화로 갚으면 되는 것이었다. 또 정재학은 통감부가 각 지역의 명망가를 중심으로 지방위원을 선출하였는데, 정재학은 대구의 지방위원이 되었다.

1908년 정재학은 대한협회 대구지회가 설립되자 동 지회에 가입했다. 두 번째 사회활동에 참여했으나 오래 지속되지는 못했다. 그는 1908년 8월 대구농공은행과 진주농공은행이 합병되어 경상농공은행이 설립되

경상농공은행 본점

자, 대주주로 참여하고 감사역을 맡았다. 이러한 경제활동을 벌이는 가운데 개령군수로 부임하였다. 평민 출신의 거상이 목민관이 되어 신분상승까지 이루어냈던 것이다. 이제 재력과 권력까지 동시에 얻게 된 정재학은 분명 출세한 것이었다. 이렇듯 정재학은 통감부 통치 아래서도 재력과 권력을 얻어 출세의 길을 걸었다.

대구은행 설립하여 대구의 대표적 금융자본가로 성장

1910년 한국이 일제의 식민지로 전락한 이래 1913년 7월 대구에는 대구은행이 개업하였다. 대구은행의 은행장은 다름 아닌 상민출신의 정재학이었다. 그는 경상농공은행의 대주주로 활동하다 1912년 대구의 일본인이 중심이 된 선남상업은행에 자본을 투자하기도 하였다.

이런 경험을 바탕으로 자신이 은행을 설립하기로 결심하고 한국인 부호들을 대상으로 자본 참여를 권유하였다. 이에 1912년 7월 정재학은 이일우·이종면·이병학·장길상·최준·배상락 등이 이름이 서명된 대구은행 설립계획서를 총독부에 제출하였다. 동년 8월 26일에 열린 발기인 대회에서 자본금 50만원에 1주당 50원의 주권 1만주를 발행하기로 하고, 발기인들이 6천주 이상을 인수하기로 결정하였다. 1913년 1월 대구은행측은 총독부로부터 '임원의 선임은 총독의 허가를 받아야 한다'는 부대조건을 붙인 채 설립인가를 받았다. 같은 해 5월 그는 제1회 주식 대금 12만 5원 원의 불입이 완료됨에 따라 열린 창립총회에서 은행장으로 선출되었던 것이다.

이처럼 대구은행의 은행장이 된 정재학은 여전히 경상농공은행에 관여하고 있었다. 그런데 1918년 농공은행이 철폐되고 조선식산은행朝鮮殖産銀行이 설립되자 정재학 등 경상농공은행의 중역들인 이병학·이종면·서병조·윤상태·강위수 등은 조선식산은행 대구지점朝鮮殖産銀行 大邱支

대구은행이 있던 자리

店의 상담역이 되었다. 그리고 정재학은 1920년 장길상 형제 중심의 경일은행에 자본을 투자하였다. 이에 정재학은 경상농공은행에의 대주주를 경험으로 하여 대구은행, 경일은행 등에 자본을 투자함으로서 금융자본가로 발돋움하였다.

그렇다면 정재학이 은행에 자본을 투자하거나 직접 은행을 설립한 배경은 무엇이었을까. 그것은 경상농공은행의 주요 영업과 관련이 있었다. 1911년 당시 경상농공은행의 지점은 김천·상주·포항 등 3곳에 설치되었다. 여기서 김천은 경북에서 대구 다음의 곡물집산지였고, 상주는 잠업의 대량생산지였으며, 포항은 동해안과 내륙과 연결된 상권이 형성되었다. 곧 이 지역은 경북에서도 주요 생산물의 거점도시였고, 또 주변 지역에서 생산되는 농수산물의 집하장이기도 하였다.

이는 당시 언론의 "신곡물新穀物이 출래出來의 때가 되어 금융金融이 점차 번망繁忙하되, 금리金利에는 영향影響이 없고 지금까지 금융기관은 제일은행第一銀行이 독점獨占하다가 농공은

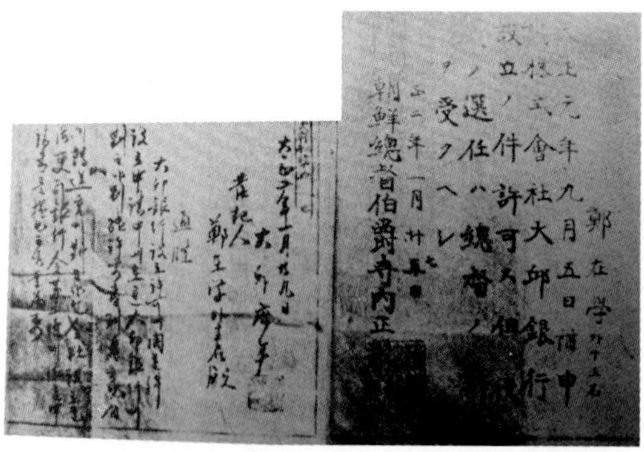

대구은행 설립허가서(우)와 허가 통첩(좌)

행農工銀行에서 자금資金의 대출貸出을 개시開始한 이후以後로 전당업자典當業者에게는 다소 영향이 간 모양이오…"(『皇城新聞』, 1906년 11월 9일, 「大邱經濟近況」라는 보도 내용에서도 확인된다. 곧 경상농공은행의 지점은 경북 각 지역의 주요 생산물을 거두어들이기 위한 장치였으며, 이를 통해 농공은행의 대주주 및 중역들은 안정적으로 자본을 축적해 나갈 수 있었다. 그러므로 정재학은 농공은행의 경험을 통해 대구은행의 설립에 적극적으로 나서게 되었던 것이다.

대구은행의 영업 상태는 어떠했을까. 이를 배당률로 살펴보자. 개업에서 1922년까지의 대구은행 배당률은 년 1할을 넘지 않는 상태를 유지하고 있었으나 1923년을 기점으로 하여 배당률이 하락하였다. 이는 대구은행의 이익이 감소하여 경영상태가 점차 악화되고 있음을 반영하는 것이었다. 그리하여 대구은행은 외부로부터의 차입금의 비중이 높아지기 시작하였다. 곧 자금원천 가운데 차입금 비중이 1920년 6월과 1921년 6월에 각각 29.9%, 25.2%까지 올랐다. 게다가 1922년 하반기에는 예금이 상반기의 151만원에서 82만원으로 격감하며 차입금 비중이 30.9%로 증가하였다. 그 때문에 지배인 다카도우高藤音磨가 음독 자살했으며, 1923년 전반기에 행원을 줄이는 인력 구조조정을 벌였다. 그리고 경주지점의 경우 경주금융조합에 비해 영업상태가 극히 부진하였다. 이에 대구은행은 조선은행에서 재할인 차입금을 얻고, 조선은행이 보낸 마쯔오松尾源助를 지배인으로 받아들였다. 1923년 상반기 이래 줄곧 누적되어 온 부동산 유입 물건을 1926년 상반기부터 정리하기 시작하였다. 그 가운데 은행원이 1만 3천여 원을 유용하는 사태까지 나타나 은행관리에도 구멍이 났다.

1919년 이래 대구은행은 예금과 대출금의 구조를 보면 대출액이 예금액을 훨씬 초과하였다. 이 대출의 형태를 보면, 1910년대에는 할인어음이 중심을 이루었으나 1920년 이후에는 대부금>당좌대월>할인어음>어음 등의 순으로 장기성을 가진 대부금이 압도적이었다. 그 장기대부에서도 고정대부가 비중이 크게 증가하는 추세였다. 특히, 대출금의 담보형태를 보면 1928년 이후 부동산 담보가 가장 큰 비중을 차지함으로서 자금회수율이 그만큼 늦어져 은행 경영에 악재로 작용하였다.

대구은행의 용도별 대출 현황을 보면, 상업용 대출이 압도적 비중을 차지하는 가운데 농공업 대출이 그 뒤를 따랐다. 이렇듯 대출 현황을 통해 대구은행의 주요 영업이 상업에 치우쳐 있다는 것이 명확하게 드러났다. 이때의 상업부문에의 대출은 주로 미곡 수집과 관련이 있는 것이었다. 이는 당시 조선 산업의 구조상 「조선 산업의 대종인 선미鮮米」라든가 「조선 경제의 소장消長을 좌우하는 미가米價」라고 하는 것과 깊은 관련이 있는 것이었다. 그래서 미가가 상승하면 미곡 반출이 늘어나고 면포를 중심으로 하는 일본상품의 수입도 증가하게 된다. 이런 연유에서 각 은행마다 영업보고서에는 항상 쌀의 작황과 가격 변동이 상세하게 기술되었던 것이다. 그런 조건에서 대구은행의 지점 설치도 농공은행의 사례와 마찬가지로 미곡 유통과 관련된 안동·왜관·경주·포항 등의 지역에 설치되었다.

그렇지만 미곡 매매는 이익을 크게 남길 수도 있는 장사이기도 하지만 오히려 막대한 재산을 손쉽게 날려 버릴 수 있을 만큼의 도박성이 강했다. 그리하여 정재학은 1930년대 중반경 미곡유통에서 큰 손해를 보아 많은 재산을 잃기도 했다.

대구은행의 위기를 넘기고 경상합동은행의 은행장이 되다

1920년 후반 대구은행의 경영 악화가 날로 심해지는 가운데 총독부가 「금융제도연구회」를 만들어 은행의 통폐합을 추진해 나가고자 하였다.

이런 상황에서 1927년 대구은행과 경남은행간 합병 논의가 시작되어, 같은 해 12월에 대구은행의 정재학과 경남은행 전무 서상호가 합동각서를 교환하고 총독부와 조선은행에 승인을 신청했다. 그러나 두 은행의 합병은 경영권 때문에 지연되었다. 당국의 합병 중재에 의해 합병이 성사되었고, 은행의 명칭을 경상합동은행으로 정했다. 그런데 창립총회에 은행장으로 정재학이 선출되었지만 총독부의 입김이 작용해 이병학이 은행장이 되고 자신은 고문으로 선임되고 말았다. 결국 대구은행의 차입금 결정권을 지닌 조선은행 및 총독부의 압력을 막아내기에는 역부족이었던 것이다.

곧바로 정재학鄭在學은 고문에, 취체역회장에 이병학李柄學이 취임함으로써 총독부의 방침이 관철되었다. 차입금 결정권을 지닌 조선은행 및 총독부의 압력을 막아내기에는 역부족이었던 것이다. 그리고 설립과 동시에 두 은행 본지점의 사업을 계승하여 영업을 시작하였다. 곧 공칭자본금 2백만원, 불입자본금 1백 2십만 5천원으로 하여, 대구에 본점을 두고, 안동安東·왜관倭館·경주慶州·포항浦項·부산釜山·구포·하동·진주 등 8개 지점과 부산진출장소 등 9개 점포망을 갖추었다. 1930년대에 경남慶南 김해金海에도 지점을 설치하였다.

그러나 합병 과정에서 주도권 갈등을 보인 경상합동은행慶尙合同銀行은 1930년 초에 정재학鄭在學측에서 부산지점장으로 윤병호를 선임하자 구경남은행의 서상호徐相灝이 크게 반발하면서 분규가 발생하였다. 서상호는 정해붕鄭海鵬과 연합하여 정재학鄭在學측을 압박했다. 이에 스기하라杉原長太郎·서병조徐丙朝·최순 등은 양측을 타협시키려고 하였지만 갈등의 골이 깊어 쉽게 해결되지 못했다. 결국 임시주주총회를 통해 새로이 중역을 선거한 결과 정재학측의 이병학이 대표취체역, 정운용鄭雲用·사까모도坂本俊資·이종면李宗勉·손일식·서병원 등이 이사, 다카쓰기高杉權藏·박병열朴炳兌·최순崔淳 등이 감사로 선임된 반면 서·상측은 김상희·손호일 등 2명만이 중역진에 선임되었다. 이 선거 결과에 따라 윤병호는 부산지점장이 되었다. 이후 정재학측이 경상합동은행의 주도권을 장악하였다.

사까모도坂本俊資

다카쯔끼高杉權藏

대구은행이 경상합동은행으로 전환된 후 중역 및 대주주에 변화가 나타났다. 정재학의 친손자인 정운용이 조부의 영향력으로 1928년 취체역 및 업무과장을 겸하면서, 877주(12위)의 대주주가 되었고, 1931년 주식 소유는 1,204로 증가하였으며, 1941년 두취역 회장이 되었다. 허억許億이 1933년에 1,700주(8위)의 대주주로 등장하였는데, 그는 1920년 대구은행 김천지점의 견습을 시작으로, 1923년 대구은행 안동지점장, 1931년 경상합동은행 진주지점장을 지낸 인물이었다. 경상농공은행·대구은행·경일은행 등에서 뿐만 아니라 경상합동은행 대주주 및 중역으로 활동해 온 이종면李宗勉·이영면李英勉 형제(父 李錫珍)는 1932년과 1931년에 각각 사망하고, 이일우李一雨 역시 1936년 사망하였다. 강번姜藩은 1936년 현재 중추원 참의였다.

1935년부터 동일은행東一銀行의 민씨가閔氏家 및 회사법인이 경상합동은행의 대주주로 등장하고 있었다. 곧 민대식이 1935년에 2,950주로 최대 주주로 등장하였고, 계성桂成제지주식회사(민병도)가 1939년에 17,135주로 사상 최대 주주가 되었다. 이런 현상은 1935년부터 경쟁은행인 대구상공은행이 주식 매수를 통해 경상합동은행의 경영권을 장악하려 했기 때문에 발생했던 것으로 보인다. 이에 정재학 측이 민씨가閔氏家를 주주로 영입하고, 1939년에 정운용을 업무과장 및 서무과장을 실무 책임자로 임명하여 경영권 방어에 나섰다. 그러나 1939년 6월 정재학의 의도와는 달리 민씨가는 주식을 오꾸라小倉武之助에게 넘겨 버렸다. 오꾸라小倉武之助는 자신 소유의 대광흥업주식회사와 대구증권주식회사를 통해 경상합동은행의 주식을 사들여 4만 5천주 가운데 39.4%를 소유하였다. 이런 상황에서 1940년 4월 2일 정재학이 사망하였고, 그 달 27일에 열린 경상합동은행의 이사회에서 정운용이 대표이사 겸 회장에 취임하였고, 그 자신이 이사 및 대주주로 있던 쇼와昭和산업주식회사를 주주로 활용하였다. 이렇듯 정운용이 경영권은 지켰지만 오꾸라小倉武之助가 경상합동은행의 최대주주가 됨으로써 경상합동은행은 조선인 은행으로서 명맥을 유지하기가 어려워졌다.

대구전기회사 사장
오꾸라小倉武之助

이런 상황에서 총독부에서 1941년 7월 「재정금융기본방책요강」을 발표하여 금융기관 정리통합방침을 밝혔다. 대구상공은행과의 합병설이 제기되었으나 경상합동은행은 1941년 8월 10일 서울의 한성은행과 합병계약을 체결하고, 9월 30일 흡수 합병되었다. 이같이 경상합동은행이 서울의 시중市中 은행과의 합병으로 귀결되면서 대구의 조선인 일반은행은 사라졌다. 정운용은 한성은행의 상무이사가 되었고, 한성은행 주식 1,220주를 소유하는 것으로 경상합동은행의 명맥을 이었다.

정재학의 기업 활동과 사회생활

정재학

대구의 대표적 금융 자본가였던 정재학은 은행 외에도 대지주이면서 동시에 다양한 기업활동을 벌인 자본가였다. 1913년경 대구의 지주는 약 158명으로 집계되었고 그 가운데 전답 50두락 이상을 소유한 자로는 정재학을 비롯한 10여 명에 불과했다. 이렇듯 정재학은 지주경영을 통해서도 막대한 이윤을 축적하였다. 이런 경험을 바탕으로 자신이 은행을 설립하기로 결심하고, 한국인 부호들을 대상으로 자본 참여를 권유하였다.

정재학의 기업 활동을 보면, 1911년에 일본인 오꾸라가 주도하여 설립된 대구전기주식회사에 서상돈·이석진·이병학·정해붕·이장우 등 대구의 대표적 한국인 자본가와 함께 자본을 투자하여 대주주가 되었다. 그는 대구전기회사의 자본 투자를 시작으로 1910년대 말에서 1920년대 전반기에 집중적으로 기업 활동에 참여하였다.

1918년에 임업을 주된 영업으로 하는 계림농림주식회사에 대구, 경주, 포항 등지의 자본가와 함께 자본을 투자하였고, 우피·미곡·면포 등을 주요 영업품목으로 하는 조선물산무역주식회사를 대구의 자본가들과 설립하였다. 1919년에는 직접 대동무역주식회사를 설립하였고, 1920년에도 직접 기류 재배 및 가공을 주요 영업으로 하는 동양기류주식회사와 서울 동대문안에 연초회사인 동지상회를 설립하였다.

특히, 정재학은 미곡업에 큰 관심을 나타냈다. 1922년 9월에 개장된 대구곡물시장에 깊이 관여하였고 나아가 대구에 미곡거래소를 설립하기 위한 활동에 적극 개입하기도 하였다. 물론, 대구의 미곡상의 이익단체인 대구미곡상조합 또는 대구미우친목회에도 가입하였다. 이처럼 미곡업에 큰 관심을 가지는 이유는 앞서 언급했듯이 미곡무역은 당시 식민지 조선에서 가장 큰 이익을 남길 수 있는 품목이었기에 시중은행의 대출금이 상당 부분 미곡에 투자되는 것이었다. 정재학도 장사로 잔뼈가 굵은 인물이라 미곡무역의 유혹을 뿌리칠 수 없었던 것이다. 그러나 미곡무역은 거래 특성상 대두와 함께 투기성이 강한 품목이라 실패의 가능성도 그만큼 컸다.

1927년에는 조선미곡주식회사를 설립해 미곡 및 잡곡 무역에 직접 나서기도 하였다. 그러나 정재학의 조선미곡회사는 이익을 남기지 못하고 영업상 큰 손실이 발생하여 1931년에 감자를 단행해야 하는 처지에 놓이기도 했다. 이러한 미곡업의 부진은 대구은행에도 파장을 불러 일으켜 차입금에 의존하는 상태가 되어 버렸다. 이런 사정에서 경남은행과의 합병은 불가피한 것이었다. 그러한 처지에 놓인 정재학에 대해 지역 언론에서는 알멩이는 사라지고 껍데기만 남은 것에 비유하기도 했던 것이다.

어쩌면 정재학 자신도 70세의 고령을 쉽게 극복할 수는 없었을 것이다. 그리하여 그는 자신의 경제활동을 손자인 정운용에게 고스란히 넘겨주었다. 정운용은 조부의 보살핌 속에 20대 청년의 나이에도 불구하고 경상합동은행의 이사가 되어 대구 재계에 주목받는 인물로 급성장할 수 있었다.

정재학이 자본 활동을 하기 위해서는 사회적 기반과 명망을 쌓아야만 했다. 정재학도 여타 대구의 자본가와 마찬가지로 여러 형태로 사회활동을 벌이기도 하고 참여하였다. 그의 사회 활동은 1907년 국채보상운동과 1908년 대한협회 대구지회 활동에서 비롯되었다.

그러나 1910년 이후 그의 사회활동은 일제와 직간접적으로 관련을 갖는 경우가 많았다. 우선, 1917년 총독부가 민풍을 개량한다는 명목 아래 교풍회를 조직할 때 대구 교풍회의 회원이 되었다. 1919년 3·1운동이 발생하자, 총독부가 만세운동이 전국으로 파급되지 못하게 자제회단을 만들었을 때도 박중양·이병학·이일우 등과 함께 참여하였다. 그리고 1910년대와 1920년대에 대구상업회의소의 대의원으로 활동하였을 뿐만 아니라, 1925년~1927년 사이에는 중추원 의원으로도 활동하였다.

또한 정재학은 1910년대 말 사회사업에도 일정하게 관여하였다. 당국이 관민합동으로 만든 대구빈민구제회를 구성하고 기금을 조성하고자 하였다. 그러나 정재학을 비롯한 대구의 대부호들의 소극적 입장으로 인해 제대로 운영이 되지 않자, 1922년에 다시 대구사회사업연구회를 구성하고자 하였다. 이 마저도 제대로 시행이 되지 않아 언론의 비난을 감수해야 했다.

이렇듯 그의 식민지시기 사회활동은 일제와의 유대관계를 강화시키는 수준에서 진행되는 경향을 보였다. 또한 부의 축적과 경제활동에 관심이 치우쳐진 나머지 빈민구제와 같은 사회사업에는 적극적이지 못했던 것으로 보인다.

정재학의 가족관계와 손자 정운용

정재학에게는 10여 명 정도의 많은 자손이 있었음에도 불구하고 어떻게 손자 운용이 정재학의 뒤를 이을 수 있었을까. 그것은 정재학의 장남과 장녀의 불행이 크게 영향을 미친 것이 아닌가 생각된다. 먼저, 그의 장남 응원應源(1885~1933)은 자신의 큰아들인 운용이 12살 내지 15살 때인 1918년에 그의 아내 김인아金仁俄와 사별하는 아픔을 가졌고, 1922년에 서태홍徐泰洪과 재혼하였다. 그러나 그의 사회생활은 원활하지 못하여 1925년경 준금치산자를 선고받고 1932년에는 대구의 대부호 자제들과 함께 부친 정재학의 소유인 합천군의 5백여 필의 토지에 대해 문서를 위조해 팔려다가 발각되어 사기죄로 처벌을 받기도 하였다. 이 일로 인해 응원은 엄한 부친의 눈 밖에 나게 되었고, 다음해인 1933년에 사망하였다. 이에 운용은 친부모를 모두 여의게 되었다.

정운용

장남 응원의 일이 있기 전인 1920년 정재학의 장녀 정덕매鄭德妹는 남편 김재동金在東의 자살로 인해 과부가 되고 말았다. 그것도 김재동은 잠자고 있던 정덕매의 앞에서 입에 문 폭약을 터뜨려 자살을 시도했던 것이다. 김재동은 자혜의원에 옮겨져 치료를 받았으나 끝내 사망하고 말았다. 김재동은 일본 도쿄東京에 유학 중 공부를 그만두고 귀국하여 모 군청에 근무한 것으로 알려졌다. 그런 김재동이 도박에 빠지면서 생활이 방탕해지기 시작했고, 자신의 아내인 정덕매를 시켜 처가집에서 돈을 빌려올 것을 강요하는 것이 자주 있었던 것으로 보인다. 자살하던 그 날도 정덕매에게 처가에서 일천 원을 가져올 것을 강요했으나 아내가 말을 듣지 않자 격분해 자살을 시도한 것으로 언론은 보도했다.

이처럼 정재학의 장남과 장녀의 불행은 정재학 자신에게는 큰 충격이 아닐 수 없었다. 특히, 한국사회의 가정에서 장남이 차지하는 비중을 감안하면 더욱 그렇다. 이에 정재학은 손자 운용에 더 깊은 관심과 정을 쏟았던 것이 아닌가 생각된다.

정운용은 15세 혹은 18세 되던 1921년 여름 서귀조와 결혼하여 1923년에 장녀 연수蓮洙을 낳고 행복한 결혼생활을 보냈다. 그러나 1930년 그의 아내는 7세의 여야를 두고 사망하였다. 운용은 다음 해인 1931년 남산동에 살고 있던 김분조金粉祚과 결혼하였다. 그런데 김분조의 부친 김진만은 1915년 대구를 떠들썩하게 했던 '대구권총사건'의 핵심인물이었다. 곧 김진만은 대한광복회 단원으로 대구의 부호들을 대상으로 독립운동 자금을 확보하기 위한 활동을 펼치는 가운데 서우순의 집을 습격하였던 것이다. 부호들의 결혼 상대가 대체로 경제적, 정치적 명망가와 이루어지는 것이 일반적인 관례인 것에 비추어 보면 독특한 결혼이었던 것이다. 뿐만 아니라 김진만의 손자 김일식은 1920년, 30년대 대구지역 학생운동의 핵심인물이었던 것도 특징적이다. 두 사람간의 결혼생활은 아주 오랫동안 지속되었던 것으로 보인다. 더욱이 두 사람이 사망한 시기도 거의 같았다.

정운용은 1930년대 이후 조부의 후광 아래 본격적인 기업 활동을 전개하였고, 조부와 같이 기업 활동을 했던 사람들과 함께 기업을 설립하고 자본을 투자하는 경우가 많았다. 특히, 대구은행 설립 때 많은 도움을 주었던 일본인 사까모도坂本俊資과 조선미곡주식회사의 정도균 등이 대표적 인물이었다. 정운용은 1932년 자본금 5만원으로 금융대부업과 부동산 및 유가증권 매매를 주요 업종으로 하는 소화식산주식회사를 설립하고 대표이사가 되었다. 이를 계기로 정운용은 기업 활동에 적극적으로 나섰다. 그리하여 1933년에 구룡포전기주식회사에 자본을 투자하였고, 1937년에 대구약주양조주식회사 및 조선약업주식회사 등에 경영진으로 참여하였다. 또 1938년 경북무진주식회사, 대구합동택시주식회사, 경북일산자동차주식회사 등에 자본을 투자하고, 중역으로 활동하였다.

정운용은 해방이후 미군정과도 유대를 돈독히 가져 조흥은행의 은행장이 되었다.

이처럼 한국의 대표적 금융회사의 하나인 조흥은행 100년사에서 대구은행, 경상합동은행, 한성은행, 조흥은행 등으로 명칭이 변경될 때에도 정재학, 정운용이라는 이름은 지워지지 않았다. 또한 그들은 상업도시 대구의 대표적인 근대적 자본가였다. 특히, 가난한 상민의 아들에서 시중은행의 최고경영자가 된 정재학은 말 그대로 입지전적 인물이었고, 그의 명성은 손자를 통해 한국금융사에 길이 남았다.

4

이일우가(李一雨家)

시전상인 출신에서 대부호로 성장한 집안

우현서루 설립자 이일우

이일우가는 오늘날까지 지역사회에서 그 명맥이 이어지고 있으면서 대구지역의 근현대 흐름에 매우 중요한 영향을 미친 집안이다. 이일우가의 경제적 부는 조선후기에서 근대로 이행하는 시기에 축적된 것으로서 근대적 자본가로 전환·성장해 갔던 전형적인 사례를 보여준다고 할 수 있다.

이일우가에서 부를 축적하게 된 때는 이일우李一雨(호 小南, 1869~1936)의 아버지이자 시인 이상화의 할아버지인 이동진李東珍(?~1905)부터였다. 알려진 것에 따르면 이동진은 매우 가정 형편이 어려운 집안에서 태어나 힘든 유소년기를 보냈다고 한다. 그렇게 무일푼이던 이동진이 당시 영남에서 가장 큰 시장 가운데 하나였던 대구의 서문 밖 시장에서 어떤 상인의 도움으로 시전(일종의 돈놀이)을 놓으면서 돈을 조금씩 모으게 되었다고 한다.

이동진은 그렇게 모인 돈을 가지고 당시 영남지역에서 어염미두魚鹽米豆교환 방식으로 성행하던 낙동강무역에 뛰어들었고, 여기에서 무척 많은 돈을 모으게 되었다. 지형적으로 영남지역은 경북 북부지역에서 발원하여 남해로 이어지는 낙동강으로 연결되어 있다. 당시 이 낙동강 뱃길을 이용하여 부산 인근에서 생산·유통되던 해산물·소금과 경남북 내륙지역에서 생산되던 곡물류를 서로 교환하는 방식의 무역이 성행하였다. 경북 사람들은 그런 배를 흔히 '소금배'라 불렀고, 그 소금배가 낙동강과 그 지류를 따라 내륙 깊숙이 들어가 장시(시장)과 연결되었던 것이다.

이동진은 시전과 낙동강 무역을 통해 인생역전에 성공하였고, 삼천석의 부자가 되었다고 알려져 있다. 그와 관련된 많지 않은 기록에서 『황성신문』에 간간이 독지가의 모습으로 보인다. 1901년 3월 11일자와 1904년 5월 10일에 그와 관련된 기사가 실려 있는데, 그 가운데서도 1904년에 실린 보도 내용에 따르면 "자비와 덕의 마음으로서 빈민을 구휼하였다(…구휼궁교빈족救恤窮交貧族하야 자덕지심慈德之心으로…)"는 기사가 보인다. 무일푼에서 대구를 대표하는 대부호로 성장한 이동진은 1905년 을사조약이 체결되고, 경부선 대구역이 개통되던 해에 세상을 떠났다. 그에게는 부인 이인당(1840~1917)과 아들로서 이일우李一雨, 이시우李時雨 등 유가족이 있었다.

이일우 부자의 경제 활동

이동진의 자식 가운데 이일우는 장남으로 가문의 대를 이었으나 이시우李時雨(~1907)는 1907년 젊은 부인과 어린 네 아들을 남겨둔 채 세상을 떠났다. 이일우는 이동진의 가업을 이어받고 집안을 이끌어나가야 할

막중한 가문의 책임을 맡게 되었다. 이일우의 재산 규모는 어느 정도였을까. 1913년 5월 무렵 대구에서는 지주조합이 설립되었는데, 대구에 거주하는 지주 158명 중 전답 50두락 이상을 소유한 사람은 이일우를 비롯하여 10여 명에 불과하였다. 당시 이일우가 소유한 토지 규모를 정확히 알 순 없지만 적어도 대구의 대표적 지주임에는 분명하였다. 그의 자본활동은 주로 은행을 중심으로 이루어졌다. 1912년 7월 무렵 이일우는 정재학이 중심이 되어 진행된 대구은행 설립에 이종면, 이병학 등과 함께 참여하였다. 다음해 5월말 창립총회를 거쳐 7월부터 자본금 50만원의 대구은행이 영업을 시작하였는데, 그는 이사로 선출되었다. 그는 대구은행에 9백주를 가진 대주주의 일원이었고, 1927년 무렵에는 1천 2백주를 보유함으로써 정재학, 이병학 등에 이어 8번째의 대주주였다.

그러나 은행 경영 악화를 빌미로 대구은행은 경남은행과의 합병이 일제에 의해 추진되었다. 1928년 두 은행이 합병되어 경상합동은행이 설립될 때 이일우는 이사를 그만두고 주식 930주만을 보유한 주주가 되었다. 그 뒤 1931년 무렵에는 경상합동은행의 주식을 모두 처분하고 은행 투자 활동을 정리한 것으로 보인다. 그런데 이일우는 이때 이미 60을 넘긴 고령으로 더 이상 경제 활동을 수행하기가 어려웠고, 오래전부터 그의 장남 이상악이 대를 이어 자본 활동을 수행하였다. 그런 이일우는 1936년 67세의 일기로 세상을 떠났다.

이상악의 첫 경제활동은 1906년 대구농공은행이 설립될 때 70주의 주식을 사들인 것에서부터 출발하였다. 그런데 이때 그의 나이는 불과 21살의 젊은 청년이었다. 그 뒤 한동안 직접적인 경제 활동은 하지 않은 채 아버지 이일우의 나이가 많아질 즈음인 1920년대 후반부터 다시 경제활동을 재개하였으며, 아버지 이일우가 사망한 다음 해인 1937년 중일전쟁을 전후한 시기에 가장 적극적인 자본 투자 활동을 펼쳤다. 그는 1928년

시대일보를 인수하여 창간된 중외일보사에 자본을 투자하였고, 1929년에 서병원이 주도하던 조양무진주식회사에 자본을 투자하여 210주를 보유한 주주가 되었다. 1930년에 자본금 8만원의 조선국자제조주식회사를 설립하였고, 이 회사는 1939년에 자본금이 32만원으로 크게 증가하였다.

아버지 이일우가 사망한 다음 해이자 중일전쟁이 일어난 1937년 무렵에는 다수의 회사에 자본을 투자하거나 경영진으로 활동하였다. 그 예를 들면 자본금 10만원의 광성초자공업주식회사의 감사를 맡았고, 자본금 50만원의 경북상공주식회사의 이사로 선출되었다. 또 자본금 10만원의 대동주조주식회사의 감사를 맡았고, 대구약주양조주식회사에 사돈 안병규安炳圭과 함께 이사로 참여하였다. 1938년에는 자신의 자본을 투자했던 조양무진주식회사가 대구무진주식회사, 포항무진주식회사, 김천무진주식회사 등 경북지역의 대표적 무진회사 간에 합병되어 자본금 2백만 원의 경북무진주식회사가 되었다. 이상악은 이 회사 총주식 4만주 중 2,381주를 보유한 대주주로 부상하였는데, 이 정도는 전체 주주서열에서 두세 번째로 큰 규모이자 조선인으로서는 최대주주였다. 이일

이상악이 경영하던 조선양조사

우의 둘째 아들인 상무도 자본 투자 활동에 나서 1921년 고려요업주식회사의 이사로 참여하고, 그의 형 상악이 대규모의 자본을 투자한 경북무진주식회사의 감사로 활동하였다.

문화계몽운동가 이일우의 활동 : 계몽운동

이일우는 부호이면서도 당시 근대적 변동에 관심을 갖게 되어 계몽운동에 뛰어 들었다. 실제 그는 경제보다는 사회활동에 더 큰 비중이 있었기에 문화계몽운동가로서 더 강한 인상을 남겼다.

이동진·이일우 부자는 국내와 중국 등지에서 여러 종류의 수 십 만권의 책을 확보하여 대구성 서소문 밖 7백여 평의 대지에 우현서루友弦書樓을 열었다. 우현이란 뜻은 중국의 만고지사萬古志士 현고顯考를 벗 삼는다는 뜻이 담겨 있다. 우현서루에 대한 신문기사를 소개하면 다음과 같다.

> "대구 서문 외에 있는 유지신사 이일우李一雨씨는 일반 동포를 개도할 목적으로 자본금을 자당하여 해지에 우현서루라 하는 집을 건축하고 내외

교남학교 제1회 졸업기념사진(『대륜60년사』)

국에 각종 신학문 서적과 도화를 수만여 종이나 구입하여 적치하고 신구학문에 고명한 신사를 강사로 청빙하고 경상 일도 내에 중등학생 이상에 자격되는 총준 자세를 모집하여 그 서루에 거접케 하고 매일 고명한 학술로 강연 토론하며 각종 서적을 수의 열람케 하여 문명의 지식을 유도하며 완고의 풍기를 개발시키게 한다는데, 그 서생들의 숙식 경비까지 자담한다 하니 국내에 제일 완고한 영남풍습을 종차로 개량 진보케 할 희망이 이씨의 열심히 말미암아 기초가 되리라고 찬송이 헌전한다니 모두 이씨같이 공익에 열심하면 문명사회가 불일 성립될 줄로 아노라"(『해조신문』, 1908. 4. 22.)

이처럼 우현서루는 일종의 사립 종합도서관의 기능을 한 것으로 전국적으로 드문 일이었다. 우현서루는 신문화, 신사상을 접하고 익힐 수 있는 학문의 보금자리였다. 여기에 장지연·장지필·윤세복·안확 등 전국 경향 각지의 지식인들이 모여 들어 근대성에 관한 지식 활동을 벌였다.

또한 1905년 을사조약이 강제적으로 체결되던 해에 시무학당時務學堂을 설립하여 근대적 지성을 갖춘 인재를 양성하고자 하였다. 이일우는 자신의 재산을 민의 지식 개발民智開發에 투자함과 동시에 우현서루에서 공부하던 당대 최고의 지식인들과 교류를 함으로써 단순한 부호가 아닌 경제와 식을 두루 갖춘 근대 지성인으로 커 나갔다. 우현서루는 일제에 의해 강제 합병된 다음해인 1911년에 일제에 의해 강제로 폐쇄되었고, 그 뒤 홍주일 중심의 강의원講義院이 운영된 것으로 보인다.

1906년 신년 벽두에 대구에서는 독자적인 계몽운동단체로서 대구광문사(혹은 達城廣文社)가 결성되어 교육 발전과 실업 장려를 중점적으로 추진하고자 했다. 이일우는 주도적으로 참여한 김광제, 서상돈 등과는 달리 여기에 참여하지 않고 같은해 8월 최대림崔大林, 이종면李宗勉, 윤필오尹弼五, 김선구金善久, 윤영섭尹瑛燮 등과 함께 대구광문사와는 별도의 계몽운동 단체로서 대구광학회大邱廣學會를 결성하였다. 대구광학회는 "독립의 권한을 부식하려면 교육으로 국민의 정신을 양성하는 것과 다를 것이 없다"라는 인식 아래 만들어져 민지개발民智開發, 곧 교육 진흥을 최고 목적으로 내세웠다. 이를 위해 광범위하게 학교를 설립하고, 유치원·박물관·도서관·박람회·토론회·연설회·도서 전시회·신문열람소 등 각종 교육 시설을 확보하여 학술과 지식을 넓히자는 구체적 방안을 제시하였다.

이일우가 주도한 대구광학회는 대구광문사의 정신과 방향과 크게 다르지 않았고, 다만 이일우는 김광제와 지역 계몽운동의 주도권 장악을 위한 '경쟁'의 관계에 있었던 것으로 보인다. 그것은 대구광학회에 참여했던 윤영섭이 이일우와 김광제를 싸잡아 비난하는 글을 황성신문에 실은 것에서도 추측할 수 있다. 두 사람을 비난한 윤영섭은 당시 친일파로 지목되던 경북관찰사 박중양朴重陽이 계몽운동 단체를 방해하기 위해 만든 시청市廳에 깊숙이 관여하였다.

이것이 계기가 된 것이었을까. 대구광문사 문회가 1907년 1월말 회명을 대동광문회大東廣文會로 바꾸고, 그 실행방침으로 국채보상과 의무교육 실시 등 두 가지를 제시하자 대구의 계몽운동에는 운동의 맥락이 크게 변화되었고, 그 움직임은 전국으로 파급되어 갔다. 특히, 대구 사회는 국채보상운동을 둘러싸고 참여와 비참여로 민족 지형이 크게 양분되는 양상을 띠게 되었다. 이 국채보상운동은 국내의 다양한 계층이 전국적으로 참여하는 양상을 보임으로써 국외 망명, 의병항쟁 등과는 운동 형태상 크게 달랐다. 이후 이일우는 대구광학회의 최대림, 이종면 등과 함께 국채보상운동에 동참하기로 하였다.

같은해 3월 대구 서문 밖 수창사에 국채지원금수합사무소가 설치되어 각계각층이 지원하는 보상금을 수합하였다. 같은 해 4월 무렵 만들어진 단연동맹회에는 대동광문회와 대구광학회의 인사들이 함께 참여하였는데, 여기에 이일우는 백 원을 납부하였다. 같은 해 7월 무렵에는 단연동맹회의 실행단체인 대구단연보상소의 명의로 대한매일신보에 광고를 내어 전국민이 대동 결의할 것을 촉구하였다.

대구의 계몽운동 진영이 국채보상운동을 통해 단일한 형태를 갖추었고, 그 흐름은 1908년 대한협회 대구지회의 설립으로 이어졌다. 이 과정에서 이일우는 1908년 3월 6인의 임원선정위원으로 선출되었다. 이일우는 1908년 9월 통상총회에서 실업부장으로 임원이 된 이래 1909년 창립 1주년 때 이루어진 임원 선거에서 평의원으로 선출되었다. 그는 실업부장으로 식림장려를 적극 추진할 것을 제안하였다. 또 같은 해 7월 최재익, 서기하 등과 함께 시벌연구위원이 되었다. 1910년 3월 창립 2주년 기념식 및 총회에서 총무로 선출되어 핵심 구성원으로 활약하였다. 동 대구지회는 교육진흥과 산업발전이라는 문화계몽운동의 두 방향을 추진해 나갔다. 이 두 방향은 이일우 자신이 추구해 온 것이자 그의 근대화 방향이라 할 수 있다.

이런 점은 그가 대구지회 평의원으로 있을 때 최성천崔聲天이 이끄는 의병진이 경북 안동의 협동학교를 습격한 사건에 대해 비판 결의를 주도하였다. 곧 최성천 의병진이 협동학교의 교사와 학생을 공격하여 사망케 한 사건이 발생하자 동 지회는 임시총회를 개최하여 이일우의 주도 아래 몇 가지 결의사항을 이끌어냈다. 첫째, 폭도의 토벌을 관한 경찰서에 요청할 것, 둘째 안동에 있는 완고한 양반에게 그리고 경성 방면으로 성토문을 배부할 것, 셋째 장송비의 일부를 거두어 유족에게 증여할 것, 넷째 유해가 대구에 도착할 때에는 각 학교 생도 및 단체원으로 추도회를 거행할 것 등이었다. 이 성토문은 안동 향교, 서울, 각 신문사에 배포되었으며, 대구의 은사기념관에서 성토 연설회를 개최하기도 하였다. 이처럼 이일우의 근대화 방향은 교육과 산업 진흥을 통한 문화계몽운동에 있었다.

문화계몽운동가 이일우의 교육운동과 사회 활동

이일우의 교육운동은 우현서루와 시무학당의 설립에서부터 시작되었다. 그는 대구광학회 활동을 시작할 때 즈음인 1906년에는 서상돈과 함께 달서여학교達西女學校를 세워 여성에게도 근대적인 교육을 받을 기회를 넓혔다. 1908년 무렵 대한협회 대구지회 활동을 벌이면서 동 지회에 국문야학교 설립을 제안하고, 이종면·서기하·김재열 등과 함께 설립연구위원이 되었다. 같은 해 6월 동 지회가 개설한 노동야학교의 교사로도 활동하였다. 또 동 지회가 사립 협성학교協成學校 운영에 깊이 관여하였는데, 이를테면 학교 임원개선, 교과목 선정, 학사행정 등에 동 지회 임원으로서 참여하였다. 그리고 동 지회가 추진한 사립 수창학교의 설립과 운영에도 동 지회 임원으로 참여하였다. 1909년에는 이일우의 계수인 김화수가 교육부인회(여자교육회)를 설립하여 달서여학교를 지원하는 활동을 벌이자 이를 후원하였다.

이일우는 통감부 시기에 쌓아 놓은 명성으로 인해 일제강점 초기 일제측으로부터 포섭의 대상이 된 것으로 보인다. 그에 따라 그는 일제강점 초기 관변활동을 잠시 하기도 하였다. 1911년 경북도청이 조선인과 일본인 공동의 교육회를 구성할 때 최대림, 서상돈, 서경순, 이병학, 이종면 등과 함께 참여하였다. 또 1910년대 초 도청의 지방자문기구로 설치된 대구부협의회의 의원으로 잠시 활동하기도 하였다. 그 뒤 그는 일체의 공식적인 사회활동을 그만두고 지인들과의 교유만 할 뿐이었다. 그런 가운데 1910년대 말 대구에서 소위 달성친목회 사건(조선국권회복단 중앙총회)이 터지자 일경으로부터 연루 여부에 대한 조사를 받았으나 혐의가 없는 것으로 드러났고, 증인 신분으로 재판에 참석하기도 하였다.

'노블레스 오블리제'(noblesse oblige)를 실천한 이일우와 이상악

이일우의 사회 활동에 대해서는 언론을 통해 몇 차례 실행된 선행사례를 볼 수 있다. 그는 1922년 가세가 빈한한 칠곡공립보통학교 학생이 학비를 지원해 달라고 요청하자 이를 받아들여 매월 수 십원의 학비를 도와주기로 약속하였다. 1930년 음 9월 29일이 그의 환갑인데 그는 환갑잔치를 하지 않고, 환갑연에 들어갈 비용으로 솜옷 2백 여벌을 만들어 대구경찰서에 의뢰하여 걸인들에게 나누어 주기로 하였다. 1931년 무렵 자신의 경작지가 있는 성주군에 거주하는 소작인들의 지세를 지주인 자신이 직접 부담하는 결단을 내렸다. 일제시기 조선농촌의 붕괴는 날이 가면 갈수록 더욱 심해졌고, 1920년대 중후반 불어 닥친 농업공황으로 인해 조선 쌀의 판로가 막히자 미곡가격이 폭락하자 소작농민의 생활은 극도로 곤궁해졌다. 이에 소작인들이 부담해야 할 소작료 또는 급증하여 생활의 곤궁이 더욱 심해지는 악순환을 겪어야 했던 것이다. 이에 이일우는 성주군의 소작인이 관습상 부담했던 지세를 자신이 부담하고자 했던 것이다.

이일우의 아들 이상악李相岳은 아버지의 경제 활동을 이어받아 3대에 걸쳐 자본 활동을 이어갔다. 그가 자본을 투자한 법인회사는 곡물회사인 대구곡물신탁주식회사, 언론사인 중외일보사, 금융신탁업을 주종으로 하는 조양무진주식회사와 경북무진주식회사, 주류업체인 조선국자제조주식회사와 대구약주양조주식회사, 상업회사인 경북상공주식회사 등이었다. 그는 이들 회사의 중역으로서도 활동하였다. 특히, 그는 경북 청도군에 대규모 토지를 소유한 대지주였지만 비난의 대상이 되었던 다른 대지주와 달리 소작농에게 호의를 많이 베풀어 모범적인 대지주로 인식되었다.

이상악

이상악은 1928년에 발생한 자연재해로 인해 청도군의 소작농들이 거의 수확을 못해 아사지경에 빠졌을 때 소작인 3, 4백 명에게 일인당 정도 5두씩을 나누어 주었다. 특히 자신의 토지가 가장 많았고, 재해가 심했던 각북면에는 정조 30석을 면사무소에 의뢰하여 피해 농민을 구제케 하였다. 또 청도군수와 면장 명의의 차용서를 받고 정조석을 무이자로 배부하여 굶어 죽기 직전의 빈민을 구제하였던 것이다. 이런 도움을 받은 청도의 소작농들은 이상악의 선행을 칭송하는 목비를 세워 보답하였다.(『중외일보』, 1930. 5. 30.)

그는 1928년 6월 무렵 경상북도 청도淸道·고령高靈·달성達城·성주星州 지방에 가뭄과 우박의 피해가 크게 발생하여, 그 대책 마련이 시급하였다. 이 피해 지방에 토지를 소유한 지주들의 일반적 태도는 직접 자기들에게 손해가 없다는 입장을 내보이며, 피해 농민을 도울 생각을 하지 않는 냉담한 태도를 견지했다. 실제, 청도군 각북면 소재 토지를 상속받은 대구의 지주가 있었는데, 이 지주는 피해농민을 돕기는커녕 피해 지방에 곡물을 두는 것은 위험하다 하여 다른 곳으로 옮겨 버리는 조치를 단행하였다.

이에 반해 이상악은 자신의 토지가 많이 있는 청도군 각북면의 피해 농민을 위해 원조 활동을 펼쳤다. 우선, 피해 정도의 극심한 농민에게 원조를 한 후에 그 면내에 쌓아 둔 소작료 중에 2백 석을 풀어 이재민에게 무이자로 대여해 주었다. 이런 도움을 받은 농민들은 당장의 곤궁함을 딛고 가을 추수까지 별 탈 없이 농사를 지을 수 있게 되었다.(『동아일보』, 1928. 6. 18.)

이렇게 자연재해가 일어날 때 마다 자신의 재산을 흔쾌히 농민을 위해 사용하였지만 일회적인 원조만으로 농민들의 생활이 장기적으로 안정될 순 없었다. 이상악은 이런 판단 위에 자신의 토지가 많이 분포한 경북 청도군 각북면에 자신이 주도하는 흥농조興農組을 만들어 소작농의 안정화 방안을 실행하였다.(『동아일보』 1930. 11. 23.) 그는 각북면을 중심으로 소작인 3백 65명을 조원으로 흥농조를 조직하고, 지주 백 원, 소작인 1원을 회비로 하여 기금을 모았다. 또 매년 답 1두락에 정조 1두, 3두락 이상은 정조 1두 5승, 전 1두락 이상은 3승, 10두락 이상은 1두락 1승씩을 모아 기금을 늘려 나갔다. 이런 과정을 거쳐 1930년 무렵에는 답 33두락, 전 70두락, 현금 8천 6백 50원의 기금이 적립되었다. 이처럼 많은 기금이 모이자 흥농조를 이를 관리할 부서와 임원을 정했는데, 사업부·융통부·저축부 등 세 부서를 두고, 지주는 고문을 맡고 소작인 중에서 조장 이하의 임원을 맡기로 하였다.

이상악은 당시 소작농 또는 농민단체로부터 지탄을 받던 지주들과는 다른 모습을 보여주었다. 그것도 단순히 일시적으로 쌀을 나누어 준다거나 소작료를 감하해주는 것이 아니라 농민의 경제적 처지를 지속적으로 변화시킬 수 있는 농민적인 실천 방안을 제시하였던 것이다. 이처럼 이상악은 대구의 계몽운동에 큰 영향을 끼쳤던 아버지 이일우에 이어 이른바 '노블레스 오블리제'(noblesse oblige; 상류층의 도덕적 책무)를 실천한 지역사회의 모범적 인물이었다.

근현대 흐름에 큰 족적을 남긴 이일우의 동생 가족들

이일우는 일찍 사망한 동생 시우의 가족을 보살펴야 하는 책임도 있었다. 물론, 동생의 유가족들은 이미 물려받은 재산이 있기에 경제적으로는 크게 모자람이 없었다. 다만, 가족에 대한 전통적 관습이 크게 남아 있던 시대에 가장이 없다는 것은 미망인에게나 어린 조카들에게는 마음의 큰 상처가 될 수 있는 것이다. 그러나 다행스럽게도 동생의 유가족들은 모두 강한 사람들이었다.

김신자와 네 아들
(왼쪽부터 상화, 상백, 상오, 뒤쪽 상정)

동생의 부인 김신자는 남편을 잃은 슬픔을 딛고 계몽운동에 적극 나섰다. 그녀는 대한협회 대구지회가 설립된 것을 계기로 1909년 교육부인회의 창립에 참여했으며, 달서여학교에 기부금 2백 원을 희사하고 부인야학교의 설립을 주도했다. 그녀는 청상靑裳의 고절高節을 지키면서도 대구지역의 근대적 여성운동의 선구적 위치에 서 있었다. 상화와 그의 형제들은 대구 계몽운동의 중심에 있던 집안의 영향을 크게 받으면서 유년기를 보냈다.

이일우의 큰조카 이상정李相定(1897~1947)은 중국에서 독립군으로 활동한 사람이었다. 그는 1912년 일본 동경으로 건너가 성성중학교成城中學校(육군유년학교)를 마치고 고쿠가쿠인대학國學院大學에서 역사학을 전공하였다. 1919년 귀국 후 3년간 오산·경신·계성·신명 등의 학교에서 교사생활을 하였다. 1923년 만주로 망명하여 독립전쟁론에 입각한 독립운동을 펼쳤다. 그 중에서도 1938년 신한민주혁명당을 조직하여 중앙위원 겸 군사부장에 취임하였다. 1941년 중국 육군유격대훈련학교의 교수를 거쳐 1942년 화중군사령부의 고급막료로 난징전南京戰·한커우전漢口戰에 참전하였다. 태평양전쟁의 종결과 동시에 육군중장으로 승진되어 일본국 북지나 방면 최고사령관 및 그 장병들의 무장해제를 담당하였고, 연합군 동경진주의 중국군사령부의 막료로 임명되었다. 그후 모든 직책을 사퇴하고 신익희의 요청으로 중국 상해에서 중국인들의 한국인 박해로부터 교민보호에 진력하였다. 1947년 10월 어머니의 사망소식에 귀국했다가 40여 일 만에 뇌일혈로 죽었다. 유고로 『표박기飄泊記』가 있고, 시, 서, 화에 능하였으며, 전각에 뛰어났다.

둘째는 '빼앗긴 들에도 봄은 오는가'로 잘 알려진 시인 이상화이다. 그는 14세 때까지 대구의 한 사숙에서 공부한 상화는, 15세가 되던 해인 1915년 서울 중앙학교로 진학하였다. 이때 계동의 전진한錢鎭漢의 집에 하숙하면서, 야구선수로 활동할 만큼 활발한 모습을 보였다. 그렇지만 끝내 학교생활에 적응하지 못하고 낙향한 다음, 강원도 일대를 유랑하였다. 동향의 친구 백기만에 따르면 상화는 1917년 현진건·백기만·이상백과 더불어 프린트판 『거화炬火』를 출간하면서 시작詩作 활동을 개시했다고 한다.

상화는 1919년 3·1운동이 발생하자, 백기만과 함께 계성학교와 대구고보의 학생을 동원하여 대구의 만세운동을 주도했다. 이 사건으로 일제의 감시를 받게 되자, 서울로 은신처를 옮겨 박태원朴泰元의 하숙집에서 한동안 숨어 지냈다. 그곳에서 영문학과 음악에 조예가 깊었던 박태원과 교유하면서 인생과 예술에 관한 영향을 주고받았다. 그해 10월 상화는 백부의 강권으로 충남 공주의 명문 서한보의 딸 서순애徐順愛과 결혼하였다.

상화는 21세 때 현진건의 소개로 박종화를 만나 『백조』 동인이 되면서 본격적인 문단활동을 시작했다. 『백조』 창간호에 「말세의 희탄」(1922)을 발표하고, 1923년에 「나의 침실로」를 계속하여 발표하였다. 이때 상화는 프랑스 유학을 꿈꾸며 일본으로 건너가 '아테네 프랑세'에서 프랑스어와 프랑스문학을 공부하였다. 그러나 상화는 1923년 9월 '관동대지진' 당시 일본인의 한국인 학살 사건을 현장에서 직접 뼈저리게 경험하면서 프랑스 유학에 대한 꿈을 접었다. 이후 상화는 서울에서 적극적인 문단활동을 벌이면서 식민지 현실을 노래하였다. 1925년 문학단체 '파스큘라'에 가담하고, 그 해 8월에는 '조선프롤레타리아 예술동맹(KAPF)'의 창립 멤버로 활동했다. 이듬해인 1926년『개벽』70호에「빼앗긴 들에도 봄은 오는가」를 발표, 식민지시대의 대표적 저항시인으로 우뚝 서게 되었다.

1927년 상화는 서울 생활을 정리하고 대구로 돌아 왔다. 그의 사랑방은 담교장으로 불리면서 많은 친구들이 모여 들었다. 상화는 대구의 진보적 성향의 청년들과 함께 식민지 현실에 관해 많은 토론을 벌이면서, 문학보다는 실천적 활동에 더 많은 관심을 보였다. 이 때문에 그는 대구에서 발생하여 전국을 떠들썩하게 했던 의열단 이종암사건(1927), 장진홍의 조선은행 대구지점 폭탄사건(1927) 등에 각각 연루되어 구금되었다. 한편, 민족협동전선운동의 일환으로 결성된 신간회 대구지회에 참여하여 출판부 간사로 활동하기도 했다. 그는 대구지회 내부의 좌파계열의 청년들과 함께 만주에서의 무장독립투쟁을 지향하는 ㄱ당을 결성하였다. 이 때문에 그는 치안유지법 위반으로 검거되어 형을 살아야 했다.

상화는 인재양성에도 많은 관심을 보여 교육활동에 전념하기도 했다. 1928년 9월 대구의 노동야학원에서 배움의 기회를 갖지 못한 아이들에게 한글을 가르치는가 하면, 백부 이일우가 건립한 '우현서루'를 전신으로 하는 교남학교嶠南學校에서 후진을 양성하기도 했다. 그는 학생들에게 영어와 작문을 가르쳤고, 권투부를 만들어 지도하였을 뿐 아니라 교가도 직접 지었다. 교남학교가 재정난에 봉착하자, 새로운 인수자를 찾아 동분서주하면서 폐교의 위기를 넘기기도 하였다.

상화는 1940년 교단을 떠나 문학 활동에 전념하였다. 그는 1941년 『문장』 25호에 「서러운 해조諧調」를 발표했고, 『춘향전』 영역과 『국문학사』, 『프랑스 서시정석』의 집필 계획을 구상하기도 했다. 그렇지만 위암으로 고생하던 상화는 생전에 염원했던 민족해방을 2년 남짓 남겨둔 1943년 3월 21일, 43세의 젊은 나이로 세상을 떠났다. 그해 가을 백기만·서동진과 같은 생전의 벗들이 일본경찰의 눈을 피해 몰래 묘비를 세웠다. 해방이 된지 3년이 지난 1948년, 대구의 문학단체 죽순시인회는 달성공원에 상화시비를 세웠다. 이 시비는 한국 최초로 세워진 시비로서 그의 대표작 「나의 침실로」의 일부가 새겨져 있다.

셋째는 체육인과 사회학자로 유명한 이상백李相佰(1904~1966)이다. 그는 1915년 대구고보를 졸업한 뒤 일본 와세다제일고등학원을 거쳐 1927년 와세다대학 문학부 사회철학과를 졸업하였다. 그는 와세다대학 동양사상연구소 연구원을 거쳐, 스승 쓰다 소키치津田左右吉의 도움을 받아 이 대학 재외특별연구원으로 중국에 유학하였다. 그의 국사연구는 그 시대와 내용 등에 있어서 꽤 다양하나 집중적으로 연구한 분야는 고려말 조선초의 사회사이다. 그의 연구성과는 주로 『진단학보』와 일본의 학술지를 통해 발표되었다. 1945년 경성대학 교수로 취임하고, 1947년 서울대학교 문리과대학 사회학과를 창설하고, 1957년 한국사회학회를 창설함으로써 한국 사회학계를 주도하였다. 그는 일찍이 농수선수로 활약하였으며, 수많은 올림픽에 임원으로 참가하였으며, 국제올림픽위원회 위원으로도 활동하면서 한국 체육의 발전과 그 국제 지위 향상에 크게 기여하였다.

넷째는 수렵인이자 문필자인 이상오李相旿(1905~1969)이다. 그는 일본 호세이대학法政大學을 졸업하였으며, 수렵의 이론과 실제에 밝았으며,

바둑에도 남다른 실력을 갖춘 인물이었다. 그는 정통 수렵인으로 수렵·야생·동물·개 등에 관한 많은 저술을 남겼다. 그가 남긴 저서로 『한국야생동물기』(1965), 『사냥』(1969), 『수렵비화』(1971)와 신문연재물로 「세계명포수전」, 「축견야화」 등이 있다.

5

이종면가(李鍾勉家)

경상농공은행장을 지낸 이석진

이종면李鍾勉(호 悟庭, 1870~1932[음]), 이영면李英勉(1888~1931/1902년 분가, 호주) 형제의 재산은 그의 아버지 이석진李錫珍(생몰년 미상) 때부터 축적된 것으로 보인다. 성주 이씨 가문으로 조선 시대 군직인 오위장五衛將의 경력을 가진 이석진은 한말·일제시기 대구를 대표하는 지주·상인 가운데 한 명이었다. 일찍이 대구에 들어와 조선민보朝鮮民報을 발행했던 카와이 아사오河井朝雄가 쓴 대구이야기大邱物語의 기억 속에 남아 있는 이석진은 '풍채가 당당하고 성격이 온후하며 독실한 군자형'이었다.

일제는 한국을 침탈하는 과정에서 전래의 외획外劃(오늘날 환거래 일종으로 지방 수령이 징수한 세금을 국고에 납부하기 전 제3자에게 먼저 지급하는 조선시대 조세제도)을 폐지하고 재정정리사업과 화폐정리사업을 강행하였고, 한국 전래의 어음 유통을 막고 새로운 어음 유통 구조를 위해 「수형(어음)조합조례」 및 「약속수형조례」를 공포하였다. 이에 1906년 1월 서울에서 한성수형조합漢城手形組合이 업무를 시작함으로써 새로운

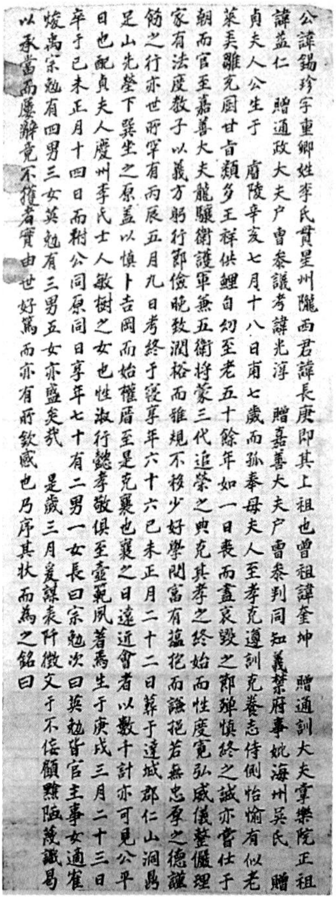
公諱錫珍字重卿姓李氏貫星州隴西君諱長庚即其上祖也曾祖諱奎坤 贈通訓大夫掌樂院正祖
諱益仁 贈通政大夫戶曹參議考諱光淳 贈嘉善大夫戶曹參判同知義禁府事妣海州吳氏 贈
貞夫人公生于 肅陵辛亥七月十八日甫七歲而孫奉母夫人至孝克遵訓克養志侍側怡愉有似老
萊矣雖充國甘旨類多王祥供鯉自幼至老五十餘年如一日喪而盡哀毀之節殫慎終之誠亦嘗仕于
朝而官至嘉善大夫龍驤衛護軍兼五衛將蒙三代追榮之典克其孝之終始而性度寬弘威儀整儼理
家有法度教子以義方躬行節儉晩致潤裕而雅規不移少好學問富有蘊抱而謙抱若無忠厚之德謹
飭之行亦世所罕有丙辰五月九日考終于寢享年六十六己未正月二十二日葬于達城郡仁山洞烏
足山先塋下巽坐之原蓋以慎卜吉岡而始權厝至是克襄也襄之日遠近會者以數千計亦可見公平
日也配貞夫人慶州李氏士人敏樹之女也性淑行懿孝敬俱至壼範夙著爲生于庚戌三月二十三日
卒于己未正月十四日而祔公同原同日享年七十有二男一女長曰宗勉次曰英勉皆官主事女適崔
竣禹宋勉有四男三女英勉有三男五女亦盛矣哉 是歲三月爰謀表阡徵文于不佞顧顓陋蔑識曷
以承當而屢辭竟不獲者實由世好篤而亦有所欽感也乃序其狀而爲之銘曰

이석진 묘갈문

어음 유통이 시작되었고, 대구에서는 두 달 뒤인 같은 해 8월달에 어음조합이 만들어졌다. 여기에는 대구의 부호들이 대거 참여하는데, 조합원수는 1908년 60명, 1910명 98명, 1912년 113명 등으로 증가하였다. 대구수형조합의 주요 간부의 구성을 보면 이석진李錫珍이 조합장을 맡았고, 조합부장에 최만달崔萬達, 평의원에 이병학李柄學·이경천李擎天·정해붕鄭海鵬·문봉준文鳳準, 이사에 일본인 야마모또山本正雄, 통역에 김재규·윤창기 등이었다.

어음조합의 설립이 갖는 의미는 완성된 금융시설을 갖추어 나가는 과정에서 일제가 한국인 지주·상인이 참여하도록 끌어들이고, 그들이 가지고 있는 화폐자산을 식민지 금융기구 속으로 집중시키고자 한 것이었다. 또 이석진을 비롯한 대구의 상인들에게 상품 담보대출뿐 아니라 부동산 담보대출까지 실시함으로써 식민지 은행권의 보급을 시도하고 나아가 금융기구 속으로 유력자산가를 포섭하는 동시에 미곡매집 및 조세수납을 도모할 자금을 일단 이 금융기구 속으로 집중시켰던 것이다. 이런 과정을 거쳐 이석진을 비롯한 유력자산가들이 식민지 금융기구에 급속히 포섭되어 나갔다. 이것은 일제의 화폐정리 사업과 재정정리 사업의 전개와 함께 나타난 한국인의 전황錢荒(동전 통화량의 부족현상)은 물론이거니와 한국인 금융기구가 붕괴되면서 비롯된 것이었다.

이후 이석진은 일제의 금융제도의 변화에 따라 농공은행農工銀行에 참여하였다. 일제가 어음조합제도를 만든 것은 조선의 전통적인 조세제도인 외획外劃을 폐지한 후 발생했던 전황錢荒 등 금융상의 큰 혼란을 막기 위해서였다. 이렇게 해서 설치한 어음조합이 전황이라는 긴급 문제를 해결하기에는 역부족이었다. 이에 일제는 금융경색의 해결과 재정기초 확립이라는 두 가지 관점에서 농공은행의 설립을 구체화했다. 그리하여 1906년 3월 「농공은행 조례農工銀行 條例」를 칙령勅令(일본 황제가 공포하는 법령) 제13호로 공포하고, 4월 20일 농공은행의 설립방안을 담은 칙령 제4호 「농공은행 설립에 관한 건」을 발표하였다. 그 후 조선 농업과 공업의 개량·발달을 위해 전국 주요지 11개소에 자본을 대부하는 농공은행이 설립되었다. 그리하여 1912년 7월말 어음조합의 업무상 권리와 의무가 농공은행에 승계되고 수형조합은 폐지되었다.

이러한 상황에서 대구에서도 농공은행을 설립하기 위한 활동이 펼쳐지게 되는데, 기존의 어음조합을 주도적으로 운영했던 사람들과 대구의 부호들이 새롭게 참여하는 형태를 보였다. 농공은행의 설립을 추진한 사람들은 자본금 20만원을 목표로 주식 모집에 나섰다. 1906년 6월 14일까지 목표로 한 20만원의 자본금을 확보한 뒤 대구농공은행의 창립총회를 개최하기에 이르렀다. 이때 이석진은 어음조합의 조합장의 지분을 인정받아서인지 은행장으로 선출되었다. 그 밖의 주요 간부로는 전무이사 서병오徐丙五, 이사 김병순金炳淳·정규옥鄭圭珏, 감사 서상돈徐相敦·이장우李章雨 등이 각각 활동하게 되었다. 그리고 일본인 쓰지야土屋彦太郞는 농공은행의 지배인으로 일하게 되었다.

이들 주요 간부들은 모두 농공은행의 대주주였다. 이석진은 7백주,

서상돈徐相敦과 서병오徐丙五 각 1090주, 김병순金炳淳(다른 이름으로 김윤란)·정규옥鄭圭珏·이진옥李振沃 각 5백주, 이중래李重來·최만달崔萬達·이장우李章雨·염봉근廉鳳根 1백주, 이상악李相岳 70주, 이병학李柄學·조용태趙鏞泰 각 50주 등이었다. 당시 주식 1주당 가격이 50원이라 할 때, 이석진의 7백주는 3만 5천원에 이르는 거액이었다. 그런데 이 농공은행의 설립에는 한국인만 참여할 수 있었기에 농공은행 투자에 관심을 가진 일본인들은 한국인으로 위장하거나 한국인을 내세워 참여하였다.

1908년 8월 일제는 '지방 경제권이 확대됨에 따라 농공은행의 광역화가 필요하다'거나 '그에 따라 자금의 규모화가 수반되어야 한다'는 이유를 내세워 농공은행의 합병 정책을 추진하였다. 그에 따라 대구농공은행은 진주농공은행과 합병하여 경상농공은행이 되었다. 대구가 진주보다 경제권이 더 컸으므로 경상농공은행은 자연스럽게 대구농공은행의 중역진이 주도권을 쥐게 되었다. 이는 경상농공은행 중역진을 보면 그대로 나타나는데, 은행장에 이석진李錫珍, 이사에 서상돈徐相燉·정규옥鄭圭鈺·이병학李柄學·최만달崔萬達·김기제金琪濟, 감사역에 정재학鄭在學·서진욱徐珍旭, 서기에 서병룡徐丙龍, 김천지점 견습 허억許億 등이었다. 그 가운데 이석진은 대구어음조합, 대구농공은행에 이어 여전히 경상농공은행장으로 선출되어 이 시기 대구의 대표적 자본가로 떠오르게 되었다.

경상농공은행의 영업 구조를 보면, 예금에 비해 대부금의 비중이 곱절 정도 높았고, 대부금은 부동산 담보로 이루어졌으며 대출금의 용도는 '농업과 공업의 균형발전을 위해 사용한다'는 농공은행 조례와는 달리 주로 상업자금이었다. 상업자금을 구체적으로 따져 보면 대부분 '쌀거래'가 압도하였다. 이는 농공은행 중역진 대부분이 지역을 대표하는 대지주이면서 쌀 무역을 통해 경제적 부를 축적해 나간 사람들이었음을 말해 주는 것이다.

이석진의 사후에 그의 몫은 그의 장남 이종면이 승계하였고, 이종면은 이사로 활동하였다. 농공은행이 영업을 시작한 이래 점차 시간이 흐르면서 자금조달의 취약성, 상업부분에 대한 대출 과다, 경기 침체 등 여러 악재가 겹쳐 은행 부실 현상이 심각해졌다. 이에 일제는 농공은행을 대신할 새로운 금융시설로 조선식산은행朝鮮殖產銀行의 설립을 추진해 나갔다. 이에 경상농공은행은 1918년 7월 중역회의를 열고 주주에 대한 상반기 배당률을 8%, 불입금 10%를 특별배당하기로 결정하고 해산 절차를 마무리하였다. 이후 이종면을 비롯한 농공은행의 중역진 대부분은 조선식산은행 대구지점의 상담역으로 편입되었다.

이석진이 펼친 활동은 금융 부문 이외에도 사회·경제 영역에서도 볼 수 있다. 교육활동으로 대구사범학교 설립에 5백 원에 달하는 큰돈을 기부하였다. 그 때는 1906년 대구에서 계몽운동이 활동하게 펼쳐지는 시기였고, 당시 대구에는 대구광문사가 설립되어 교육활동이 이루어지고 있었다. 대구광문사는 경상북도 관찰사 신태휴가 협의를 요청한 학교설립에 적극 협조하여 관덕정觀德亭을 수리하여 사범학교를 열게 되었다. 재정이 넉넉지 못했던 관찰부가 지역의 유지들에게 기금 조성을 요청하였던 것이다. 여기에는 대구의 대표적 유지들인 정재학, 서우순, 서상하, 이장우, 최만달, 서병오 등이 참여하였다.

일본인이 추진한 달성공원 설립에 참여하였다. 을사조약 체결, 통감부 설치, 대구역 개통 등을 계기로 일본인의 대구 이동이 크게 늘어 일본인 사회가 형성되었고, 대구의 일본인들은 신궁 조성을 추진하였다. 곧 대구의 일본인상업회의소는 1907년 3월에 달성공원기성회를 조직하고 그 사무실을 상업회의소에 두었다. 당시 대구의 서쪽에 자리했던 달성은 청일전쟁과 러일전쟁때 일본 군대가 주둔했던 곳으로 일본의 대구 침탈과 관련이 깊었던 곳이다. 일제는 이곳을 공원으로 만들고,

그 안에 신궁을 안치하려 했던 것이다. 여기에 일본인들은 한국인을 끌어 들이게 되는데, 이석진은 달성공원기성회의 간사가 되었고, 서병오는 부회장이 되었다.

이석진은 대구의 일본인 자본가와도 자본 활동을 하였는데, 1911년 대구전기주식회사 설립에 참여하게 된 것이다. 이 회사는 대구의 초기 대표적 일본인 이와세岩瀨靜의 후계자로 지목되던 오꾸라小倉武之助가 주도하고, 한국인에서는 이와세岩瀨靜와 교분이 깊었던 서상돈이 깊게 관여하였다. 일본인 오쿠라小倉武之助·이와세岩瀨靜 등 15명에 한국인 서상돈徐相燉·정규옥鄭圭鈺·이석진李錫珍·정재학鄭在學·이병학李柄學·정해붕鄭海鵬·이장우李章雨 등 7명이 참여하였다. 여기에 이석진은 감사로 선임되었다.

대구의 유력자로 성장한 이석진의 장남 이종면

이종면李鍾勉(호 悟庭, 1870~1932[음])은 아버지 이석진이 살아 있는 동안에는 문화계몽운동에 치중하였고, 부친이 사망한 이후부터 경제 활동을 벌인 것으로 보인다. 그는 연령이 비슷한 이일우(1869년생), 정해붕(1871년생) 등과 사회·경제 활동을 함께하였다. 그는 1906년 8월 대구광문사와 별도로 이일우가 주도하여 만든 대구광학회에 발기인으로 참여함으로써 계몽운동에 발을 디뎌 놓게 되었다.

대구광학회는 1906년 8월 무렵 대구광문사와는 다른 별개의 계몽운동 단체로서 이종면, 이일우, 윤필오, 최대림 등을 중심으로 하여 설립되었다. 대구광학회는 "우리나라가 위기에 닥쳐있고 망하게 된 것은 민지民智이 개발되지 못했기 때문"이라고 지적하고 "독립의 권한을 부식하려면 교육으로 국민의 정신을 양성하는 것과 같은 것이 없다"라고 주장하였다. 곧 민지개발을 위한 교육을 강조하였다. 대구광학회는 이일우가 운영하던 우현서루에 사무소를 두고 활동하였다.

이석진의 장남 이종면

대구광학회는 또 다른 계몽운동 단체인 대구광문사와 일정한 경쟁관계에 있었으나 친일관료로 알려져 있던 경북관찰사 박중양이 대구광학회와 일부 주요 인사들을 끌어들여 시청市廳을 설립하여 대구광학회와 대구광문사의 활동을 방해하자 점차 연대의 필요성을 느끼게 되었다. 마침 1907년 1월 29일 대동광문회로 이름을 바꾼 대구광문사가 그 실행방침으로 국채보상과 의무교육 실시 등 두 가지를 제시하였다. 이에 이종면은 이일우, 최대림 등과 함께 국채보상에 동참하기로 결의함으로써 이제 대구사회는 국채보상운동 참여와 비참여로 계몽운동 지형이 양분되는 양상을 띄게 되었다. 이 국채보상운동은 국내의 다양한 계층이 전국적으로 참여하는 양상을 보임으로써 국외 망명, 의병항쟁 등과는 운동 형태상 크게 달랐다.

이후 대구의 계몽운동 세력은 경상북도대구군금연상채회(소)의를 만들어 이 운동이 전민중적, 전국적 차원의 운동으로 확산시키고자 하였다. 그리하여 1907년 2월 21일 날짜로 관찰부에 이 운동을 허용해 달라는 청원을 하였다. 그 뒤 같은 해 3월 대구 서문 밖 수창사壽昌社에 대구단연상채

이종면이 사용하던 인장

소大邱斷煙償債所을 설치하고 본격적으로 모금 활동을 벌였고, 7월에는 전국민이 대동 결의할 것을 주장하는 광고를 대한매일신보에 내었다. 이때부터 이종면은 국채보상운동에 참여한 것으로 보인다. 실제 대구에서는 3월 무렵 부인, 시장 상인, 기생 등 다양한 계층의 사람들이 모금운동에 적극 참여하는 양상이 나타나 국채보상운동이 크게 확산되었다.

대구의 계몽운동 진영이 국채보상운동을 통해 단일한 형태를 갖추었고, 그 흐름은 1908년 대한협회 대구지회의 성립으로 이어졌다. 이 과정에서 이종면은 설립 초기부터 참여하여 이일우, 박기돈 등과 함께 6인의 임원선정 위원으로 선출되었고, 1908년 3월 25일 창립대회에서 평의원으로 선출되었다. 그 뒤 설립 1주년이 되던 1909년 3월 25일에 열린 제2회 임원선거회에서 총무로 선출되었고, 1909년 3월 25일에 열린 설립 2주년 기념식 및 총회에서 부회장으로 선출되었다. 이종면은 교육진흥과 산업발전이라는 문화계몽운동의 두 방향을 추진해 온 대한협회대구지회의 점차 핵심인물로 부각되었다.

당시 대한협회 지회 활동을 통해 계몽운동에 참여한 이종면의 생각을 읽을 수 있는 좋은 단서가 있다. 1908년 4월 29일에 열린 동 대구지회 임시회에서는 '생명상에 자유自由과 의식衣食 중에 어느 것이 중요한가'라는 주제로 토론회가 열렸다. 이 토론회에서 이종면은 이일우와 함께 의식보단 자유가 더 중요하다는 입장을 가졌다. 이 점은 그가 부자라는 점에서 의식의 중요성을 다소 가볍게 여긴 부분도 있겠지만 계몽운동에 참여한 사람의 입장에서 '자유'라는 새로운 개념과 의식에 더 많은 관심을 가졌던 것으로 보인다.

1910년 일제의 식민지로 전락한 뒤 이종면의 사회 활동은 대한제국 말기와 마찬가지로 교육에 중점을 둔 계몽활동을 벌이는 동시에 일제의 지방통치에 참여하는 모습을 보였다. 먼저, 이석진은 정해붕과 함께

사립 대구협성학교 제2회 기념식

1917년 2월부터 사재를 들여 명신여학교明信女學校의 운영을 맡았다. 이 학교는 1916년 8월 신명여학교와 달서여학교가 통합하여 만들어진 여학교로서 대구지역 여성교육에 매우 큰 역할을 해오던 교육기관이었다. 이 학교는 1922년 무렵 재정난에 부딪쳐 운영자가 바뀌기도 하였다. 다음으로 이종면은 일제가 지방통치를 위해 일본인이 몰려 있는 부府에 지방통치 자문기구로 설치 운영한 협의회원으로 1916년부터 1920년까지 2회에 걸쳐 활동하였다. 이종면은 일제가 조선인 교육문제의 해결을 위해 만든 학교평의회에 1921년부터 1930년까지 3년 임기의 학교평의원을 세 차례 역임하였다. 이것은 지방차원에서 일제의 한국지배에 일정하게 협력하는 행위로 볼 수 있다.

또 대구부 당국이 넘쳐나는 도시 빈민 문제를 해결하기 위해 관민 합동으로 빈민구제를 위한 임시 단체로 대구빈민구제회를 만들자 자신의 동생인 이영면을 비롯해 정해붕, 서병조, 정재학 등의 조선인들과

대한협회 대구지회 제2회 기념식

함께 참여하였다. 물론 이 구제회에 참여한 동기는 아무래도 부 당국의 참여 제의를 받고 수락한 것으로 보아야 할 것이다.

그의 구제 활동은 1920년대 들어서도 이어지는데, 1922년 황해도 수재가 발생했을 때 대구의 유지들과 함께 모금 운동에 참여하고, 20원을 기부하였다. 또 1924년 대구에서 서문시장 일대에 큰 수해가 일어나자 5원의 성금을 내어 시장 상인을 위해 구제에 참여하였다.

이종면의 경제 활동은 1910년대 말부터 본격적으로 나타난다. 그는 1920년 자본금 70만원에 국내외 무역을 주로 하는 주식회사 대동사大東社의 사장이 되어 경영 일선에 모습을 보이게 된다. 대동사는 1920년 5월 대동무역회사와 계림농림회사가 합병하여 설립된 회사이다. 그는 3백주를 보유한 주주였고, 그의 동생 이영면은 자신보다 2백주가 더 많은 5백주의 주주였다. 이 회사는 1927년 경북산업주식회사로 사명을 변경하였다. 이때 이종면·이영면 형제는 타의에 의해 회사 경영권을 다른 사람에게 넘겨주게 되고, 주식도 모두 매각한 것으로 보인다. 자세한 사정을 알 순 없지만 사업의 부진이 크게 작용한 것이 아닐까 생각된다. 당시 대구에서 조선인 자본만으로 운영되던 회사법인은 몇 개 되지 않았는데 그 가운데 하나가 바로 대동사였던 것이다. 일본인 자본에 의해 경영되는 회사보다 영세할 수밖에 없는 식민지 경제구조에서 조선인 회사법인의 영업 실적이 낮은 것은 일반적인 사정이라 할 수 있다. 그런 사정에서 경영권을 둘러싼 분쟁이 발생하는 것은 일반적인 경제 현상일 것이다.

그는 1932년 5월 16일(음) 자신의 집에서 62세의 일기로 세상을 떠났다. 그의 기업은 1903년 태어나 대구의 유명한 부호인 서철규徐喆圭의 딸과 결혼한 아들 근상根庠에게 이어졌다. 그러나 그의 아들 근상은 1934년에 31세의 젊은 나이에 사망하였다.

이영면李英勉의 성장과 경제활동

이영면(1878~1931)은 1878년 2월 27일에 이석진과 이예숙의 둘째 아들로 태어났다. 맏이 이종면보다 8살 아래였다. 그는 아버지 이석진으로부터 형과 마찬가지로 많은 재산을 물려받았고, 본격적인 사회·경제활동은 1910년대부터 시작된 것으로 보인다. 그는 1913년에 만들어진 대구지주조합의 조합원이 되었다. 당시 대구에는 158명의 지주가 거주하고 있었는데, 그 가운데서 50두락 이상을 소유한 지주는 이영면을 비롯해 10여 명에 불과하였다. 두락이라는 것은 논과 밭의 면적을 재는 단위의 하나로서 한 말의 씨를 뿌릴 수 있는 넓이를 말하는 것으로 통상 마지기로 불렀다. 경상도의 경우 1마지기의 면적은 2백 평임으로 50두락은 만 평 정도의 면적이다. 1마지기에 벼 생산량을 3~4가마로 본다면, 50마지기는 150가마에서 200가마 정도의 벼가 생산되는 셈이다.

그가 벌인 사업에서 금융업은 다른 사업에 비해 비중이 매우 컸다. 그것은 그의 아버지 이석진이 대구어음조합을 시작으로 대구농공은행을 거쳐 경상농공은행에 이르러서는 은행장이 될 정도로 식민지화 과정 중 대구의 대구적 금융가로 활동했던 것의 영향이었다. 영면과 그의 형 종면은 아버지에 이어 경상농공은행을 주도했던 자본가들과 함께 일제 강점 이후 보통은행으로서 대구은행의 설립에 적극 동참하였다. 영면은 1913년 7월 영업을 개시한 대구은행의 이사로 선임되었다. 그는 1928년 대구은행이 경남은행과 합병되어 새로이 경상합동은행이 되기 이전가지 줄곧 1,520주를 보유한 대주주였다. 또한 1925년 주주총회가 열리기 이전까지 대구은행의 이사로 선임되어 은행경영에도 참여하였다. 그는 1928년 7월 경상합동은행이 영업을 시작한 이후에도 1,050주를 보유한 대주주였고, 그가 사망한 1931년에는 1,065주로 보유주식이 늘어났다.

그리고 그는 경북 왜관(오늘날 구미 오미동)의 대부호인 장길상 형제가 주도하여 1920년에 영업을 개시한 경일은행慶一銀行에도 많은 자본을 투자하였다. 경일은행은 1920년 1월 7일 총독부로부터 설립 허가를 받아 4월 28일 총주주 280여 명 가운데 130여 명이 참석한 가운데 창립총회를 개최하였다. 그는 경일은행의 총 4만주(자본금 2백만 원) 중에서 1920년에는 9만원의 자본으로 1,800주를 보유하여 주주 가운데 3번째로 많은 주주였다. 그는 1923년에는 3,050주로, 1929년에는 3,220주로 보유주식을 계속 늘렸다가 1931년에는 2,254주로 다시 줄였지만 1923년부터 그가 사망한 1931년까지 두 번째 대주주였다. 이처럼 이영면은 경일은행의 주식은 최대 3,200주(액면가 161,000원)의 대주주로 활동하였다.

이영면의 은행경영에 투자한 자금을 1929년도를 기준으로 볼 때, 대구은행의 1,520주(76,000원)과 경일은행 3,200주(161,000원) 등 총 4천 7백

20주에 2십 3만 7천원의 거액이었다. 이는 은행장인 정재학(대구은행)과 장길상(경일은행)에 이은 최대 금융자본가로서 위치를 갖는 것이었다.

당시 보통은행의 경영구조를 보면 예출금에서 예금에 비해 만성적으로 대출이 초과되었는데, 대출은 장기성을 가진 고정 대부가 압도적이었고 대출된 자금의 용도는 상업이 대부분의 비중을 차지하였다. 상업부문의 대출은 미곡유통과 깊은 관련이 있었다. 그래서 '산업의 대종인 선미鮮米'라거나 '조선 경제의 소장消長을 좌우하는 미가米價'라고 평가가 널리 유포되었던 것이다. 이영면이 대구의 대지주 중의 한 명이었다는 사실은 이미 확인한 바 있다. 이처럼 그는 미곡과 깊은 연관관계를 맺고 있던 은행과 토지에 집중적으로 자본을 투자한 부호였다.

이영면은 회사법인에도 자본을 투자하여 경제활동의 폭을 넓혔다. 먼저, 그는 1919년 자본금 2십 5만원의 대구주조주식회사에 자본을 투자하는 동시에 감사로 활동하였다. 다음으로 1920년에 자본금 2백 5십만 원의 조선토지흥업주식회사(이후 동양기류주식회사로 사명을 변경)에 자본을 투자하는 동시에 감사로 활동하였다. 그 다음으로 1918년 12월 형 종면과 함께 대구의 조선인 자본가의 자본을 모아 조선물산무역주식회사의 설립을 주도하였다. 이 회사는 대동무역주식회사 사명을 변경하였다가 1920년에 계림농림회사를 합병하여 자본금 70만 원의 주식회사 대동사로 바뀌었다. 이영면은 이 회사의 주식 550주를 매입하였고, 그의 형 종면은 대표이사가 되어 대동사를 경영하였다. 그러나 이 회사는 1924년에 이르러 경영악화가 원인이 되어 자본투자가들 사이에 갈등이 일어나 경영주도권을 둘러싼 분쟁이 격화되었다. 결국 1927년에 이르러 이영면 형제들은 대동사의 경영권을 방어하지 못하고, 경영 일선에서 물러나게 되었으며 회사 이름도 경북산업주식회사로 바뀌었다. 마지막으로 1923년 정미·정맥·임도 등 미곡 도정을 주로 하는 합자회사 공호상회의 설립에 참여하였다.

추 병 화

이영면은 경제 활동과 연관된 사회 활동에도 관계하였다. 먼저, 1915년 7월 조선상업회의소령에 따라 만들어진 대구상업회의소의 특별회원으로 활동하였다. 그리고 1922년에는 조선인 자본가들이 경제활동의 친목단체로 만들은 대구사회사업연구회에 참여하였다. 이처럼 그는 자신의 경제활동을 보다 적극적으로 펼치기 위해 경제관련 인맥의 형성에도 많은 힘을 쏟았다. 이영면은 대구의 대부호였기에 당시 조선의 궁핍한 경제 상황에서 경제 약자에 대한 원호 활동을 하지 않을 수 없었다. 그리하여 1910년대 말 대구빈민구제회의 설립에 참여하였고, 1922년에 황해도 수재 때 의연금을 내기도 하였다. 그렇지만 그의 빈민 혹은 난민 원호 활동은 자신의 부를 고려할 때 그리 많은 편이 되지 못했다.

이처럼 아버지 이석진의 대를 이어 형 종면과 함께 금융과 토지 방면에서 왕성한 자본활동을 벌인 영면은 1931년에 53세의 나이로 사망하였다. 그는 슬하에 3남 5녀를 두었는데, 장녀 봉수는 눈물쟁이 영감으로 널리 알려진 대구 진골목의 대부호인 서우순의 손자 서병룡(서병국으로 개명)과 결혼하였다. 그는 세 딸을 낳은 뒤 1912년에 장남 근하根夏을 얻었다. 장남 근하는 대구고등보통학교를 졸업하고 일본으로 유학해 와세다대학早稻田大學에서 공부하였다. 근하는 그 사이 18살이 되던 1930년에 동양염직의 추병화 집안과 사돈관계를 맺었다. 구체적으로는 추병화의 집안인 추영구秋永求의 딸 복선福善과 결혼하였다. 근하의 아내가 된 복선은 대구여자고등보통학교를 졸업한 여성이었다.

이석진가는 일제의 만주침략 시기인 1931년에 이영면, 1932년 이종면, 1934년 이종면의 아들 근상이 사망하는 등 가문의 위기를 맞기도 하였다. 그리하여 토지 이외의 금융 및 회사법인과 같은 경제활동은 많이 줄어든 것으로 보인다.

6

정해붕가(鄭海鵬家)

정해붕의 집안과 관직생활

정해붕鄭海鵬(1871~1950)은 1871년 11월 대구大邱에서 영일 정씨의 만호공파萬戶公派 21세손 정재은鄭在殷(?~1925)과 현정인玄貞仁 사이에 장남으로 태어났다. 그는 월성 최씨 가문의 최금구崔琴金九(1869~1930)와 결혼하였다. 그는 이남 삼녀를 두었는데, 장남은 도원道源(1903년생), 차남은 준원駿源이며, 세째딸은 엄전儼全이었다.

정해붕

정해붕의 사회활동이 드러난 때는 대한제국 시기인 1901년 11월 경상북도 금광위원으로 임명되면서 부터였다.(『대한제국관원이력서』 31책, 734쪽.) 금광위원이란 대한제국 내장원이 전국의 광산을 관리하기 위해 만든 조직의 일원이었다. 곧 내장원은 전국 광산을 관리하기 위한 감독각도각군금은동철매탄각광사무監督各道各郡金銀銅鐵煤炭各鑛事務를 두고, 각 도에는 각광감리各鑛監理를 파견하고, 감리 아래에는 도별로 광무위원鑛務委員을 파견하였다. 내장원은 이 조직을 통해 광세 징수를 관리하고 있었다. 그러므로 금광위원이란 내장원에 소속되어 금광 관리와 금광의 세금 징수를 담당하는 사람이었다. 그는 1903년 4월까지 약 2년 동안 금광위원을 지냈다. 그 사이 1902년 8월부터 약 한 달 동안 경상북도 관찰부 주사(판임 6등, 오늘날 6급 이하 공무원)를 지내기도 하였다. 그 뒤 1903년 12월 탁지부 징세 주사(판임 6등)로 약 3개월 동안 활동하였다. 이처럼 정해붕은 대한제국 시기 하급직 관료를 지냈고, 그 가운데서도 세금 징수와 관련된 일을 주로 맡았다. 아마도 이 과정에서 정해붕은 경제적 자산을 늘려 나가면서 대구의 부호 반열에 올랐을 것으로 보인다. 이런 형태는 서상돈徐相敦이 내장원의 외획제도를 통해 부를 축적하였던 것과 유사한 것이었다.

통감부시기 경제활동

일제는 1905년 강제적인 을사조약을 통해 대한제국을 실질적인 식민지로 전락시킨 이후 대한제국을 완전한 식민지 구조로 재편하기 위한 조치를 실행해 나갔다. 그 한 사례로 일제는 재정정리사업과 화폐정리사업을 실시하였고, 이 사업 직후 응급금융시설로서 창고시설 및 어음지불 보증 등을 통해 전래의 금융기구를 흡수해 나갔다. 그에 따라 대구大邱에도 공동창고(1905. 9월 이후)과 수형조합手形組合(어음조합, 1906. 8.)이 차례로 설립되었다. 여기에 정해붕은 평의원으로 참여하였다. 그러나 그러한 응급금융시설로는 금융문제를 해소할 수 없었다. 이에 일제는 금융경색의 해결과 재정기초 확립을 위해 농공은행의 설립을 추진하였다. 그에 따라 대구에는 1906년 6월 자본금 20만원의 농공은행의 설립이 추진되자 정해붕도 주주로 참여하였고, 이 은행이 진주농공은행과 합병되어 생긴 경상농공은행(1908. 8.)에도 주주로 참여하였다. 이처럼 정해붕은 일찍부터 통감부의 금융정책에 부응하여 금융자본가로서 면모를 갖추어 나갔다.

또한 그는 1908년에 들어서서 대구금융조합 설립위원(8월), 동양척식주식회사 설립위원(9월), 공립대구보통학교 학무위원(11월), 대구지방위원(11월)을 역임하고 조선농회 경북도지회에도 참여하였다. 이처럼 정해붕은 을사조약 체결 이후 일제의 경제 침탈과 관련된 경제기구에 활발히 참여함으로써 일제에 예속된 자본가로서의 성격을 보여 주었다.

특히, 정해붕은 일제의 주도로 진행된 화폐정리사업에서 많은 부를 손쉽게 축적하기도 하였다. 곧 메가다目賀田는 1907년에 5전 짜리 신화폐 30만원을 대구에 배정시켜 보급하도록 하였는데, 그 업무를 담당한 사람은 대구이사청의 재무보좌관 카와우에川上常郎이었다. 그는 신화폐 보급 방법으로 대구농공은행大邱農工銀行의 중역과 주주들에게 자본금 10만원의 익명 조합을 만들게 하고, 20만원을 대부해 주었다. 상환조건은 '무엇에 쓰던 상관하지 않겠다'는 특혜적 조건에다 그 금액에 해당하는 만큼의 엽전이나 백동화를 2년 거치 무이자로 갚는 것이었다. 정해붕은 이 조합에 대구의 부호인 정재학鄭在學·서상돈徐相敦·이병학李柄學 등과 조선인 이름을 빌린 일본인 이와세 시즈까岩瀨靜 등이 참여하고 있었다.

통감부 시기 정해붕은 계몽운동에도 참여하고 있었다. 그는 1907년 대구의 계몽운동 진영에서 국채보상운동을 일으키면서 경상북도 대구군 금연상채회禁煙償債會를 만들 때 동회의 서기가 되었다. 그후 대구의 계몽운동 진영이 대한협회 지회를 설립(1908. 3.)하자 1909년 3월 제2회 임원 개선 때 평의원으로 선출되기도 하였다. 이처럼 그는 대구 계몽운동의 주도 대열에 속하지 않고 소극적인 자세로 참여하고 있었다.

식민지시기 정해붕의 경제활동

우리 민족이 식민지로 전락한 1910년 이후 정해붕의 행적은 크게 경제활동, 관변활동, 유지활동 등 세 분야로 나누어 살필 수 있다. 먼저 경제활동을 살펴보자. 그는 일본인 오꾸라小倉武之助가 주도하여 설립한 대구전기회사에 중역으로 활동하였다. 그 뒤 정재학鄭在學을 비롯한 대구의 자본가들이 설립한 대구은행에 주주로 참여하면서 이사로도 활동하였다. 그는 1923년에 400주를 사들여 비로소 대구은행의 주주가 되었고, 1925년 주수를 2,100주로 대거 늘리면서 이사로 발탁되었으며, 1927년에는 주식을 그대로 유지한 채 이사에서 빠졌다. 당시 대구은행이 자본금 2백만 원에 4만 주의 주식을 발행했던 것을 고려하면, 정해붕은 10여만 원의 자본금에 총주식의 1/20 정도를 소유한 대구은행의 대주주였다.

그러나 1927년 조선총독부 재무당국이 대구은행의 경영 악화를 빌미삼아 경남은행과의 합병을 종용하자 정해붕은 당국의 입장을 지지하는 태도를 취했다. 실제 조선총독부는 1928년부터 「금융제도연구회」를 구성하여 보통은행의 통폐합을 위한 작업에 착수하였다. 그는 1928년 7월 두 은행을 합병하여 설립할 은행의 설립위원이 되었다. 그리하여 그는 대구은행장 정재학에 대해 대구은행이 주식회사인데도 불구하고 자기 회사로 간주하여 다른 사람에게 늘 복종을 강요하던 것으로 생각해, 그와 대립하게 되었다. 더욱이 정해붕은 합병을 둘러싸고 대구은행과 갈등 관계를 보였던 경남은행의 서상호와 연대하기에 이르렀다. 정해붕은 그렇게 해서 만들어진 경상합동은행慶尙合同銀行의 설립위원장이 되었고, 창립대회에서 경과보고를 진행하고 그 뒤 이사로 선출되었다. 그는 자본금 2백 2십 5만원의 4만 5천주를 발행한 경상합동은행에서 2천325주를 소유한 대주주였다.

경상합동은행 설립 이후 대구은행 측의 정재학과 경남은행의 서상호

간에 은행의 경영 주도권을 놓고 벌어지던 갈등이 1930년 초 부산지점장 선임문제로 표면화되었다. 곧 정재학 측이 부산지점장으로 윤병호를 선임하자 서상호 측이 반발한 것이었다. 이때 정해붕은 경남은행의 서상호와 연대하여 정재학에 맞섰다.

이 문제를 해결하기 위해 열린 임시주주총회에서 정재학 세력이 이사의 다수를 차지함으로써 정해붕·서상호 세력은 패배하고 말았다. 이때를 계기로 정해붕은 이사에서 밀려났을 뿐 아니라 경상합동은행의 주식을 매각하지 않을 수 없었다. 그 뒤 정재학 세력이 계속하여 장악한 경상합동은행에는 관여할 수 없었다. 통감부 시기부터 금융업에 종사했던 정해붕은 더 이상 은행에 참여할 수 없게 되자 영천군 금호면의 금호수리조합(1931)에 관여하였다. 그리고 전시체제기인 1941년에 대구일일신문사의 감사, 1942년에 경상북도양곡주식회사의 이사가 되어 경제활동을 계속하였다.

식민지시기 정해붕의 일제 관변활동

다음으로 정해붕의 관변활동을 살펴보자. 그는 일제가 지방지배기구의 자문을 얻는다는 형식적 명분으로 설치한 자문기관에서 활동하였다. 자문기관은 "원안의 수정권을 갖지 않고 그 결의는 이사자理事者에 대해 법률상의 구속력도 갖지 않으며 이사자는 자기의 제안에 대한 자문기관의 의견을 지나지 않고 그 의결을 채택하느냐 하는 여부의 자유를 가지"고 있었다. 1910년대의 자문기관은 일본인이 집중적으로 거주하는 부府에 설치한 부협의회가 있었다. 1910년대 부협의회의 민족별 구성은 한국인과 일본인이 거의 같은 수였다. 정해붕은 1914년부터 1920년까지 2년 임기의 부협의회 의원을 세 차례 연속 지냈고, 1920년 3년 임기의 4기 대구부 협의회원을 역임하였다. 여기에는 정해붕 외에도 서병조徐丙

朝·이일우李一雨 등의 한국인이 활동하였다. 3·1운동 이후 1920년에 일제는 지방지배기구에 부수된 각급 자문기관을 설치했는데, 제령 제14호로 조선학교비령을 통해 한국인 일반교육에 관한 사무와 학교비의 부과 등을 포함한 사항을 학교평의회의 자문을 받도록 하였다. 학교평의회는 부의 주민의 선거로서 선출되었다. 정해붕은 이렇게 해서 생긴 대구학교평의회의 1기 회원(1921. 1.~1924. 3.)을 지냈다.

정해붕처럼 부협의회 의원으로 뽑히는 한국인들은 어떤 사람들이었을까. 당국의 말을 빌리면 다음과 같다.

> "부·면을 통해서 조선에서는 보통 일류라고 일컬어지는 고노古老 로서 덕조德操나 성망이 높은 사람이 당선된 것이 많지는 않지만, 대충 시세時世을 이해하고 식견·기량 둘 다 우수하며 사상이 온건하고 현재의 부·면 행정을 이해하고 있는 인물이 뽑혔다"

이처럼 부협의원으로 선출되는 자들의 대부분은 일제의 정책에 부응하는 한국인 유지들이었다.

정해붕은 자문기관뿐 아니라 조선총독부의 지방지배기구가 만든 각종 관변단체에서도 활약하였다. 우선, 그는 1917년 10월 대구경찰서가 총독부의 민풍 개량 방침을 수행하기 위해 만든 대구 교풍회矯風會에 부회장으로 선출되었다. 이 교풍회는 대구부윤, 경무부장, 참여관 등을 고문으로 하고, 임원은 한국인으로 채워졌는데 회원 수는 80여 명 정도였다. 둘째, 1919년 3월 8일 대구 만세시위운동을 계기로 경북 각 지역으로 운동이 파급되어 나가자 당국은 운동 참가자의 검거와 첩보를 위해 한국인들로 자제회단自制會團을 만들었다. 친일파 박중양朴重陽이 단장이었고, 발기인 대부분은 정해붕과 같이 지역을 대표하는 자본가층이자

교풍회의 회원과도 중복되었다. 셋째, 정해붕은 대구부가 관민합동으로 빈민구제를 실행할 단체로 대구빈민구제회大邱貧民救濟會를 만들 때 정재학·이선호 등과 같이 협의원으로 참여하였다. 그러나 사회사업에 대한 대구부의 예산이 부족하고 의지가 박약한데다 부호들의 사회사업에 대한 관심이 거의 없는 상태에서 빈민구제회의 활발한 활동을 기대할 수 없었다. 1922년 2월 대구부가 다시 빈민구제사업을 벌이기 위해 부호를 끌어들여 대구사회사업연구회大邱社會事業硏究會를 만들 때 정해붕은 이영면·정재학 등과 교섭위원으로 활동하였다. 그러나 이마저 진행이 부진하자 매일신보마저 「경북 부호의 사회사업」이라는 사설을 통해 대구 부호들의 소극적인 사회사업 참여에 대해 비난했다.

정해붕은 경북의 유력 지주로서 많은 토지를 소유한 인물이었다. 특히, 경상합동은행의 경영군을 둘러싼 갈등에서 정재학 세력에게 밀려난 이래 소유 토지 규모는 정확히 알 수 없는 실정이지만 지주로서 농업경영에 집중하였던 것으로 보인다. 1932년 12월말에 열린 전조선대지주대회에 참가하여 농촌붕괴의 원인에 대한 설문에 다음과 같이 답변하였다.

질문) 소작인의 궁상은 무엇 때문?

답변) …모다 돈으로 바꾸어다가 몸을 차게 되는 반면에는 곡가 폭락, 재해 등으로 수입은 자꾸 줄어만드니 지출보다 수입이 모자라는 데서 채무가 생기고 또 채무가 붙어서 오늘날의 궁극을 보게 된 것입니다.

질문) 소작료 기타 공과금에 대하여 지주 소작의 관계는 어디까지 하는 것이 좋을까?

답변) 지세공과금은 지주부담, 소작료는 절반씩 하는 것이 가할 것이며 수리조합 구내에는 조합비도 절반씩 할 것입니다.

질문) 귀하는 소작인에게 대하야 어떠한 경우에 어떠한 상을 줍니까?

답변) 알뜰한 소작인에게는 혹 농구같은 것을 사주어 표창하고 또 비료대와 농자도 무이자대부도 전년까지는 하얏으나 논을 황폐케 하는 자에게는 부득이 소작을 옮기게 됩니다.

질문) 10년 이상 충실한 소작인에 대하야는 자작농창정을 하여줄 의향이 없으십니까 ?

답변) 간단한 문제가 아니므로 생각해 본 적이 없습니다.

이 질문과 답변을 통해 정해붕의 1930년대 한국 농촌의 피폐한 현실에 대한 생각을 읽을 수 있다. 그는 농촌의 피폐와 소작농의 몰락 원인이 무리한 소작료에 있다거나 총독부의 농업정책에 있다기 보다는 일반적 사회·경제상황 탓으로 돌리고 있다. 또한 소작료의 인하와 농업생산비용에 대해서도 크게 개선할 생각이 없었다. 뿐만 아니라 일제의 명분적 농업정책이었던 소작농의 자작농화에 대해서는 아예 회피하는 태도를 취했다. 따라서 농업에 대한 그의 생각은 식민지지주제의 유지를 골간으로 하여 극히 일부분의 소작관계를 개선하는 미봉책 정도였다.

이처럼 대한제국시기부터 일제강점기에 걸쳐 정치·사회·경제 방면에 이르기까지 다양한 활동을 해 온 정해붕은 일제로부터 일제에 대한 협력적 태도를 인정받아 1940년 8월 3일부로 주임관 대우로써 중추원 참의가 되었다. 전시체제가 강화되는 시기에 중추원 참의가 된다는 것은 일제에 대한 협력 정도가 어느 정도였는지를 충분히 짐작할 수 있다. 이렇듯 대한제국의 하급 관료로 시작된 사회생활은 일제강점하 전시체제기에 이르러 친일의 가장 큰 명망을 갖는 중추원 참의로 '출세'하였다. 그는 1941년 12월 7일 대구 욱정공립국민학교에서 대동아공영권을 이루기 위한 일제의 전쟁정책을 적극 지원하기 위해 열린 조선임전보국단 경북지부 결성식에서 참가하고 상임이사로 선출되었다.

해방 후 반민특위에 체포되다

정해붕은 1945년 일제가 패망한 이후에도 일제 협력행위로 인한 직접적인 공격을 받은 일이 없이 그의 재산은 그대로 유지하였다. 그는 해방 이후 정치·사회 활동을 하지 않은 채 일정기간 '은둔'하였다. 그러다가 대구에서 대학 설립운동이 일어나자 이 운동에 참여하였다. 해방 직후 대구에서는 경북종합대학설립준비위원회가 구성되었다가 1945년 11월 경북종합대학기성회로 변경되었다. 같은 달 경북도청회의실에서 경북종합대학기성회 제1회 집행위원회가 개최되었다. 그러나 이 운동은 미군정의 국립대학 설립 방책으로 인해 민립대학 설립운동으로 전환되었다. 그리하여 1947년 1월 대구문리과대학의 설립으로 이어졌다. 여기에 참여한 한국인들은 대체로 일제강점기 대구·경북지역의 대표적 지주·자본가였다. 특히, 정해붕은 현금 680만원과 토지 236,721평을 기증하여 다액기부자 중에서도 최고 다액기부자가 되었다. 이런 점이 고려되어 그는 대구대학 초대 이사장이 되었고, 1949년에 그의 장남 정도원이 2대 이사장으로 취임하였다.

그러나 정부 수립 후 일제강점기 반민족행위자를 처벌하기 위한 반민법이 공포되어 친일반민족행위자들이 특별조사위원회나 도별 조사기관에 속속 체포되자 중추원 참의를 지낸 정해붕도 1949년 3월 11일 특별조사위원회에 체포되었다. 그렇지만 이승만정권에 의해 반민특위가 해체되면서 정해붕의 친일부일협력에 대한 역사적 심판은 더 이상 진행될 수 없었다. 이렇듯 영욕의 세월을 이어온 정해붕은 한국전쟁이 일어나기 직전인 1950년 5월에 사망하였다.

7

이병학가(李柄學家)

이병학의 가정과 통감부 시기 경제 활동

이병학

이병학(1866. 10. 17~1942. 11. 10)은 1866년 10월 인천 이씨 이경상李慶祥과 서선자徐仙子의 셋째 아들로 태어났다. 그의 출신지는 대구로 되어 있다. 그는 세 번의 결혼을 통해 12남 9녀를 둔 보기 드문 사람이었다. 그는 첫 부인 박금련朴今連과 1888년부터 1905년까지 약 18년간의 결혼 생활에서 4남 1녀를 낳았다. 23살 아래의 둘째 부인 박강자朴江子와 1906년부터 1923년까지 약 18년간의 결혼생활에서 무려 5남 6녀를 낳았다. 세 번째는 1900년생으로 32살 연하의 서울 거주 조승하趙昇夏의 둘째 딸인 조명희趙明熙과 1924년에 결혼하여 1936년 막내딸을 낳을 때까지 12년 동안 3남 2녀를 더 낳았다. 그리하여 장남 정희鋌熙을 시작으로 하여 사망할 때인 1942년까지 그의 가족은 총 58명 정도였다. 물론 그 사이 일찍 사망한 경우도 많았는데, 장남은 삼십 대에, 셋째 아들은 이십 대에 사망하였고, 열 살이 되기도 전에 사망한 경우도 있었다. 이처럼 자식을 많이 낳은 만큼 많은 자식들이 단명하는 경우가 많았다.

그는 1915년에 이름의 중간자 병炳을 병柄로 고쳤다. 그리고 황국신민화 정책으로 추진된 창씨개명이 시행될 때인 1940년 6월에는 씨를 청목靑木로 바꾸었고, 8월에는 이름 병학을 일혜一惠로 바꾸었다. 이로써 그의 성명은 완전한 일본 사람으로 탈바꿈되었다.

1901년 8월 하급관료인 판임관 6등의 통신원 전화과 주사를 한 달 정도 경험한 것이 그의 관원이력의 모든 것이었다. 대구의 대부호들이 대체로 1905년경의 계몽운동과 국채보상운동에 참여한 것과 달리 이병학은 전혀 가담하지 않았다. 그러다가 1908년 12월경 대한협회 대구지회의 회원 명부에 이름을 올렸을 뿐이었다. 그것도 대한협회 지회에 가입은 하였지만 적극적이거나 지속적인 활동을 펼치지는 않았던 것으로 보인다.

그의 사회활동에서 많은 부를 축적할 만한 일을 찾아내기란 쉽지 않다. 그럼에도 그는 이 시기에 일정한 부를 축적하여 많은 토지를 소유한 지주가 된 것으로 보인다. 1906년 3월 한국은행 조례가 공포되고 서울에는 한일은행이 설립되었고, 동시에 농공은행 조례도 공포되어 전국 주요 도시 11곳에 은행이 설립되게 되었다. 같은 해 6월 자본금 30만원의 대구농공은행이 설립될 때 주주로 참여하였다. 이 은행은 1908년 8월 경남 진주의 농공은행을 합병하여 경상농공은행이 되었고, 나중에 조선식산은행의 기초가 되었다. 그는 이석진李錫珍의 뒤를 이어 농공은행이 1918년 10월 조선식산은행이 될 때까지 은행장으로 활약하였다. 그 뒤 식산은행대구지점의 상담역이 되었다. 그는 이 사이 1907년 8월부터

9월까지 한 달간 대구수형(어음)조합의 평의원을 지내기도 하였다.

식민지시기 이병학의 경제활동

이병학은 농공은행에 참여한 이래 대구에서 처음으로 설립된 보통은행인 선남은행鮮南銀行에 대주주로 참여하여 이사가 되었다. 이병학은 260주를 소유한 주주였고, 1931년까지 주식 보유의 변동이 없이 이사를 유지하였다. 이 은행에 참여한 조선인은 장직상·정재학이었으나 1923년 무렵 주식을 처분하고 이사직에서 물러났다. 이 은행은 대구전기주식회사를 경영하던 대구의 대표적 일본인 자본가인 오꾸라小倉武之助가 주도하였으며, 창업 당시의 이름은 선남상업은행이었고, 1913년 선남은행으로 바꾸었다.

이병학은 1913년 자본금 2백만 원으로 설립된 대구은행에 참여하였다. 이 은행은 대구의 조선인 대자본가들에 의해 설립되었고, 정재학鄭在學이 은행장을 맡았다. 이 은행은 창업 당시 안동·왜관·경주 등 3곳에 지점을 설치하였다. 그는 대구은행에 십여 만원을 투자하여 2,050주를 소유한 대주주였고, 이사로 활동하였다. 1925년에는 1백 주를 더 사들였다. 대구은행은 경남은행과 합병하여 경상합동은행慶尙合同銀行으로 변

선남상업은행

선남상업은행

경되었다.

그는 경상합동은행이 설립될 때 대구은행 정재학鄭在學의 편에 서 있었던 것 같다. 사실 두 은행이 합병할 때 정재학·정해붕·서상호 등 삼파가 대립하다가 정재학에 맞서 정해붕·서상호가 연합함으로써 은행의 경영권 분쟁은 더욱 심화되었다. 이 때 이병학은 정재학측의 지원에 힘입어 은행장이 되었으나 실제 경영권은 여전히 정재학이 장악하고 있었다. 그는 4만 5천주에 305명의 주주가 참여한 경상합동은행에 1633주를 소유한 대주주였다. 1930년 10월에 열린 임시총회에서 은행장에서 이사로 밀려났으며 1935년에는 경영에서 완전히 물러났다.

이병학은 이외 1920년에 장길상 형제가 설립을 주도한 경일은행에 이사로 참여하였다. 경일은행은 대구은행과 마찬가지로 자본금 2백만원으로 설립되었고, 밀양에 지점을 설치하였다. 이 은행은1930년 10월에 경상공립은행을 합병하였다가 1933년 12월에 선남은행과 합병되어, 은행 이름이 대구상공은행으로 바뀌었다. 대구상공은행이 된 뒤 경영권은 오꾸라小倉武之助가 장악하였다. 이병학은 1942년 사망할 때까지 오랫동안 이사로 활동하였다.

이병학은 은행 외에도 여러 회사에 자본을 투자한 자본가로서 활동하였다. 그는 대구전기주식회사로 출발한 대흥전기주식회사大興電氣株式會社에 자본을 투자하였다. 1918년에는 정재학·이영면·이장우 등과 함께 주로 미곡무역을 위한 조선물산무역주식회사를 설립하였다. 고려요업주식회사에 자본을 투자하여 1923년에는 상무이사로 경영에 참여하였다. 또 1920년 5월에 대동무역회사와 계림농림회사가 합병하여 새로이 설립된 대동사大東社에 2만 5천원(자본금 70만 원)을 투자하였다. 특히, 이 회사의 자본투자가나 중역진은 모두 조선인이었다. 그는 1919년에 자본금 3십 5만원의 대구주조주식회사의 사장으로 주류업에 종사하였으나 이 회사는 1923년 무렵부터 경영 악화로 인해 사실상 휴업 상태에 빠졌다. 이밖에도 호전농구, 동양축산주식회사, 경성현주시장 등의 감사로도 활동하였다. 이처럼 이병학은 은행과 일반 회사에 투자한 자본금이 약 20여만 원 정도였고, 그가 관계한 회사도 무려 10여 개에 이를 정도로 왕성한 경제활동을 벌인 인물이었다.

뿐만 아니라 대부분의 자본가와 같이 그 또한 많은 토지를 소유한 지주이나 그 정확한 규모는 알 수 없다. 그는 대구의 대지주·자본가에 속하면서도 소작관계에 있어서는 아주 박한 사람이었다. 1926년 영천군 신령면에 소재한 토지에 얽힌 사정을 소개하면, 그가 마름 하한준을 통해 무리한 소작료를 징수한 것이 언론에 보도되었다. 곧 영천군 신령면 화성동에 사는 소작인 남극준은 이병학의 농지 4두락을 지었는데, 도조가 4석이었다. 그런데 실제 수확은 3석 5두에 불과하였다. 이에 소작인은 마름에게 소작료의 감액을 요청하였으나 지주 측에서는 오히려 소출 전부를 몰수한 다음 부족분 5두와 지세 5원을 납입하라고 재촉하였던 것이다. 이처럼 이병학은 무리한 지주제를 운영하여 사회로부터 원성의 대상이 되기도 하였다.

또한 소작문제가 사회문제로 비등해지자 경북 경산군에서는 군내 지주의 협조를 받아 응급책으로서 소작료협정을 추진하고자 하였다. 이에 많은 지주들이 군의 요청을 받아 협정서에 날인하였으나 유독 이병학李

柄學과 장길상張吉相은 날인하지 않고 오히려 협정서를 받으러 온 군속에게 욕설을 퍼부었다. 이 사실이 언론에 보도되어 사회적 비판의 대상이 되기도 하였다.

식민지시기 이병학의 사회활동

1917년 총독부가 민풍을 개량한다는 명목 아래 교풍회矯風會를 조직하고자 할 때 10월 무렵 대구에서도 대구경찰서의 주도로 교풍회가 결성되었다. 교풍회는 부윤, 경무부장, 참여관 등 일본인을 고문으로 하고, 회장을 비롯한 임원은 조선인으로 채웠다. 여기에는 약 80여 명의 조선인이 참여하였는데, 이병학은 주요 회원으로 참여하였다.

1919년 3월 8일 대구 만세시위운동을 계기로 경북 각 지역으로 운동이 파급되어 나가자 운동 참가자의 검거와 첩보를 위해 일제는 대구부내 조선인들로 하여금 자제회단自制會團이라는 것을 만들게 하였다. 이 단체의 단장은 경북관찰사로 대구성을 훼철했던 박중양이고, 이병학은 이장우·정해붕·정재학 등과 같이 발기인이 되었다.

1910년대 말 대구부는 대구부의 빈민구제를 담당할 임시 단체로 대구빈민구제회大邱貧民救濟會를 관민합동으로 구성하고 기금을 모았다. 여기에 이병학은 박중양·정해붕·서병조·정재학 등과 함께 회원으로 참여하였다. 그러나 여기에 참여한 대구의 부호들은 실제 빈민구제에 적극적으로 나설 의지를 갖고 있지 않은 상태에서 관헌이 계획을 밀어붙이자 마지못해 참여한 것이나 다름없었다. 때문에 이 구제회는 스스로 활동을 펼치지 못해 속이 빈껍데기나 마찬가지였다. 그 후에도 대구의 일부 부호들이 빈민구제를 실행한다는 명목으로 경북고아구제회를 만들고자 했으나 다수의 사람들이 기금납부 약속을 이행하지 않음으로써 실패로 끝나고 말았다. 일제의 침탈로 농촌 경제가 날로 피폐되면서

도시로 흘러 들어오는 농촌인구가 크게 늘면서 대구의 빈민문제가 계속 악화되고 있었다. 이에 대구부와 부호들이 관민합동으로 대구사회사업연구회(1922년)를 만들고자 했으나 거의 활동이 이루어지지 않았다. 대구 부호들의 이런 모습에 조선총독부의 기관지인 매일신보마저도 사설을 통해 대구의 자산가들을 맹비판하였다.

> 아등君等은, 아我 사회社會를 떠나고 민족民族을 불고不顧하면 과연果然 그 존재가 하何에 재在할 것인가? 그러고 이군李君(이병학-편집자)은 육십여세六十餘歲에 여학생이란 미명美名에 심취心醉하야 거재巨材를 경傾하야 애소艾少한 가아佳娥를 작망作妄까지 하였지만은 기아飢餓에 빈사瀕死된 30여만 생령生靈을 구救함에는 소년少許도 무관無關이라고 함에는 언어도단言語道斷이다.

이병학의 관변과의 밀착된 행태는 당국의 비호를 사기에 충분했다. 그리하여 1918년 2년 임기의 대구부 협의원이 될 수 있었고, 나아가서는

일제강점기 경상북도 도평의회 회의 모습

1921년 4월 조선총독의 자문기구로서 조선인으로선 최고의 권위를 가진다고 볼 수 있는 중추원 참의가 되었다. 그는 장도張燾 신석우申錫雨 김석영金錫泳 등과 함께 주임관 대우의 중추원 참의가 되었던 것이다. 조선총독부 관제에서 볼 때, 이즈음 중추원 관제가 크게 바뀔 때였다. 관제 변동은 1910년대 단 한 차례의 회의도 없이 명목적으로만 운영되던 중추원을 보강하는 방식으로 바꾸는 것이었다. 여하튼 이병학은 중추원 참의가 됨으로써 당시 최고의 영예를 얻어 출세한 인물의 반열에 올랐다.

이병학은 다른 자본가들과 달리 사회활동을 많이 하지 않은 인물이었다. 1920년에 들어 문화운동의 실행기관으로 대구청년회가 설립될 때 백 원의 기금을 내었다. 경제 활동과 관련해서 1910년대 말 대구상업회의소의 부회장을 맡기도 하였다.

비운의 시인, 이장희

이 장 희

이병학의 첫째 아들 정희李鋌熙는 1888년에 태어나 백만장자의 장남으로 귀하게 자랐다. 그는 '한일병합'이 이루어지던 1910년에 대구지방재판소의 서기로 일을 시작하여 1919년까지 함흥지방법원 원산지청, 경성지방법원 수원지청 등에서 서기와 통역으로서 일하였다. 이처럼 이정희는 일제의 사법부에서 직원으로 일하였다.

1920년대 초에 그 일을 그만둔 것으로 보이며, 그 이후에는 경제활동을 벌인 것으로 보인다. 그 중에서도 1925년 무렵 주식투자에 실패해 많은 손해를 보았던 것으로 보인다. 아버지 이병학이 약 20여만 원 정도 규모의 주식투자를 잃던 상황에서 벌이진 일이었지만 두 부자는 손해 본 돈에 집착이 컸었다. 그렇게 해결책이 없는 상황에서 이정희는 자살을 선택하고 말았다. 주식투자에 실패해 백만장자의 장남이 죽음에 이르고 말았던 것이다.

셋째 아들 이장희李樟熙는 시인이었다. 1900년 11월에 태어난 장희의 원래의 이름은 양희樑熙였으나 스무 살이 되던 1920년에 장희로 이름을 바꾸었다. 그런데 그의 한자 이름은 장희樟熙이나 일반적으로 장희章熙를 사용하였다. 그의 유년 시절은 백만장자의 아버지와 일찍 어머니를 여윈 뒤 계모繼母 밑에서 자랐다. 그의 어머니 박금련朴今連은 장희가 다섯 살이 되던 1905년에 사망하였다. 그 뒤 스무 살 정도 어린 여인과 재혼한 아버지 덕분에 어머니와의 나이가 불과 열두 살 정도 차이밖에 나지 않았다. 그 때문이었는지 어머니에 대한 강한 그리움이 늘 그의 가슴 속에 깊이 자리하고 있었다. 그 그리움을 나중에 시로 표현하였다. 그것도 갓난아이가 늘상 기대던 어머니의 품속을 소재로 한 것이었다.

청천의 유방(1922)

어머니 어머니 라고
어린마음으로 가만히 부르고 싶은
푸른 하늘에
다스한 봄이 흐르고
또 흰볕을 놓으며
불룩한 유방이 달려 있어
이슬맺힌 포도송이보다 더 아름다워라
탐스러운 유방을 볼찌어다
아아 유방으로서 달콤한 젖이 방울지려하노라

이때야말로 哀求의 정이 눈물겨웁고

주린 탐욕이 입을 벌리도다
이 무심한 탐욕
이 복스러운 유방
쓸쓸한 심령이여 쏜살같이 날라지어다
푸른 하늘에 날라지어다

그는 대구보통학교를 졸업한 후 일본에 유학하여 교토京都중학에 다녔다. 교토중학을 마친 뒤 귀국하여 서울 장사동長沙洞에 있는 아버지의 집에서 생활하였다.

일본 유학을 할 때 이미 문학청년이었던 그는 1921년 양주동梁柱東·유엽柳葉·백기만白基萬·손진태孫晋泰 등과 함께 잡지 금성金星을 창간하였다. 바로 그 해 아버지 이병학이 중추원 참의가 된 때였다. 그런데 그는 자신의 아호를 고월古月이라 불렀고, 자신의 작품을 다음과 같이 주로 1925년부터 1929년까지 신민新民에 실었다.

신민 제5호 1925년 9월 沙上
신민 제6호 1925년 10월 달밤 모래 우에서
신민 제9호 1926년 1월 겨울을 暮景
신민 제16호 1926년 8월 夏日小景
신민 제19호 1926년 11월 들에서
신민 제26호 1927년 6월
신민 제45호 1929년 1월 벌레 우는 소리

그의 34편의 작품 가운데에 가장 잘 알려진 시는 1923년에 지은 '봄은 고양이로다'(금성 3호[1924. 5.])이다. 이 시는 고양이를 소재로 한 신선한

감각과 상징적 수법에다가 탁월한 연상력이 돋보이는 작품으로 알려져 있다.

봄은 고양이로다

꽃가루와 같이 부드러운 고양이의 털에
고운봄의 향기 어리우도다
금방울과 같이 호동그란 고양이의 눈에
밋친봄의 불길이 흐르도다
고요히 다물은 고양이의 입술에
폭은한 봄졸음이 떠돌아라
날카롭게 쭉뻗은 고양이의 수염에
푸른봄의 생기가 뛰놀아라

이렇게 시인으로 작품 활동을 벌인 기간은 불과 10여 년에 불과하다. 『예기禮記』에서 말하는 20대의 약관弱冠을 넘지 못하고, 『논어論語』에서 30대를 가리키는 확고히 선다라는 뜻의 이립而立을 하지 못한 채 29살의 생일을 6일 앞둔 1929년 11월 3일에 자살하였다. 그의 갑작스런 죽음에 친구들은 큰 충격에 빠지고 말았다.

이장희 추도회 기념

세상에선 그의 자살 원인에 대해 몇 가지 회자되었다. 첫째는 집안 때문이라는 것이다. 백만장자의 아버지와의 불화설이다. 아버지는 지주·자본가로서 늘 사업에 분주했고, 중추원 참의로서 관변 및 일본인과의 만남이 잦았다. 일본어를 잘 하지 못하는 이병학은 이장희에게 번역과 통역을 자주 맡겼지만 장희는 그것을 매우 싫어했다고 한다. 또 이병학은 장희에게 장남 정희처럼 총독부 관료로 일하길 원했지만 장희는 거부하고 시인의 길을 선택했다. 그래서 이병학은 장희에 대해 크게 못마땅하게 여기고 월 15원 정도의 용돈만 줄 뿐 더 이상의 경제적 지원은 하지 않았다고 한다. 속된 표현으로 장희는 '내놓은 자식'이었던 것이다. 반대로 이장희에 있어 이병학은 그리 존경받을 아버지로 여기지 않을 수도 있었을 것이다. 이상화 집안과 비교되었을 것이다. 이상화 집안은 백만장자의 집안이었지만 대한제국 시기부터 대구지역 계몽운동의 주된 역할을 맡아 왔고, 이상화와 그의 형제들은 모두 당대 엘리트로서 자기 위치를 차지하고 있던 인물이었던 것이다. 이에 반해 이장희의 아버지는 지나치게 경제적인 인물인데다 중추원 참의를 지낼 정도의 친일적 성격이 강한 인물이었던 것이다. 이장희의 형제들 가운데 맏형은 돈 문제로 자살했던 점을 고려할 때 두 집안은 크게 대비된다 하겠다. 이런 점 때문이었는지 알 수 없지만 이장희는 늘 많은 사람들이 찾아와 사랑방 구실을 했던 이상화의 집에는 거의 가지 않았다고 한다.

둘째는 사회성이 부족한 그의 성격 때문이라는 것이다. 동료 백기만에 따르면 장희에게는 친구가 채 10여 명이 되지 않았다고 한다. 그는 사람들을 속물이라고 표현하며 비판하였다고 한다. 어쩌면 아버지와 같이 세상과 타협하며 사는 사람들과 세상을 비판하며 사는 사람들 모두를 그렇게 속물로 취급했던 것 같다. 서울에서든 대구에서든 그는 늘 자신이 머무르는 방에서 머물렀고, 술과 담배도 많이 하지 않았다고 한다. 이런 점에서 그를 염세적인 사람이라고 평하는 경우도 많았던 것이다.

여하튼 그의 죽음은 문단에 큰 충격이었던 점은 분명하다. 그의 시신을 본 백기만은 이렇게 기억했다.

"나는 장희의 사안死顔에서 위대와 절대가 잠겨 있음을 보았다. 그것은 물속에 잠겨있는 보옥을 들여다보는 느낌이었었다. 장희가 심혈을 기울여 만든 모든 시편의 총계는 이 위대와 절대 앞에 창해일속滄海一粟의 존재인 것을 알았다."(백기만, 『상화와 고월』, 청구출판사, 1951.)

그의 장례식은 친구의 요구가 받아들여져 성대하게 치러졌고, 신암동에 있는 선산에 묻혔다. 그 해 12월 초 대구 조양회관에서 3일간 유고전람회가 열렸고, 마지막 날 추도회가 열렸다. 이 추도회에는 백기만 이상화 이천숙 등이 참석하였고 오상순은 '그대여 우리들 머리 숙이고 고요히 생각할 때가 왔다'라는 고월의 시 한 구절을 끌어와 추도사를 하였다. 그 뒤 1935년 12월에 오상순은 이장희의 자결 7주기를 기리는 추모글을 동아일보에 연재하였는데, 이장희를 시 세계를 다음과 같이 평가하였다.

"이장희군은 틀림없는 일개 시원의 순교자임을 보나니 그는 빼앗을 수 없는 자기의 독특한 시혼과 시풍을 처녀의 정조와도 같이 조심스럽게 지키면서 시로 더불어 살았고 시로 더불어 죽었다. 시와 미에 살았고 시와 미에 병들어 죽었다. 그는 짧은 일생이 긴하지마는 일생을 일관하야 시밖에 몰랐다. 시밖에 생각한 것이 없고 시를 쓰는 이외에 아무것도 하지 않았다. 그는 우리 시단의 가장 독보적 특색을 가진 고귀하고 빛나는 존재이다. 이군은 시도의 퓨리탄이다."

이장희의 짧은 삶은 이렇게 사람들에게서 기억되었다. 오로지 시밖에 몰랐던 사람, 오로지 시만 알려고 했던 사람으로 말이다.

백만장자, 인색한 지주, 중추원 참의로 자신의 명망을 가지고 있었던 이병학과 시밖에 몰랐던 그의 아들 이장희는 너무나 성격이 대비되는 부자였다. 아버지의 부와 명예도 자신의 자식에겐 그저 속물로만 여겨졌을 뿐이었다.

8

이장우(李章雨, 1871~?) ; 대한제국 군인출신의 대지주

대구진위대의 장교로 생활

이장우는 1871년 경주 이씨의 이종표李鍾杓과 김공덕金孔德 사이에 장남으로 태어났다. 그의 아버지 이종표는 대한제국의 칠곡군수를 지낸 인물이었다. 그는 1903년에 부친으로부터 4백 석 정도의 유산을 물려받았다. 그의 어머니는 1930년에 사망하였다. 그는 그의 처 배조양裵朝陽 사이에 2남 3녀를 두었다.

그의 가계에 대한 정보나 기록은 거의 없는 실정이라 잘 알 수는 없다. 그렇지만 그의 첫 사회생활이 1898년 7월 6품의 봉상사奉常司 주사로 시작된 것을 보면 중인 신분 출신인 것으로 보인다. 봉상사는 일반적으로 국가의 제사나 시호에 관한 사무를 맡아보던 기관이었다.

다음해인 1899년 8월 대구지방대대의 참위로 임명되면서부터 군인이 되었다. 당시 지방군대는 1895년 9월 갑오개혁 때 근대적 지방군대로 재편되었다. 1895년 9월 김홍집내각은 육군편제강령을 반포하여 훈련대를 해산하고 육군을 중앙의 친위대와 시위대 연대, 지방의 진위대로 재편하였던 것이다. 진위대는 1900년 9월 무렵 전국이 6개 연대로 재편되고 제주진위대가 증설됨으로써 전국적 편성이 완료되었다. 각 연대에는 연대본부와 3개 대대를 두었는데 경상도에는 제3연대가 되었고, 그 아래 1대대(대구)·2대대(진주)·3대대(경주)가 설치되었다. 이때 이장우는 진위 제3연대 제1대대로 배속되어 부위副尉의 계급으로 군인생활을 하였다. 부위란 계급은 판임관判任官 (조선후기 각 부 대신이 임명하던 하급관리)에 속하며 오늘날 중위에 해당하는 위관급 장교이다.

이 진위대 제도는 러일전쟁 직후 일제에 의해 18개 대대에서 8개 대대로 크게 감축되었다가 1907년 군대해산으로 강제 해산되고 말았다. 대구의 진위대는 대한제국 군대가 해산되던 1907년 8월 4일 대구에 주둔한 일본군에 의해 강제 해산되었다. 이장우가 대구진위대 해산때 까지 군대생활을 했는지에 대해서는 잘 알 수 없는 실정이다.

그러나 이장우의 군인 관료생활은 러일전쟁이 일어나면서 크게 영향을 받았을 것으로 생각된다. 러일전쟁 당시 대구에 주둔한 일본군은 임시헌병대 지휘 아래 부산의 분견대였다. 러일강화조약 직후 헌병대는 12개 분대를 대구를 포함한 12곳에 두었다. 1906년 10월 29일 헌병조례 개정에 의해 주둔군 헌병대는 제14헌병대로 개편되었는데, 대구에는 3분대가 설치되었다. 그 뒤 1908년 3월에는 부산헌병대를 폐지하고 대구헌병대가 신설되었다. 그리고 1904년 3월 무렵 편성된 일본의 '한국주둔군사령부'는 러일강화조약이 비준된 뒤 전국에 동부, 북부, 남부경비대를 설치했는데, 이 때 대구에는 남부경비대 소속의 일본군이 주둔하였다. 이처럼 러일전쟁 전후한 시기에 대구에는 한국주둔군과 헌병대가 주둔하고 있었다.

계몽운동기의 이장우

이장우가 대구진위대 군인이 아닌 일반인으로서 활동이 처음 나타난 것은 1906년 3월 무렵이다. 이때는 당시 경상북도 관찰사로 부임해 있던 신태휴가 대구의 계몽운동 단체인 달성광문사達城廣文社와 학교설립 운동을 활발하게 벌이고 있을 때였다. 물론 달성광문사 역시 학교설립을 통한 교육운동을 중점 활동 지표로 삼고 있었다. 당시 관찰사 신태휴와 달성광문사가 관민협동으로 유지들로부터 기금을 모집하여 대구군 읍성의 남문 밖에 있던 관덕정觀德亭에 사범학교를 설립하였다. 이장우는 정재학·서상돈·이일우·서병오·이석진 등 대부분의 대구 유지들이 동참한 사범학교의 설립에 의연금 5백 원을 내면서 비로소 대구 사회에 자신의 이름을 내밀기 시작하였다. 사범학교 설립 때 대구 유지들의 반열에 자신의 이름을 올려놓았던 것이다.

그런데 5백 원이라는 돈은 그의 직업을 감안할 때 굉장히 큰 액수였다. 사범학교 설립 때 5백 원을 낸 사람은 이장우를 비롯하여 20여 명 정도였고, 30원에서 40원 정도의 의연금을 낸 사람이 65명이었던 것에서도 가늠할 수 있다. 자신이 밝힌 이력에 따르면 1903년에 가독家督(구 민법에서 호주의 신분에 딸린 권리와 의무)을 상속받았다고 하는데, 어떤 이는 이때 물려받은 재산이 4백 석 정도였을 것이라고 했다. 이 정도의 재산으로 한꺼번에 5백 원을 내기에는 무리가 따른다. 그러므로 그의 재산은 물려받은 재산에 군인 관료 생활을 하는 동안에 축적된 것으로 보는 것이 적절하다. 그 뒤 이장우라는 이름이 신문 자료에 자주 등장하고 있고, 자신의 사회적 지위를 밝힐 때 '전 부위'라고 하는 것으로 볼 때, 1906년 무렵 부위를 그만 두었던 것으로 추측된다.

1906년 4월 '조선에서 농업과 공업의 개량과 발달을 위해 자본을 대부한다'는 명분을 내걸고 농업은행의 설립이 칙령으로 발포되자, 그해 6월 대구에서도 대구농공은행이 설립되었고, 여기에 이장우는 100주의 주주가 됨과 동시에 감사로 선임되었다. 이 농공은행은 뒤에 실질적으로 진주농공은행을 합병하여 경상농공은행이 되었다. 여전히 대구농공은행의 주요 구성원들이 그대로 경상농공은행에 참여하는 형태였다.

1906년 12월(음) 대구의 대동광문회(이전에는 대구광문사 문회라고 불림)가 일본정부에 진 빚 1천 3백만 원을 갚자는 국채보상운동을 일으키게 되는데, 이장우도 여기에 참여하였다. 이 운동은 대동광문회와 대구광학회 인사들이 함께 참여하여 출범시켰다. 그들은 먼저 국채보상취지서를 작성하여 전국에 배포하고, 운동을 추진할 금연상채회禁煙償債會를 만들었는데, 이장우는 23여 명의 평의원으로 선출되었다. 금연상채회는 기금을 수합할 국채지원금수합사무소를 설치하고 다수의 민중들을 대상으로 지원금을 모으기 시작하였는데, 이장우는 백 원을 내었다. 이처럼 1906년은 이장우가 대구사회에 자신의 존재를 드러내는 때였다. 여기에서 앞으로 상당한 경제적 부의 소유자인 이장우의 사회적 움직임이 기대되는 측면을 발견하였다.

그렇다면 그는 당시 부자가 많다고 알려진 대구에서 어떻게 부호의 반열에 오를 수 있었던 것인가. 다른 자본가들처럼 경제활동을 벌인 이력이 잘 나타나지 않는다. 그런 그가 부자가 된 배경은 크게 두 가지로 미루어 생각해 볼 수 있는데, 하나는 부모로부터 재산을 상속받은 경우이며 다른 하나는 관료 생활이 부를 축적하는 배경이 되었을 것이다. 전자의 경우, 어떤 글(이용선, 『거부실록』 11권, 양우당, 1982)에 따르면 그가 선대로부터 물려받은 재산은 4백 석 정도였다고 한다. 이 정보에 따르면 그가 물려받은 상속의 규모가 그리 큰 것은 아니었다. 후자처럼 군인관료 생활을 하면서 부를 축적한 경우는 백남신을 통해 그 사례를 살필 수 있다. 백남신白南信은 전주진위대의 향관餉官으로 근무하면서 역토

도전賭錢 징수, 공전(지세)을 획급받아 군량미 구입 조달, 군졸들의 월료月料 빼돌리기, 고리대 등을 통해 부를 축적하였다.

이장우의 경우 대구진위대 보직을 알 수 없지만 그가 군대 생활을 통해 부를 축적했다면 백남신의 경우와 비슷했을 것으로 추측된다. 다만, 그런 사정을 입증할 만한 자료를 확인할 수 없는 현실에서는 말 그대로 추측일 뿐이다. 앞의 어떤 글에서 이장우는 철저한 상인형이라기보다는 세태 영합적인 처세술로 부를 축적한 것으로 묘사하고 있고, 그 사례로 경북관찰사를 지낸 친일파 박중양朴重陽의 집을 드나들며 돈을 상납하고, 심지어는 박중양의 하인들의 월급까지 자청해서 부담했다고 한다. 이처럼 이장우가 부를 축적한 경로에 대해선 정확하게 알려져 있지 않은 실정이다. 그렇지만 그가 부를 축적한 때는 1900년을 전후한 시기였던 것으로 짐작된다.

대구의 대표적 지주 이장우의 경제 활동

이장우의 재산 규모는 흔히 백만장자로 알려져 있다. 그렇게 많은 재산의 상당 부분은 토지였다. 그렇기에 이장우는 당시 말 그대로 '부호' 또는 '지주'에 해당하는 사람이었다. 그의 소유대장을 확인할 길이 없어 소유 농지의 위치와 규모를 정확히 파악하기 어렵긴 하지만 신문 자료를 활용하여 일부분이나 나마 파악이 가능하다. 신문 자료상에 나타난 소유 농지는 경북의 달성군, 청도군를 비롯하여 경남의 거창군, 합천군 등지에 집중되었던 것으로 보인다.

신문 자료에서 확인할 수 있는 이장우의 농업경영상의 특징은 두 가지로 나타난다. 대구에 주거하고 있는 부재지주의 경우 사회적으로나 소작농민들로부터 소작료 문제로 인해 원성을 싸서 사회문제로 확대되는 경우가 자주 보인다. 이장우의 경우도 예외적이지는 않다. 그렇지만 그의 경우는 여타 지주와 달리 그 자신이 문제를 일으킨 적은 잘 보이지 않고, 마름이 문제가 되는 형태였다. 물론, 마름의 폐해가 지주와 무관한 것은 결코 아닌 구조적인 문제임에는 틀림없다.

이장우의 마름이 문제가 된 사례를 하나 들면 다음과 같다. 1930년 5월에 이장우의 마름 이덕조李德祚가 합천군 야로면과 가야면의 소작료를 거두어들일 때 야로면 월광리에 사는 정기익과 함께 일반 소작인에게 말세斗稅라 하여 매 두락에 벼 서되 씩을 가증하였다고 한다. 그렇지만 두 사람이 가증한 말세는 당지 소작인들의 주재소 신고에 의해 조사가 이루어져 소작인에게 다시 반환해 주기로 결정되었다.

이와는 반대로 이장우의 마름이 소작인들의 요구 조건을 수용하여 칭찬을 받은 경우도 있었다. 1923년에 이장우의 대리인 김재안金在安이 거창군의 소재 농지의 소작료를 거두어들일 때 거창군소작인상조회의 간부가 입회하여 그 회의 소작료 취지를 설명하자, 두량斗量은 평두平斗로 하고 지세도 자담自擔하겠다고 약속하였다. 이에 이장우의 토지에서 농사짓던 2백여 명의 소작인들이 이장우와 대리인 김재안에 대해 감사의 표시를 전했다고 한다.

그리고 이장우의 농업 경영과 관련된 신문 기사에는 소작인과의 분쟁보다는 소작료를 줄여 받는가 하면 농민의 기근 구제에 앞장서는 경우가 종종 보인다. 그는 경산군 빈민 2백 명에게 정조 20석, 달성군 빈민 3백40여 명에게 정조 34석, 경남 합천군 빈민 3백 명에게 6백 원을 각각 감해 주거나 나누어 주었다.(『동아일보』 1925년 6월 27일.) 또 1927년에 경남 거창군의 농지를 경작하던 소작인들이 풍년이 들자 소득이 많을 것이라 기대를 하자 그는 자신이 거둘 소작료 8백 석 중 1/4에 해당하는 2백 석을 감해 주는 조치를 취하기도 했다.(『동아일보』 1927년 12월 24일.)

이장우의 상공업 관련 자본 활동을 보면, 앞서 살펴본 바와 같이 그는 통감부시기에 대구농공은행과 경상농공은행에 참여하였다. 그 후 조선이 식민지로 전락한 뒤 1915년 대구은행의 감사역을 지냈고, 그 후에는 경일은행의 이사와 감사를 지냈다. 물론, 그도 두 은행에 일정한 자본을 투자한 것으로 추측되지만 자료상으로는 확인이 되지 않는다. 만약 두 은행에 돈을 투자했다 하더라도 자료상의 주주 명단에 이름이 보이지 않는 것으로 보아 투자액은 소액이었던 것으로 보인다.

은행 이외에는 조선물산무역주식회사(1918년 설립), 대구주조주식회사(1919년 설립), 주식회사 대동사(1920년 설립) 등에 자본을 투자하였다. 곧 조선물산무역주식회사는 주로 미곡 무역을 주요 업종으로 하는 회사법인이었고, 여기에는 정재학·이병학·서병조 등 대구의 대표적 자본가들이 대거 참여하였다. 대구주조주식회사는 자본금 2십 5만원으로 영업을 시작했고, 이장우는 2백주(약 1만원 상당)를 보유하였다. 그러나 이 회사는 1923년 무렵부터 영업 실적이 나빠 사업을 중단하였다. 대동사는 1920년에 대동무역회사와 계림농림회사가 합병 형식을 밟고 설립된 회사법인으로서 이장우는 5백주의 주식(2만 5천원 상당)을 보유하였다. 이처럼 이장우의 상공업 분야에 투자한 자본의 규모는 토지 소유 규모에 비해 크게 낮았다. 그에 따라 경제적 투자 형태를 볼 때 그는 토지에 많은 자본을 투자한 전근대적 형태를 보였고, 식민지지주제에 편승하여 막대한 재산을 가진 부호였다.

그는 이런 재산을 유지하거나 확대시키기 위한 활동으로 자본가와의 연망緣網을 넓히는 데 많은 신경을 썼다. 그 대부분 활동은 정치·사회활동에서 설명할 것이고, 여기서는 경제와 관련된 사회활동만 간략히 볼 것이다. 먼저, 3·1운동이 있었던 1919년 말에 일본인 중심의 대구상업회의소의 상무위원으로 선출되기도 하였다. 다음으로 1923년 전국특산품진열대회가 열리자 대구에서는 그 대회의 성공을 위해 대구협찬회를 구성하였는데, 이장우는 상임이사회의 구성으로 선출되었고, 다른 5명과 함께 매점 분야를 담당하였다.

이장우의 정치 · 사회 활동, 친일로 기울다

이장우는 상공업 관련 활동에 비해 정치·사회 활동은 매우 활발한 편이었다. 먼저, 그는 1918년 사면한 박기돈의 뒤를 이어 대구부협의회 의원이 되었고, 1920년부터 새로이 3년의 임기가 시작되는 제4기 부협의원으로 선출되었다. 그는 1923년 제5기 부협의회 선거에서 겉으로는 출마하지 않는 것처럼 하고 실제적으로는 출마를 위해 활동한 것으로 소문이 나 있었으나 결과적으로는 부협의원이 되지 못했다. 1926년 경상북도 평의원이 되어 도정道政의 자문에 참여하였다.

1933년 친일 성향의 유교 단체인 영남명덕회 대구지부 지부장을 지냈고, 1935년 가을 궁중친국회 일황연회宮中親菊會 日皇宴會에 경상북도 대표로 참석하였다. 이장우의 이런 활동은 조선총독부의 지방 통치에 적극 참여하고, 그 공로를 인정받아 총독부 시정 25주년(1935년) 기념표창자로 선정되는 배경이 되었다. 동시에 그의 이런 행위는 식민지 조선에서 일제의 정책에 자발적으로 참여하는 것이어서 친일 행위로 규정할 수 있다.

또한 조선총독부의 식민지 농업정책에도 매우 활발하게 참여하였다. 우선, 경상북도 농회의 부회장, 조선농회의 통상의원이 되어 조선총독부의 농업정책에 편승하였다. 1937년 중일전쟁 이후 일제의 전쟁동원정책이 추진되자 식민지 조선의 사정도 전쟁동원체제가 가동되었다. 식민지 농업에서도 그들이 말하는 '총후보국 근로협조의 실행'이 정책적으로 추진되었다. 이를 실행하기 위해 경상북도에서는 1938년 10월부터 준비에 착수하여 도내 각 지방의 지주를 망라하여 가칭 경북지주연맹의 결성을 추진하였다. 그 결과 같은 해 11월 말 경북지주생산보국회가 결성되기에 이르렀다. 이 과정에서 이장우는 동척·정해붕·서병주 등 대표적 지주들과 함께 발기인이 되었다. 이러한 그의 식민지 농업정책과 전쟁동원동책에 참여하여 활동한 행위는 지방의 친일파로 분류될 수 있을 정도의 수준이었다.

다음으로 이장우는 관변단체에 대한 기부에는 적극적이었다.(『朝鮮人事興信錄』, 朝鮮新聞社, 1935) 1923년에 대구부청 옆에 세울 대구경찰서 무덕관 건립비로 4백 원을 기부하고, 1926년과 1930년에 대구소년보호소에 거금 1만 원을 기부하고, 1928년 경북공중보건협회에 4백 원을 기부하고, 1932년 경북 하양소방조합에 4백 원을 기부하고, 1932년 나癩예방협회에 거금 6천 원을 기부하고, 1932년 대구의학전문학교 설립비로 3천 원을 각각 기부하였다. 이를 합하면 무려 2만 원이 넘는 엄청난 규모였다. 그의 재산규모가 예상보다는 훨씬 클 것이라는 추측이 가능한 대목이다. 이러한 관변단체에 대한 기부 행위는 한편으로 대구사회에 일정한 사회적 공익을 담당한 것으로 볼 수 있고, 다른 한편으로는 식민지 지배 당국과의 유대를 강화하고, 당국으로부터의 반대급부를 기대하면서 자신의 이해관계를 충족시켜 나간 정치적 행위로 볼 수도 있다.

또 그는 자신의 종중에 대해서도 거액의 기부를 하기도 하였다. 그는 고려말 조선조 명현으로 알려진 익재益齋 이제현을 기리는 도산서원道山書院을 중건할 때 무려 2만 원을 희사하여 서원 건립이 완성될 수 있도록 하였다.(『동아일보』 1939.10.15.)

그의 막대한 규모의 재산은 해방 후까지도 큰 변동 없이 유지되었던 것으로 보인다. 1947년 당시 대구에서 재단법인 대구대학이 설립될 때 이장우의 장남 이상렬은 자신이 상속받은 재산의 상당 부분을 법인에 기부하였다. 그 규모는 전답이 485,897평, 근전 294,298평에 달할 정도로 대규모였고, 다액 기부자 중에서도 가장 규모가 컸다. 곧 당시 두 번째로 많이 기부한 자가 전답 236,721평을 기부한 정해봉이었는데, 그보다도 3배 정도 많았던 것이다. 이러한 다액 기부에 따라 이상렬은 재단법인 대구대학의 이사로 선임되었다.

9

김홍조(金弘祚)

김홍조金弘祚(생몰년 미상)는 일제시기 대구약령시를 대표할 만한 인물이었다. 대구가 일제시기 상업중심지로서 각광을 받았다면, 대구의 대표적 상업은 미곡과 한약재라 할 수 있으며 약재 시장은 오늘날에도

1930년대 약전골목 김홍조 약방의 모습

대구의 명물로서 손꼽히고 있다. 과거 약령시가 열렸던 곳인 남성로南城路 일대에는 지금도 약전골목이 자리하고 있어 일제시기 중국, 만주, 일본을 비롯한 국내 약재상들이 북적거렸을 법한 대구약령시의 옛 자취를 느낄 수 있다.

일제시기에도 대구약령시는 대구의 대표적 명물로서 거래액만 백만원에 이를 정도로 성황을 이루었는데, 그 중의 10분의 1정도인 10만원이 김홍조라는 한 개인의 거래규모였다고 한다. 이런 점에서 그는 바로 대구약령시를 대표하는 약종상이자 전국적으로 유명세를 떨친 인물이었다. 그런 그에 대해 당시 언론은 다음과 같은 평가를 내렸다.

> 대구의 명물이라면 누구나 대구의 약령시를 상상할 것이며 대구의 약령시를 사상하면 누구나 김홍조 한약방을 알 만큼 그의 이름이 높다. 대구량령시의 가장 번화한 대목에 위치를 정하야 매일 수 백인이 래왕하는 유명한 한약방이 그것이니 약종상으로서는 대구에서 제일 번창하고 클 뿐만 아니라 그 이름은 경향 각지에 없는 데가 없다. 매일 순전한 매상고만 하여도 수천원 이상에 달하야 약학계에 있어서는 물론이어니와 대구의 경제계에도 없어서 아니될만한 큰 세력을 가졌다함은 이미 세평世評이 있는 터이다.(동아일보, 1927년 1월 1일)

1930년대 약령시의 모습을 그려 보면 이렇다. 당시 남성로 거리에 약 20여 곳의 한약건재국이 사이좋게 모여 있었고, 영시가 열리는 매년 12월 무렵이면 한 두어 달 동안 매일 수만 명의 사람들이 모여들었다. 그뿐 아니라 영시가 열리지 않는 보통 때에도 전국 각지와 중국, 일본, 만주 등의 외국에서가지 주문이 쇄도할 정도로 성황을 이루었다. 이런 사정에서 대구약령시는 당시 조선한약업계의 본원지라 인지되어 있었다.

일제시기에는 독립운동으로 인해 사람들에 대한 검문검색이 매우 엄했는데, '대구 영令 보러 간다'는 소리를 들으면 검문도 없이 그대로 통과시킬 정도였다고 한다. 또 약령시가 있는 남성로와 가까운 곳에 권번券番(기생집)과 유흥업소가 밀집해 있었고, 기생을 태우고 다니는 인력거꾼이 모여 있었다. 이처럼 약령시에는 일상적으로 돈이 흔했고, 그 주변은 항상 들뜬 분위기에 흥청거리는 모습이었다고 한다.

약령시는 생산시기에 열리게 된 데서 유래된 명칭(약령시 기원)

약령시의 기원에 대해서는 대략 5가지로 구분된다. 먼저, 중국 조공에 의한 발생설이다. 이는 우리나라가 옛날부터 한약재의 명산지였으며, 중국 및 일본이 한반도의 한약재에 의존하는 경향이 매우 컸다는 사실에서 출발한다. 이는 1924년에 조선총독부가 발행한 『조선의 시장』과 1941년에 간행된 대구부의 조사서의 내용을 주요 근거로 삼고 있다. 둘째, 일본의 한약재 수요에 의한 발생설이다. 이는 1938년에 이인영이 「대구약령시의 기원에 대해서」(경성제대 법문학부 사학회보 13호)에서 주장되고 있는 입장이다. 이는 임진왜란 이후 등장한 일본의 도쿠가와바쿠후德川幕府가 외국 상선의 내항을 금지하면서 약재 공급이 급속히 감소하면서, 그 부족량을 한반도에서 구입한데서 비롯되었다고 보는 것이다. 셋째, 대동법의 실시가 약령시의 개설을 가능케 했다고 보는 입장이다. 이는 일본인 미기三木榮가 『조선의학사 및 질병사』를 통해 주장된 것이다. 넷째, 대시大市에 의한 발생설이다. 이는 일본인 쿠로마사黑正巖가 『조선경제사연구』를 통해 주장한 것이다. 그는 대시(Messe)란 서구 중세도시에서 경제의 최융성기에 발생한 것으로서 도시경제적 상업으로부터 국민경제적 상업으로 발전하는 과도적 형태로 발생한 것이라고 주장하고 있다. 이처럼 약령시도 대시의 발생에서 비롯된 것으로 보고 있는 입장이다.

이러한 입장을 다시 정리해보면 약령시란 명칭의 유래는 두 가지 견해로 나누어 볼 수 있다. 그 하나는 국가기관의 명령에 의하여 열리는 장이라는 뜻에서 '영시'라고 부르게 되었다는 것이다. 다른 하나는 약초 채취를 『향약채취월령』에 따라 하며, 그 판매도 채취에 맞물려 『월령』에 따라 진행되게 된 것에서부터 약재를 사고파는 장을 약령시라고 부르게 되었다는 것이다. 이 두 가지 견해 모두 타당한 근거를 가지고 있다.

약령시는 약재의 유통시장인 만큼 주되는 상품인 약재의 생산에 따라 열리게 되며, 약재의 생산은 다른 수공업제품, 예를 들어 종이나 천, 문방구, 유기 제품들과는 달리 계절성을 띠므로 그 월령에 따라 생산시기에 열리게 된 데서 유래된 명칭이라고 보는 것이 생산적 견지에서나 상품유통적 견지에서나 타당할 것이다.

그런데 약령시에는 약재가 매매될 때 약을 파는 것은 개인약초재배업자나 채취자인데 사는 것은 일차적으로 조선 왕조에서 파견한 관리들이었다. 이들이 국가에 필요한 약재를 사들인 다음에야 나머지를 개인들이 살 수 있었다. 이런 점을 고려하면 약령시는 조선 왕조가 자신들의 요구와 수입원천을 해결하기 위한 목적에서 명령하여 열게 한 시장이라는 의미가 강하다. 그것은 계절적으로 생산되는 상품들은 농산물과 수산물을 비롯하여 다른 상품들도 있었으나 이런 상품이 유통되는 장에는 '영'자가 붙지 않은 것으로 미루어 볼 때도 약령시는 국가의 명령에 의한, 다시 말해 조선 왕조의 필요에 의하여 열린 시장이라는 의미가 더욱 뚜렷해진다.

약령시는 봄, 가을 두 차례 열리는 계절 시장

그렇다면 약령시가 개설된 시기는 언제일까. 그에 관해서는 현재 인

대구약령시장의 모습

조仁祖 연간에서 효종孝宗 연간에 발생한 것으로 보는 것이 일반적이다. 대체로 1640년부터 1658년에 걸치는 시기로서 17세기 중반이었다.

약령시의 출현은 17세기 이후 우리나라 약재유통이 상업유통의 발전과 더불어 점차 활발하게 진행된 변화를 반영한 것으로서 향약생산발전에 영향을 미쳤다. 또한 약령시의 출현과 약재유통의 증가는 민들 속에서 약초재배에 대한 관심을 높이게 하였으며, 수입이 좋은 일부 품종의 약초전문재배사업이 빠르게 발전할 수 있게 하였다.

약령시는 약재의 집산지였던 경상도 대구를 비롯하여 강원도의 원주, 전라도의 전주에서 먼저 열렸다. 약령시는 일반 시장과는 달리 봄, 가을 등 일년에 두 차례에 걸쳐 계절적으로 열렸다. 대구약령시의 경우 봄시장은 음력 2월 3일에서 13일까지, 가을 시장은 음력 10월 3일에서 13일까지 두 차례에 걸쳐 보통 10일간 열렸다.

시장의 개시 방식은 상인동업자 중에서 선출된 대표자가 대구부사에게 약령시를 개시하겠다고 요청하면, 부사는 경상도관찰사에게 이를 올렸고, 관찰사는 다시 이를 조정에 보고하면 중앙에서는 각 도에 영시 개시의 취지를 통첩하는 것이었다. 이렇게 되면 치안을 담당한 진영에서는 영시 기간동안 질서를 유지하기 위해 특별히 일종의 '시장경찰' 같은 것을 특별히 조직하였고, 또한 상인끼리의 시비가 일어날 것에 대비해 시장재판소도 구성했던 것으로 알려지고 있다.

이렇게 해서 장이 열리면 조선 정부에서 파견한 심약이 내의원을 비롯한 의료기관과 대외적 수요에 따라 약재를 품목과 수요량대로 다 사들이 다음에 개인들의 매매가 진행되었다. 다시 말해 약령시의 약재는 제일 먼저 관으로부터 조정의 소요량이 매상되었다. 이 때 매상 방법으로는 인삼의 경우 관찰사가 영시에 모여든 상인 가운데서 뽑힌 경삼상京蔘商 6명, 향삼상鄕蔘商 6명 등 12명의 상인으로부터 인삼을 공급토록 하고 이를 심약으로 하여금 검사해서 매수하도록 하였다. 관의 매상이 끝나면 전국 각지에서 몰려든 약초재배자, 채취자 그리고 상인과 의생, 일반 수요자 사이에 본격적인 거래가 이루어졌다. 이 때 상인과 의생들 사이에는 거액의 도매상적 거래가 이루어졌고, 생산자와 일반 수요자 사이에는 소액의 소매상적 거래가 행해졌던 것으로 보인다.

대구약령시가 개설된 장소는 당시 경상감영의 객사客舍(당시 감영의 서북쪽에 위치했으며, 현재는 대안동 경북인쇄소 부근) 일대였다. 경상감영의 객사는 흔히 달성관達城館로도 불렸고, 조선 역대왕의 위패가 모셔져 있어 종묘와 같은 기능을 가지고 있었으며, 경상감영을 방문한 조정 관리들의 숙박 편의 시설로 이용된 곳이다. 일제 시기 일본인 카와이 아사오河井朝雄에 따르면 당시 객사는 조선 전성기의 건축 양식을 잘 표현하고 있는 건축물이었다. 객사의 경내는 1천여 평이 넘는 넓은 공지가 있었고, 여기에서 약령시가 열렸던 것이다.

약령시의 규모에 대해서는 1904년에 발행된 『한국실업지침』에 따르면, 장이 열릴 때면 전국 13도에서 모여든 구매상이 1만 명, 고객 거래고는 70만원 내지 100만원을 웃돌아 그 규모가 대단히 컸음을 알 수 있다. 바로 이 약령시로 인해 대구라는 곳이 알려지고 있었던 것이다. 그에 따라 대구에는 예로부터 한약객주의 활동이 두드러졌다. 대구의 한약객주가 다루는 약재의 내용은 1백여 종으로서 판매처는 국내뿐 아니라 중국, 일본, 만주, 러시아 등이었다.

약령시의 이전과 쇠퇴

관이 주도한 대구의 약령시는 갑오개혁 정부가 약재의 관부매상官府買上을 폐지함으로써 종전까지 규칙적으로 열렸던 시장이 규정대로 열리지 못하고 연기되는 경우가 많아졌다. 그럼에도 불구하고 여전히 한약재는 대구에 몰려들었다. 이제 영시는 민간 주도로 열리게 되었다.

1905년 을사조약의 강제 체결로 인해 대한제국이 일본의 실질적 식민지로 전락하고, 경부선 대구역의 개통과 함께 대구에 일본인이 대거 몰려들었다. 이때 대구읍성이 일본인의 요구에 부응한 경상북도 관찰사 겸 대구부 서리였던 박중양朴重陽이 대구부민과 정부의 반대에도 불구하고 읍성의 성벽을 허물고 말았다. 그리고 1908년 대구의 일본인 거류민단은 정부로부터 객사를 무상으로 교부받은 뒤 객사를 파괴하려 하였다. 이에 대구부민은 성벽 훼철로 인해 일본인에 대한 감정이 악화된 상태에서 객사를 보호하기 위해 스스로 대책을 마련하여 행동에 옮겼다. 곧 그 당시까지 남아 있던 읍성의 동서남북 4문의 문짝 또는 벽면에 「객사를 파괴하려는 민단을 우리 모두 일어나서 저지하자」는 벽보를 붙이는 동시에 밤에는 수 백명의 군중이 객사를 지켰던 것이다.

그러나 대구 수비대의 1개 대대가 출동하여 객사를 포위하고 군중을 강제로 몰아내고서는 파괴작업을 강행하였다. 또는 일본인들은 객사

1930년대 약전골목의 한약재 거래 모습

주변의 땅을 매입하여 도로를 만들었다. 이에 약령시는 더 이상 객사에서 열릴 수 없었고, 남문의 성벽거리로 이전하지 않을 수 없었다. 이곳이 남성로 일대였고, 지금의 약전골목이다.

1908년부터 대구약령시의 상인들은 옛 명성을 회복하기 위해 영시의 개시일을 신문지상에 광고를 내고 전국의 한약상들에게 통고하기도 하였다. 이어 대구약령시 상인들은 1909년에는 「약상입규흥업회」, 1910년에는 「대구약상흥업회」라는 한약상의 단체를 만들어 영시의 명성을 지키기 위해 노력하였다.

이러한 노력에도 불구하고 대구의 약령시는 1911년부터 춘영시는 점차 쇠퇴되었고, 1914년 일제가 「조선시장규칙」을 발동하면서 더욱 위축되었다. 결국 1922년부터는 춘영시가 폐지되고, 추영시만 연말에 가서 약 1개월씩 열리는 것으로 바뀌었다. 이에 약령시 상인들은 1923년 약령시진흥동맹회를 조직하여 대대적인 부흥운동을 전개하였다.

대구약령시의 거대상인이 된 인삼행상

김홍조는 개성 출신으로서 1892년 무렵 대구로 들어왔다. 사람들은 그가 개성 출신이라 송상松商, 開城商人이라 알고 있다. 그는 대구에 들어와 당시 한약시장이 서던 남성로 부근에 자리를 잡고, 그 곳에서 인삼행상을 하였다. 남성로는 당시 대구읍성을 두고 보면 남문 부근에 해당하는 위치였다. 이 약령시장은 지금까지 같은 자리에서 역사적 명맥을 이어오고 있다.

그는 점포를 얻을 만한 돈이 없어 행상을 할 정도였지만 나중에는 전국적으로 널리 알려진 대구약령시를 대표하는 약종상으로 성장하게 된다. 그가 갑작스런 부자가 될 수 있었던 것은 개성출신으로 상술이 뛰어났을 뿐 아니라 장사의 밑천으로 삼은 '신용' 덕분이었다고 한다. 대구 상업계에서 일정 정도의 신용을 얻은 그는 대구의 부자들로부터 장사에 필요한 자본을 쉽게 끌어들일 수 있었고, 큰 장사를 할 수 있게 되었다.

무려 20여 년간 행상을 한 끝에 1915년 무렵 드디어 자신의 약종상을 개업하게 되었다. 그 당시에는 약종상을 개업할 때에는 개업에 필요한 허가를 받을 필요도 없었다. 약종상을 개업한 이래 10여년 만에 10만원 규모의 대상인으로 성장하였던 것이다. 그는 그 성공 비결을 이렇게 말하였다.

> 경력이라니 별것이 없습니다만 구태여 말씀하라면 지금까지 30년이 넘도록 대구에서 장사를 해왔지만 아직 남에게 금전관계에나 매매 상에 불신용하다는 말은 들어보지 못하였습니다. 이것이 자랑이라면 자랑이 될 것도 같습니다만 나에게 이 '신용'이라는 것이 장사하는 데에 유일한 무기임으로 나로서는 반드시 가져야 할 것으로 할 따름입니다. 성공이라

니 세상사람들의 억측이지 기실 남의 자본으로서 겨우 그날그날의 수지를 맞추어 나갈 뿐으로 아무것도 이렇다 할 것은 없는 형편입니다.

또 다른 말에 따르면, 그는 개성의 인삼 거부였던 우씨 집안의 인삼행상이었지만 장사를 곧 잘하고 신용을 잘 지킨 것이 우씨의 신임을 얻게 되었고, 급기야는 우씨로부터 1천 원 정도의 자금을 지원받을 수 있었다고 한다. 그는 그 돈으로 대구약령시에 터를 잡을 수 있었다는 것이다. 그 뒤에도 김홍조는 우씨 집안과 지속적으로 신용관계를 잘 맺었다.

김홍조의 한약방은 약재 보관창고이자 약재가를 결정

김홍조한약방은 중국에서 들어오는 당재唐材를 많이 취급하였다. 그는 그 가운데서도 탁월한 녹용 전문가였다. 녹용 감별력이 탁월했던 그였으므로 그가 감정한 녹용에 대한 신뢰는 상당히 높았을 뿐 아니라 가격도 거의 그의 판단에 달려 있었다고 한다. 그가 한 해에 취급했던 녹용만 하더라도 2백 근 정도에 달했다고 하는데, 그것을 당시의 시가로 하면 7만 원 정도에 달하는 거액이었다.

김홍조는 한 번 약재를 보고 값을 자신이 매기면 절대 그 이상을 주고 사는 경우가 없었다고 한다. 그래서 그가 약재를 시세보다 헐하게 사들이는 일화가 몇 가지 전해진다. 산수유로 유명한 전라도 구례에서 수확한 산수유 3천 근을 들고 대구로 온 농민이 있었다. 그 정도의 양이면 당시 시세로 약 2만 원에 해당되는 큰 금액이었다. 당시 김홍조는 이 산수유를 1/3 정도의 가격에 사 들였다는 것이다.

김홍조는 당시 약재 재배지에서 대량으로 들어오는 한약재는 거의 사들이는 데 주저하지 않았고, 당시 대구에서 그 정도 대량의 산수유를 한꺼번에 사들일 수 있는 자금력을 가진 사람은 김홍조밖에 없었다.

그 정도의 자금을 동원할 수 있는 한약상이 없었던 것이다. 김홍조는 이 점을 십분 활용하여 거래를 서두르지 않고 오래 끌면서 자신에게 유리한 국면을 만들었던 것이다.

이렇게 대량의 약재를 사들인 다음에는 약재를 어느 정도의 가공 처리를 하여 판매함으로써 이익을 극대화시켜 나갔다. 한 번은 북쪽에서 수회된 당귀 2만 근을 한꺼번에 사들인 그는 당귀를 바로 창고에 넣지 않고 당귀의 껍질을 벗겨 신천변에 말리게 했다고 한다. 그런 다음 당귀는 양철동이에 넣고 밀봉처리하면 수년 간 변질되지 않고 잘 보관될 수 있었다. 껍질은 버리지 않고 당귀를 원료로 하는 제약회사에 팔아넘겼다. 이렇듯이 최대의 경제성을 살려 한약방을 경영하였던 것이다.

시장 환경의 변화에 능동적으로 대응

대구약령시를 장악했다고 할 만큼 한약재 대상인으로 성장한 그도 한약재 시장을 둘러싼 환경 변화에 대응해야 했다. 먼저, 1923년 무렵 대구약령시에서는 기존의 흥업회를 진흥동맹회로 바꾸려는 움직임이 양익순梁翼淳에 의해 추진되었다. 그는 약재류의 물류비용 절감, 점포세 인하, 업자에 대한 금융 편의 제공 등의 개선을 추진하면서, 대구부와 경찰과의 접촉을 시도하였다. 또 당시 남성정이 비좁아 발전에 한계를 가졌기에 서쪽 시장정으로 이전하자는 주장을 제기하였다. 당시 시장정은 서문시장과 연결된 조선인 상권이 형성된 곳이었다. 때문에 항상 많은 사람과 자본이 모이는 곳이었기에 약령시를 옮긴다면 상승효과가 클 것으로 내다본 것이었다.

그러나 김홍조는 양익순의 대구부와 경찰과의 유기적 관계 속에서 추진되던 시장 이전에 대해 경제적인 면을 내세워 반대 입장을 취했던 것으로 보인다. 이미 알고 있듯이 대구의 약령시가 을사조약이 체결되던 시점에서 강제적으로 객사客舍에서 쫓겨나 대구읍성 남문 부근으로 옮겨지게 되었던 적이 있었다. 또 대구의 3·1운동이 일어났던 서문밖시장도 이때 천왕당 못(오늘날 서문시장 자리)을 매립한 곳으로 옮기게 되었다. 곧 대구부가 대구부의 방위각에서 조선인을 서부로 몰아넣고, 남부마저 장악하려 했던 것으로 볼 수도 있다. 다시 말해 일본이 대구를 침탈할 때 옛 조선의 심장부였던 중부를 장악한 다음 북부에 대구역, 동부에 신행정지와 주거지, 공장지대 등을 차례로 건설해 나갔다. 전통적으로 성문의 남쪽과 서쪽은 조선인의 지대였던 것이다.

그 밖에도 그는 이미 남성정에서 크게 성공을 거둔 처지였기에 새로운 곳으로 굳이 옮길 필요를 갖지 않았을 것이다. 또 옮겼을 때 자신이 닦아놓은 기반이 어떻게 될 것인지에 대해서도 확신이 서지 않았을 수도 있다. 이러한 입장에서 그는 약령시의 김내명 등과 함께 이전을 반대하였다. 약령시를 대표했다고 할 수 있는 김홍조의 반대는 결국 약령시의 이전 좌절로 연결되었다.

1930년대 이후 전쟁전책을 강화하던 일제는 통제경제경책을 강력하게 추진하였는데, 한약업계도 예외일 순 없었다. 그에 따라 한약 관련업계는 1940년 중순 무렵 조선한약재수출입통제조합 및 조선생약수출입통제조합의 설립을 추진하게 되었다. 이때 김홍조도 조합설립에 참여하여 이사가 되었다. 이런 시대의 변화에 영향을 받은 김홍조는 자신의 한약 상거래를 유지 확대시키기 위하여 1941년 자본금 19만원의 주식회사 김홍조한약방을 설립하였다. 행상에서 출발하여 한약방 주인을 거쳐 대표이사가 됨으로써 어쨌든 외형적으로는 근대적 기업가로 전환하게 되었다. 그가 이 회사를 직접 경영하다가 1942년 무렵에는 개성 우씨 집안의 우도형禹道亨에게 경영을 맡기고 경영 일선에서 물러났다.

해방 후 김홍조는 고령의 나이에도 불구하고 대구약령시를 부흥시키기 위한 활동을 펼쳤다. 그는 약령시개시준비위원장을 맡아 대구약령시의 옛 영화를 다시 한 번 부흥시키려 하였다. 그러나 1947년 11월 자신의 약방과 붙어 있던 대남약방에서 발생한 화재로 큰 피해를 입게 된다. 곧 대남약방 종업원의 실수로 화재가 발생하였다고 하는데, 그 바로 옆에 있던 그의 한약방과 창고의 절반이 불길에 타버렸다. 이 화재로 인해 약령시의 약재 공급 부족 현상이 일어나 약재 가격이 크게 올랐다고 할 정도이다.

그 어느 지방이든지 한약방이 없는 곳은 없었으나 그 지방 주민들이 저 한약방은 대구약령시에 다녀 온 적이 없다더라고 소문이 퍼지면 손님이 뚝 끊겼다는 말이 돌 정도로 대구의 약령시는 유명하였다. 또 당시의 약재가격이 대구에서 형성될 정도로 대구약령시는 실재로 한약의 유통과 신뢰에 대단히 중요한 구실을 하였다. 그리고 전국에서 생산된 약재들이 대구약령시를 거쳐 전국을 비롯하여 중국, 일본은 물론 블라디보스톡까지 갈 정도였다. 이렇듯 대구약령시는 당대의 명물이었다. 그런 대구약령시를 지배했던 상인이 바로 김홍조였다. 그러나 김홍조한약방의 전성시대에는 일제시대에 한정되었고, 그 맥은 끊어졌다.

참고문헌

1. 자 료

· 『대한매일신문』, 『황성신문』, 『제국신문』, 『경남일보』, 『동아일보』, 『조선일보』, 『매일신보』, 『시대일보,』 『중외일보』, 『조선중앙일보』

· 『대한자강회월보』, 『대한협회월보』, 『개벽』, 『第一線』, 『新東亞』, 『별건곤』, 『신민』, 『농민』, 『교남교육회잡지』, 『대구상의』, 『일제하 잡지 발췌 식민지시대자료총서』

· 大邱新聞社, 『鮮南要覽』, 1911.
· 대구부, 『대구지방경제사정』, 1911.
· 대구상업회의, 『대구요람』, 1913.
· 대구부, 『대구요람』, 1920.
· 경상북도, 『경상북도도세일반』, 1928 · 1929 · 1938 · 1940.
· 조선민보사, 『경북연감』, 1940 · 1942
· 대구부, 『대구부세일반』, 1935.
· 三輪如鐵, 『大邱一斑』 增補改正, 1912
· 達舍臟, 『慶北大鑑』, 1936.
· 대구부, 『대구부사』, 1943.
· 河井朝雄, 『大邱物語』, 1931.
· 대구부, 『대구민단사』, 1915.

· 대구세무감독국, 『세무통계서』, 1936.
· 대구부교육회, 『대구독본』, 1937.
· 대구부, 『대구부사』, 1943.
· 대구상공회의소, 『대구상공회의소칠십년사』, 1977.
· 경상북도, 『경상북도산업조사』, 1912.
· 조선총독부, 『산업조사위원회회록』, 1921.
· 中村資郞 編, 『조선은행회사요록』, 1921-1942.
· 조선공업협회, 『조선공장명부』, 1932-1942.
· 『韓國土地農産調査報告』(慶尙道, 全羅道編)
· 『各司謄錄』 16, 慶尙道 編 6, 慶尙北道 各郡報告 제3책(光武 8年 <1904> 9月).
· 岡崎遮光, 『朝鮮金融 及 産業政策』, 東京同文館藏, 1910. 12.
· 『舊韓末日帝侵略史料叢書』 8, 政治編,
· 경상북도, 『제2회 경상북도물산공진회사무보고』, 1919.
· 「慶尙北道學校一覽表」, 1910.
· 『대한협회 대구지회 회록』
· 國史編纂委員會, 『韓民族獨立運動史資料集』 7, 國權回復團 1, 1988.
· 대구일일신문사, 『경북연감』, 1942.
· 김병철, 『인물은행사』(상), 은행계사, 1978.
· 이용선, 『거부실록』 11, 양우당, 1982.
· 조기준, 『한국기업가사』, 박영사, 1973.
· 홍경희, 『대구의 공업』, 경북대, 1969.
· 뿌리깊은나무, 『경상북도』, 1983.
· 『대한제국관원이력서』
· 안용식 편, 『대한제국관료사연구』 1-5, 연세대학교 사회과학연구소,

1994~1996.
· 역사문제연구소, 『일제하사회운동인명색인집』, 상·하, 1992.
· 민중시론사, 『조선공로자명감』, 1935.
· 일본동맹통신사, 『조선총후봉공록』, 1941.
· 조선총독부, 『조선총독부급소속관서직원록』, 각 년도.
· 조선임전보국단 『조선임전보국단 개요』, 1941.

2. 연구논저

· 鈴木武雄, 『朝鮮金融論十講』, 1940.
· 고승제, 『한국금융사연구』, 일조각, 1970.
· 김인호, 『태평양전쟁기 조선공업연구』, 신서원, 1998.
· 조기준, 『한국자본주의성립사론』, 대왕사, 1973.
· 홍성찬, 『한국근대농촌사회의 변동과 지주층』, 지식산업사, 1992.
· 김도형, 『대한제국기의 정치사상연구』, 지식산업사, 1994.
· 대구상공회의소, 『국채보상운동사』, 한국출판사, 1997.
· 洪性讚 外, 『韓國近代金融史硏究』, 世經社, 1996.
· 오미일, 『한국근대자본가연구』, 한울아카데미, 2002.
· 『조선시대 대구의 모습』, 계명대학교출판부, 2002.
· 정재정, 『일제침략과 한국철도(1892~1945)』, 서울대학교출판부, 1997.
· 대구상공회의소, 『대구상공회의소 70년사』 상, 1977.
· 대구광역시, 『대구도시계획연혁』, 1995.
· 염인호 『김원봉연구』, 창작과비평사, 1993.
· 朴泰遠, 『若山과 義烈團』, 1947.
· 『民族解放을 꿈꾸던 先覺者』, 1997.

- 손정목, 『일제강점기 도시계획 연구』, 일지사, 1990.
- 김학민·정운현 엮음, 『친일파죄상기』, 학민사, 1993.
- 한국사편찬위원회, 『식민지시기의 사회경제』, 한국사 13, 한길사, 1994.
- 대구시사편찬위원회, 『대구시사』, 2, 1973.
- 대구시사편찬위원회, 『대구시사』, 1995.
- 한우근, 『한국개항기의 상업연구』, 일조각, 1970.
- 김용섭, 『한국근현대농업사연구』, 일조각, 1992.
- 강만길, 『조선후기 상업자본의 발달』, 고려대학교출판부, 1973.
- 강만길, 『조선시대 상공업사연구』, 한길사, 1984.
- 강동진, 『일제의 한국침략정책사』, 한길사, 1980.
- 윤석범 외, 『한국근대 금융사연구』, 세경사, 1996.
- 박찬승, 『한국근대 정치사상연구』, 역사비평사, 1992.
- 서중석, 『한국현대 민족운동연구』, 역사비평사, 1991.
- 역사문제연구소 편, 『한국근현대지역운동사』 1(영남편), 여강, 1993.
- 김도형 외, 『대구·경북 49인』, 혜안, 1999.
- 안병직·中村哲 공편, 『근대조선공업의 연구-1930~1945년』, 일조각, 1993.
- 백기만, 『상화와 고월』, 청구출판사, 1951.
- 손정목, 『일제강점기 도시화과정연구』, 일지사, 1996.
- 약령시부활추진위원회, 『대구약령시』, 1984.
- 박상진의사추모사업회, 『고헌 박상진』, 1996.
- 홍경희, 『대구시-도시지리학적연구』, 문화출판사, 1966.
- 김진화, 『일제하 대구의 언론연구』, 영남일보사, 1979.
- 영남일보사, 『달구대관』 1, 2, 1957.

· 임종국, 『일본군의 조선침략사』 1권, 일월서각, 1989.

3. 연구논문

· 堀和生, 「朝鮮における普通銀行の成立と展開」 『社會經濟史學』 49-1, 1983.
· 이영호, 「대한제국시기 내장원의 외획운영과 상업활동」 『역사와 현실』 제15호, 1995.
· 이형진, 「일제강점기 米豆·證券市場정책과 '朝鮮取引所'」 연세대 대학원 사학과 석사학위논문, 1992.
· 權大雄, 「韓末 慶北地方의 私立學校와 그 性格」, 『國史觀論叢』 58, 1994.
· 權大雄의 「韓末 嶠南敎育會 硏究」, 『重山鄭德基博士華甲紀念韓國史學論叢』, 1996. 12.
· 金度亨, 「韓末 慶北地域의 近代敎育과 儒敎」, 『啓明史學』, 10, 1999.
· 김일수, 「일제하 대구지역 자본가층의 존재형태에 관한 연구」, 『국사관논총』 94, 국사편찬위원회, 2000.
· 김일수, 「대한제국 말기 대구지역 계몽운동과 대한협회 대구지회」, 『민족문화논총』 25, 2002. 6.
· 김일수, 「일제강점기 대구노동공제회의 활동과 성격」, 『대구사학』 70, 2003. 2.
· 김일수, 「일제강점 전후 대구의 도시화과정과 그 성격」, 『역사문제연구』 10호, 역사문제연구소, 2003. 6.
· 김일수, 「한말·일제시기 대구지역 자본가층의 민족운동」, 『대구경북학연구논총』1, 대구경북연구원, 2006.
· 김일수, 「장길상가」, 『대구사회비평』 2000년 1-2월 통권 7호, 문예미

학사.
· 손경희, 「한말 일본의 농업이민정책과 민족운동」, 『계명사학』 7, 1996.
· 이영훈, 「한국사에 있어서 근대로의 이행과 특질」, 『경제사학』 21, 1996.
· 정연태, 「일제의 한국농지정책 : 1905~1945」, 서울대 국사학과 박산논문
· 이윤갑, 『한국 근대의 상업적농업 연구』 -慶尙北道地域의 農業變動을 中心으로-, 연세대 대학원 사학과 박사학위논문
· 裵永穆, 『植民地 朝鮮의 通貨 金融에 관한 硏究』 서울대 대학원 경제학과 박사학위논문, 1990.
· 張起敦, 『植民地 朝鮮에서 近代的 金融機關의 生成과 變化에 關한 硏究』(1876~1945) 경성대 대학원 경제학과 박사학위논문, 1997.
· 전우용, 「개항기 한인 자본가의 형성과 성격」 『국사관논총』 41, 1993.
· 전우용, 「19세기 말~20세기 초 한인회사 연구」, 서울대 국사학과 박사학위논문.
· 권대웅, 「1910년대 경상도지방의 독립운동단체연구」, 영남대 국사학과 박사학위논문, 1993.
· 한상권, 「18세기 말~19세기 초의 장시발달에 대한 기초연구」, 『한국사론』 27, 1981.
· 김준헌, 「대구상공협회의 실체」, 『성곡논총』 14, 1983.
· 허수열, 「일제하 한국에 있어서 식민지적 공업이 성격에 관한 연구」, 서울대 경제학과 박사학위논문.
· 손영목, 「회사령연구」, 『한국사연구』 45, 1984.
· 홍순권, 「개항기 객주의 유통지배에 관한 연구」, 『한국학보』 39, 일지사, 1985.
· 김용섭, 「근대화과정에서의 농업개혁의 두 방향」, 『한국자본주의성

격논쟁』, 대왕사, 1988.
· 김용섭, 「일제의 초기 농업식민책과 지주제」, 『한국근현대농업사연구』, 일조각, 1992.
· 동선희, 「일제하 조선인 도평의회·도회의원 연구」, 한국학중앙연구원 박사학위논문, 2005.
· 박애림, 「조선노동공제회의 활동과 이념」, 연세대 대학원 석사학위논문, 1992.

찾아보기

(ㄴ)

(ㅇ)

▌김일수(金日洙)

계명대학교 인문과학대학 사학과 졸업
성균관대학교 대학원 졸업(문학박사)
현재 성균관대학교 출강
계명대학교 사학과 강사
성균관대학교, 영남대학교, 대구교육대학교 강사 역임
영남대학교 민족문화연구소 연구교수
친일반민족행위진상규명위원회 근무

▌주요논문

- 「서상일의 정치·경제 이념과 활동」(박사논문)
  「Colonial Modernization of the Traditional City of Daegu」
  「이병도와 김석형-실증사헉과 주체사학의 분립-」
- 「일제강점 전후 대구의 도시화과정과 그 성격」
- 「대한제국 말기 대구지역 계몽운동과 대한협회대구지회」
- 「일제강점기 대구노동공제회의 활동과 성격」 외

근대 한국의 자본가

2009년 5월 30일 초판1쇄 발행
2010년 9월 30일 초판2쇄 발행

지은이 | 김일수
펴낸이 | 신일희
펴낸곳 | 계명대학교출판부
704-701 대구시 달서구 달구벌대로 2800
전화 053-580-6233 팩스 053-583-5213
등록 | 1970. 9. 1. (신고번호 제347-1998-1호)

값 16,000원

ISBN 978-89-7585-470-5 93320